정보기관의
스파이들

전직 국정원 요원이 들려주는 스파이들 이야기

인류가 창조한 예술 영역 가운데 짧은 역사에도 불구하고 오늘날 가장 대중적이면서 큰 영향력을 가진 것이 영화라고 할 수 있는데, 특히 영화는 '스파이'와 가장 친숙하고 밀접한 예술 영역이라 할 수 있다. 영화가 사진기와 필름 같은 과학기술의 발달에 힘입어 하나의 발명품처럼 탄생한 이후 오늘날 대중들에게 가장 사랑받는 예술 영역으로 자리 잡으면서 '남녀 간 사랑 이야기'와 함께 '스파이들의 첩보활동'은 가장 대표적인 영화 소재가 되었다.

그러나 정보기관과 스파이라는 특수 영역에는 이들과 불가분의 관계에 있는 비밀이라는 강력한 보호막이 쳐져있기 때문에 일반 대중이 접근하기가 쉽지 않다. 그럼에도 스파이가 영화의 단골 소재가 되고 나아가 첩보물이 영화의 중요한 장르가 되면서 오늘날 우리가 이들을 낯설지 않고 친숙하게 느낄 수 있게 된 것은 분명하다. 이처럼 영화가 정보기관과 스파이들의 비밀활동을 대중에게 인식시키고 알리는 데 크게 기여한 것은 맞지만, 대부분의 대중 영화가 픽션(Fiction)이라는 점에서 이들에 대한 제대로 된 정보를 전달하는 데는 한계가 있고 왜곡되거나 잘못된 정보를 제공하는 것도 사실이다.

이에 필자는 일반 대중이 비록 전문가 수준은 아닐지라도 국가안보와 국익을 위해 활동하는 정보기관과 스파이들의 세계를 보다 정확하고 폭넓게 이해하는 데 조금이라도 도움이 되었으면 하는 마음으로 이 책을 집필하고자 했다. 특히, 필자가 2022년 하반기부터 대학에서 학생들에게 정보 관련 과목을 강의하는 기회를 갖게 되면서 오랜 기간 국가 정보 업무에 종사한 전문가로서의 경험을 바탕으로 정보기관의 정보활동과 관련한 책을 직접 집필해 보고자 하는 열정이 생기게 되어 비록 글재주가 많이 부족함에도 불구하고 용기를 내게 되었다.

　이 책은 필자의 정보 활동 경험과 역사 속 과거 스파이들의 활동 사례를 바탕으로 정보기관과 스파이들이 어떻게 만들어지고 발전해 왔는지, 그리고 그들이 어떻게 정보활동을 해 왔는지를 정리해 본 것이다. 기존의 '국가정보학'이라는 딱딱한 교재 형식에서 벗어나 가능하면 정보기관의 스파이 활동과 관련한 교양서에 가까운 소개서를 만들어 보려는 의도를 갖고 시작했다. 하지만 '국가'와 '정보'라는 주제가 갖고 있는 무게감으로부터 자유로울 수 없는 데다 최소한의 기본정보 제공이라는 목표를 충족시켜야 한다는 점도 고려하다 보니 책의 구성과 내용이 교과서 틀에서 완전히 벗어나지 못하여 부족한 부분도 많고 아쉬운 점도 있다. 그리고 필자가 재직 중 경험했던 내용이나 많은 사례들은 보안 문제 때문에 포함시킬 수 없는 제약이 있었고, 정보기관이라는 조직 특성상 조직과 업무에 관한 내용은 대외에 공개되지 않는 데다, 설령 공개된다 하더라도 정확하고 구체적인 내용들은 알려지지 않기 때문에 보다 다양한 최신 사례를 포함시키지 못한 점 또한 한계였다.

　책에서도 언급했지만 2차 세계대전 이후 냉전 시기는 스파이 역사의 큰 획을 그은 스파이 전성시대였다. 강력한 이념 대립이 치열한 정보 전쟁을 불러왔지만 1991년 소련의 붕괴로 냉전이 종식되면서 스파이 세계에도 큰 변화를 가져왔다. 미국이 독보적인 초강대국으로 등장하면서 스파이들의 전성시대가 막을 내리고 목표를 잃은 스파이 세계는 동면기에 접어들었다. 하지만 스파이들의 겨울잠은 그리 길지 않았는데, 2000년대에 접어들어 9.11 테러를 시작으로 G2로서의 중국 성장, 러시아의 우크라이나 침공, 세계 경찰국가로서의 미국 위상 변화, 중동지역 질서 재편 등 신냉전으로 불릴 만큼 국가 간의 새로운 역학 관계가 형성되면서 제2의 스파이 전성시대가 다가오고 있다는 징후들이 곳곳에서 감지되고 있다. 따라서 이러한 정세 변화에 대응해 국가안보와 국익을 수호하기 위한 정보기관의 역할은 더욱 중요해지고 있다.

이런 엄중한 상황에서 대한민국 정보기관들은 과연 제 역할을 하고 있는지 물었을 때 자신 있게 '그렇다'고 대답할 수 있는 관련 종사자는 그리 많지 않을 것이다. 대한민국은 '북한'이라는 명확한 국가 정보목표를 가지고 있는 특수한 상황임을 감안할 때 어느 국가들보다도 국가정보기관의 기능과 역할이 중요하다. 하지만 오랫동안 정보기관이 정치 쟁점화되면서 정권이 교체될 때마다 조직이 흔들리는 일이 반복되는 안타까운 상황이 지속되어 왔다. 과거 정보기관이 정치에 개입하여 정권 유지에 이용되어 온 업보라고 할 수 있지만, 이제는 더 늦기 전에 정치와 단절하고 오로지 정보기관 본연의 임무 수행에만 전념하는 명실상부한 선진 정보기관으로 정착할 수 있도록 정치권은 물론 조직원들 모두가 노력해야 한다.

필자는 대한민국 최고의 정보기관인 국가정보원을 아끼고 걱정하는 전직 직원으로서, 국가정보원이 정치에 휘둘리는 권력기관이라는 오명에서 벗어나 이스라엘 모사드 같은 최고 정보기관으로 거듭나기를 바라는 염원과 함께 일반인들이 정보기관의 역할과 중요성에 대해 좀 더 깊이 인식하는 계기가 되었으면 하는 마음을 담아 책을 출간하였다.

우리가 인생을 살아오면서 누구나 특별하게 기억되는 날들이 있기 마련인데 필자에게 '1987년 12월 1일'은 잊지 못할 특별한 날들 중 하나이다. 이날은 대학 졸업을 앞두고 삼성 그룹의 신입직원으로서 연수원에 입소하면서 사회 생활의 첫발을 내디딘 날이기 때문이다. 민간 기업에 입사한 필자가 미래에 공무원 특히, 정보기관 요원이 될 것이라고는 당시에는 상상도 하지 못했다. 사람에게 운명이라는 것이 있는 지 3년 6개월 간의 짧은 민간 기업 재직을 끝내고 우연한 기회로 당시 국가안전기획부 직원 채용에 응시하여 운이 좋게 임용되었다. 당시 안기부와 공무원에 대한 일체의 사전 정보도 없이 선배의 강력한 권고에 따른 진로 결정이었는데, 그것이 1992년의 일이다.

다소 우스운 이야기이지만 아직도 필자는 정보기관 입사가 우리가 흔히 말하는 사람의 사주팔자에 따른 필연적인 것은 아니었나라는 생각을 하기도 하는데 사실 그럴만한 이유가 있다. 필자가 민간 기업 신입직원 교육 기간에 고향인 부산을 방문하는 기회가 있었고, 이에 부모님 인사차 본가에 잠시 들렀는데 당시 어머니께서 하신 말씀이 아직도 귓가에 생생하다. 어머니께서 유명한 철학관에서 필자의 사주를 봤는데 앞으로 공무원으로 일을 하게 될 것이며, 안기부와 같은 권력기관에서 근무할 것이라고 예언했다는 것이다. 당시 회사에 갓 입사해 신입직원 교육을 받고 있는 필자로서는 직장인으로 열심히 근무해서 성공하겠다는 패기와 열정이 충만했던 시기였고 사주팔자라는 것을 별로 믿지 않았기 때문에 이를 흘려들을 수밖에 없었다. 하지만 그로부터 4년 여가 흐른 뒤 필자는 정보기관 스파이가 되어 있었는데, 이를 정해진 운명이라고 믿기에도, 그렇다고 우연이라 넘기기에는 기묘하다는 생각이 들었다.

필자는 국가정보원의 전신인 국가안전기획부 시절에 입사해 30여 년 가까이 정보기관 요원으로 재직하면서 짧은 기간 정보분석관으로 근무한 것을 제외하면 재직 기간 대부분을 공작 부서에서 공작관(Case Officer)으로 근무했다. 다행히 공작 업무가 적성에 잘 맞은 데다 운도 따라 주어 업무적으로 국가와 조직에 기여할 수 있는 기회를 많이 가질 수 있었고, 개인적으로도 큰 성취감과 명예까지 얻을 수 있었다. 필자는 현직에서 물러난 현시점에서 감히 스스로를 행복한 스파이였다고 말할 수 있어 감사하게 생각한다. 국가를 위해 일을 할 수 있는 영광스러운 기회를 받았고 잘 마무리할 수 있었던 것에 대해 대한민국과 국가정보원에 감사하며, 항상 주변에서 힘이 되고 도와준 여러 선후배와 동료들에게도 고마운 마음을 갖고 있다. 그리고 이제는 은퇴한 선배로서 한 걸음 물러나 국정원과 국가를 위해 음지에서 묵묵히 임무를 수행하는 후배들을 열심히 응원하고자 한다.

끝으로 필자는 이번에 책을 쓰면서 글을 쓰는 작업이 얼마나 어렵고 힘든 일인지 느끼는 기회가 되었는데, 1년 가까운 작업기간 동안 옆에서 묵묵히 응원해 준 사랑하는 아내와 딸 승희, 승연에게 고마움을 전한다. 그리고 책 집필 계기를 만들어 주시고 항상 관심과 격려를 아끼지 않으신 유원대학교 김덕현 총장님, 전 포항공대 박찬모 총장님, S 선배님, 그리고 출판에 많은 도움을 준 차진수 님을 비롯해 수시로 격려해 준 여러 선후배님들과 친구들에게 심심한 감사를 표한다.

제1장

스파이의
탄생

제1장 ────────────────────── 스파이의
탄생

■ 인류 역사와 함께 해 온 직업, 스파이

스파이(Spy)의 사전적 의미는 한 국가나 단체의 비밀이나 상황을 몰
래 알아내어 경쟁 또는 대립 관계에 있는 국가나 단체에 제공하는 사람[1]
을 말한다. 과거에는 스파이를 세작(細作), 밀정(密偵) 등의 용어로 부르
기도 했지만 오늘날에는 보통 간첩(間諜)이라는 단어로 통용된다. 사람
마다 '스파이'하면 떠오르는 대상이 다르겠지만 아마도 많은 사람들은
'007 제임스 본드'나 〈미션 임파서블〉(Mission Impossible)의 '에단
헌트' 혹은 〈본〉(Bourne) 시리즈의 '제이슨 본'과 같은 영화 속 주인공
들이나 CIA, MI6, 모사드 같은 세계적인 정보기관들을 떠올릴 것이다.

사실 '스파이'라는 단어가 주는 느낌은 다소 이중적이라 할 수 있는데, 그
것은 나와 같은 편이냐 아니면 적이냐에 따라 스파이라는 용어가 우호적
으로 다가올 수도 있고 적대적일 수도 있다는 의미다. 같은 의미이지만
적국의 스파이라는 뉘앙스가 강한 '간첩'이라는 표현보다 영어 'Spy'라는
단어가 우리에게 상대적으로 거부감이나 부정적인 느낌이 덜한 것은 아
마도 스파이 영화 속 주인공들이 대부분 악(Devil)과 맞서 싸우는 우리
편이라는 점이 스파이에 대한 인식에 어느 정도 긍정적인 영향을 주고
있기 때문인 것 같다.

스파이들의 정보활동은 인류 역사와 함께 해 왔다고 말해도 과언이 아니
다. 여기서 말하는 정보는 스파이 세계에서의 정보(intelligence)뿐만 아
니라 보다 광범위하고 일반적 의미의 정보(information)까지 포함하고
있다고 볼 수 있다. 원시시대에도 수렵에 필요한 지식 개념의 생활정보를

─────────────────────────

1) 표준국어대사전

얻기 위한 수집 활동뿐만 아니라 부족들 간의 전쟁에서 이기기 위한 정보 수집 활동인 스파이 활동도 했다는 것이다. 그래서 인간 사회에서 가장 오래된 직업들 중 하나로 매춘과 함께 스파이가 언급되기도 한다.

구약성서에도 스파이 활동과 관련된 내용들이 나오는데 모세(Moses)가 정찰병을 가나안 땅에 파견한 것이라든지, 여리고(Jericho)성 창녀 라합(Rahab)의 집에 숨은 정탐꾼에 대한 구절 등이 그것이다.[2] 이처럼 스파이 활동은 인간이 집단을 이뤄 생활하기 시작하면서부터 시작된 생존을 위한 어떤 본능적인 활동과도 같은 것일지 모른다.

이렇듯 인류 역사와 함께 해 온 스파이는 특정한 임무들을 수행하기 위해 시대에 따라 다양하게 운영되면서 발전해 왔다. 그중 하나는 국가 내부의 적, 반란세력 색출을 통한 왕권 즉, 통치권을 보호하기 위한 것이었다. 이는 고대, 중세 시기 절대 군주들의 불안했던 왕권을 보호하기 위해 내부의 왕권 찬탈세력과 반역자 등에 대한 정보활동이 절실했기 때문이다.

이에 왕들은 성직자들이나 최측근 신하 등을 스파이로 활용해 내부로부터의 위협에 대처했는데, 당시에는 성직자라는 신분이 막강한 권력자로서 다양한 정보를 수집할 수 있는 지위였기 때문에 최고의 스파이가 될 수 있었다. 또한 측근 신하들도 왕을 위한 별도의 스파이 네트워크를 운영하면서 비밀리에 정보활동을 수행하기도 했다. 고대 인도의 '제왕학 교육서'로 불리는 '아르타샤스트라'(Arthashastra)라는 문헌에도 통치자를 반대하는 잠재적 음모를 적발하고 반역자에 대한 암살 등을 실행하기 위한 강력한 스파이 기구를 운용할 것을 권고하고 있을 만큼 스파이는 권력을 유지하기 위한 중요한 수단 중 하나였다.

---

2) 한국국가정보학회(2015), 국가정보학

대영 제국의 초석을 다진 영국 엘리자베스 1세(ElizabethⅠ) 여왕 (1533-1603)은 정보의 중요성을 잘 인식하고 정보를 이용해 국가를 성공적으로 통치했던 대표적인 인물이다. 엘리자베스 1세는 여왕으로 즉위할 당시에 권력 기반이 매우 취약한 상황에 놓여 있었다. 최고의 여성 편력가였던 아버지 헨리(Henry) 8세가 그녀의 생모인 앤 불린(Anne Boleyn)이 아들을 낳지 못하자 간통죄를 씌워 처형해 버렸고, 아버지 사후 에드워드(Edward) 6세를 거쳐 왕위에 오른 인물이 그녀의 어머니 때문에 이혼을 당했던 첫째 부인 캐서린(Catherine of Aragon)의 딸이자 그녀의 이복 언니이며 '피의 메리'(Bloody Mary)로 불리는 메리 1세였다. 어머니 캐서린을 위한 복수의 칼을 휘두른 메리 1세 시기에 엘리자베스 1세는 목숨을 부지하는 것조차 쉽지 않았던 상황에서 메리 1세가 병으로 일찍 사망하면서 갑자기 왕위에 오르게 된 것이었다.

이러한 악조건 속에서 그녀는 강력한 리더십과 정보를 바탕으로 권력 기반을 다져나갔는데 특히, 여왕의 비서실장 역할을 했던 최측근 신하 프란시스 월싱험(Francis Walsingham)은 '워쳐스'(Watchers)라는 비밀 정보조직을 운영하면서 탁월한 정보활동을 통해 배빙턴 암살 음모 (Babington Plot)3)와 같은 여왕 암살 계획을 차단하고 왕권 수호는 물론 성공적인 국가 운영을 뒷받침한 인물로 잘 알려져 있는데, 그가 운영한 정보조직이 오늘날 영국 정보기관의 시초가 되었다고 볼 수 있다. 오늘날 가장 오랜 역사와 전통을 가진 영국 정보기관인 MI5의 모토 (Moto)가 여전히 '왕국을 수호하라'(Regnum Defende)일만큼 과거에는 스파이 활동과 왕권 보호는 불가분의 관계였던 것이다.

---

3) 1586년 배빙턴 주도의 영국 가톨릭 교도 비밀결사 조직이 엘리자베스 1세 여왕을 암살하고 감금된 스코틀랜드 여왕 메리의 구출을 기도했다가 음모가 탐지되어 처형된 사건

MI5의 문장 (출처: MI5 홈페이지)

　이처럼 고대와 중세 시기 암살이나 반란과 같은 내부 음모를 사전에 막고 취약한 군주의 통치권 보호를 위한 스파이 운용은 선택이 아닌 필수적인 통치 행위의 일환이었다.

　오래전 엘리자베스 1세의 일대기를 그린 두 편의 영화 〈Elizabeth (1998)〉와 〈Elizabeth: The Golden Age(2007)〉가 소개된 바 있는데, 이들 영화에서도 여왕의 평생 책사 월싱험의 정보활동과 정보를 활용한 여왕의 성공적 통치 과정이 그려져 있다. 비밀 첩보조직을 활용해 여왕 암살 음모를 막고 반역자들을 처단하는 한편, 정보조직과 여왕의 리더십 발휘를 통해 무적 스페인 함대를 격퇴시키는 등 왕권 안정과 강력한 국가의 토대를 구축하는 과정을 담고 있다. 스파이 영화라기보다는 역사적 인물의 일대기를 픽션(Fiction)으로 다룬 것이지만, 중세 시기 불안한 왕권을 보호하고 암살 등 반역 행위로부터 왕을 보호하는데 있어 정보수집 활동이 큰 역할을 했음을 보여 준다는 측면에서 스파이 활동의 역사와 그 중요성을 알려주는 영화이기도 하다.

스파이 세계에서 엘리자베스 1세와 관련한 재밌는 이야기가 있는데, 제임스 본드의 코드네임 '007'(Double O Seven)이 엘리자베스 1세 시대에 탄생했다는 설이다. 당시 영국의 수학자 겸 점성술사이자 연금술사였던 존 디(John Dee)라는 인물이 엘리자베스 여왕의 고문으로 해외에서 스파이 임무를 수행했는데, 그가 여왕과 교신할 때 '007' 모양의 표식을 사용한 데서 오늘날 제임스 본드의 코드네임 '007'이 유래되었다는 것이다.

'존 디'의 표식 (출처: burynewroad.org)

그러나 존 디가 007 형태의 서명을 사용한 것으로는 알려지고 있지만 영화 〈제임스 본드〉 시리즈나 이안 플래밍(Ian Fleming)의 동명 원작소설 〈제임스 본드〉 속의 코드네임 007과 연관이 있다는 증거는 어디에도 없다고 한다.

■ 스파이 발전의 원동력, 전쟁

스파이와 관련해 떼려야 뗄 수 없는 것이 바로 전쟁이다. 왕권 수호가 내부의 적과 싸우는 것이라면 외부의 적과 싸우는 전쟁에서 승리하기 위한 정보활동은 스파이의 가장 큰 존재 이유가 되어 왔으며, 스파이는 인류 역사에서 벌어졌던 수많은 전쟁과 함께 발전해 왔다. 기원전 5-6세기경 중국 춘추전국시대 손무(孫武)가 저술한 '손자병법'은 전쟁과 스파이에 관한 가장 오래되고 잘 알려진 역사 기록으로, 전쟁에서 이기기 위한 스파이 운용 전략을 설명해 놓은 일종의 교범이다.

손자병법에서는 스파이를 다섯 가지 유형으로 나누고 있다. 첫 번째가 '향간'(鄕間)인데, 적지에 심어놓은 현지 토박이 출신의 간첩을 말하며 지역 사정에 밝은 인물을 활용하는 것이다. 두 번째는 '내간'(內間)으로, 정보활동 대상 국가의 관료 즉, 그 나라 공무원을 간첩으로 만드는 것으로 정세나 정책 등을 잘 입수해 올 수 있다는 것이다. 다음은 '반간'(反間)인데, 상대 국가의 스파이를 우리 편으로 만들어 역이용하는 것으로 흔히 말하는 이중간첩(Double Agent)이다.

네 번째는 '사간'(死間)으로, 적지에 위험을 무릅쓰고 직접 침투해 현지에 안착하여 장기간 활동하는 일종의 직파 간첩을 말하는데, 장기간에 걸쳐 적지에서 활동하다 보면 노출되거나 배신할 위험이 있어 나중에 제거해 버리기도 하는 간첩이어서 죽는 간첩이라고 이름을 붙인 듯하다. 마지막으로 '생간'(生間)인데, 적지에 침투해 단기간에 첩보망을 점검하거나 첩보수집 임무 등을 수행한 후 복귀하는 간첩을 말한다.

이 책에 서술된 간첩 운용과 관련한 내용이 오늘날 정보기관의 스파이 포섭, 운용 방식과도 크게 다르지 않다는 점에서 지금의 스파이들도 놀라지 않을 수 없는데, 아마도 손자병법은 시대와 상관없이 스파이들에게 훌륭한 참고서로 평가받는 고전이 아닐까 한다.

과거 고대, 중세 시기에는 내부의 반란 음모나 전쟁 관련 정보 등을 수집하기 위해 다양한 신분의 스파이들을 활용했다. 당시에는 정보수집 활동을 위한 이동수단이 발달하지 않았기 때문에 아무래도 장사를 위해 여러 지역들을 옮겨 다니는 상인들을 스파이로 많이 활용했다. 그리고 파워 집단으로서 고급 정보에 대한 접근성이 우수하고 많은 사람들을 접촉하는 종교인이나 상대적으로 의심을 덜 받으면서 다양한 사람들을 만나는 예술인 등을 스파이로 직접 활용하거나, 혹은 이런 직업을 가진 사람으로 위장해 정보활동을 수행했다. 그래서 전쟁을 수행하기 전에 미리 상인 등으로 위장한 스파이를 보내 현지 정세와 민심, 전쟁 능력, 지리정보 등을 수집토록 한 것이다.

　　거대한 몽골 제국을 건설한 징기즈칸(Činggis Qan)도 전쟁에 앞서 스파이 파견을 통한 적극적인 정보수집 활동을 전개하여 많은 전쟁에서 승리할 수 있었고, 프랑스 나폴레옹(Napoléon)도 "노련한 스파이 한 명이 2만 명의 군대와 맞먹는다"고 했을 만큼 정보를 중요시하면서 스파이를 적극 활용했다고 한다.

　　무엇보다 스파이 역사에 가장 큰 영향을 미친 것은 두 차례에 걸친 세계대전이라고 할 수 있다. 1,2차 세계대전은 스파이들의 정보활동을 촉진하고 암호와 해독 기술을 비롯한 각종 스파이 기술들을 발전시키는 큰 계기가 되었으며, 스파이들의 정보활동이 전쟁 승패에 결정적 영향을 미치기도 했다. 두 번에 걸친 큰 전쟁을 거치면서 군사 정보활동을 수행하기 위한 스파이들이 대폭 늘어나고 첩보활동 수준 또한 비약적으로 발전했다. 특히, 스파이들의 첩보활동 수준을 높이는 데 획기적으로 기여한 것은 바로 과학기술의 발전이라고 할 수 있는데, 무선통신, 사진 기술, 무기 등의 발달은 정보수집 활동뿐만 아니라 암호통신과 같은 은폐통신 기술과 이를 해독하는 기술 발전에도 크게 기여했다. '전쟁'과 '과학기술의 발달'이라는 두 가지 요인이 양적, 질적으로 스파이 세계에 큰 변화를 가져다주었다고 할 수 있다.

이렇듯 인류 역사와 함께 해 온 스파이라는 직업은 어느 시대에서든 절대군주인 왕이나 국가, 혹은 특정 조직을 위해 목숨을 걸고 정보활동을 수행해야 하는 위험을 수반하고 있음에도 불구하고 국가와 조직을 위해 일한다는 숭고한 명분이 원동력이 되어 역사와 함께 발전해 온 것이다.

■ 국가 스파이 조직의 탄생

스파이들이 오늘날과 같이 국가 차원에서 체계적이고 조직적으로 활동하기 시작한 시기는 아무래도 근대 이후부터라고 할 수 있다. 유럽의 경우에는 대다수 국가들에서 내부 혼란이 극심했던 1차 세계대전 전후의 시대적인 상황 때문에 빈발했던 테러(Terror)와 사보타주(Sabotage)[4] 등에 대응하고 스파이를 색출하기 위해 국내 보안정보 기구들이 먼저 만들어졌는데, 이들이 오늘날 각국의 방첩업무를 담당하는 국내 정보기관들이다. 영국 MI5(보안국)를 비롯해 캐나다 CSIS(보안정보국), 독일 BfV(연방헌법수호청) 등과 같은 국내 정보기관 혹은 그 전신인 정보조직들이 대부분 1차 세계대전 전후 시기에 설립되었다.

이에 반해 해외정보를 담당하는 정보기관의 경우에는 2차 세계대전 기간까지 대부분 군 정보부대들이 그 역할을 담당해 오다가 종전 이후 1940년대 후반부터 1950년대 시기에 각 나라들이 해외정보를 전담하는 별도의 정보기관을 새롭게 설립하면서 오늘날과 같은 국가 정보조직 체계를 갖추기 시작했다. 미국 CIA(중앙정보국)와 이스라엘 Mossad(정보 및 특수 임무 연구소), 프랑스 DGSE(대외안보총국), 독일 BND(연방

---

4) 기업의 생산 설비 및 수송 기계의 전복, 장애, 혼란과 파괴를 통해 관리자 또는 고용주를 약화시키는 것을 목적으로 하는 의도적인 행동

정보부) 등이 이 시기에 창설된 해외정보를 전담하는 정보기관들이다.

정보수집 임무를 수행하는 기구나 조직들이 전쟁과 맞물려 군대 조직에 편제되어 군 정보부대 등의 형태로 운영되어 오다가 전쟁 이후 해체되거나 통합 등의 과정을 거치면서 오늘날 각국의 해외정보기관으로 변신한 것인데, 미국 CIA나 영국 MI6(공식명칭은 SIS)와 같은 많은 정보기관들은 그 전신이 군 정보부대이다. 미국은 일본의 진주만 공습을 계기로 정보력을 강화하기 위해 1942년 기존의 정보조직을 대체한 전략정보국 (OSS, Office of Strategic Service)을 설립했는데 이것이 오늘날 CIA의 전신이라 할 수 있다. 영국 MI6도 'Military Intelligence Section 6'라는 명칭에서 알 수 있듯이 독일에 대한 군사정보 수집을 위해 설립된 '육군성 군사정보국 제6부대'가 그 기원이다.

반면, 서방의 정보기관들과 달리 러시아를 비롯한 많은 공산주의 국가들의 정보기관은 비밀경찰 조직에서 오늘날 정보기관의 뿌리를 찾을 수 있는데, 이는 볼셰비키 공산혁명 이후 레닌이 설립한 '체카'(Cheka, 全 러시아 반혁명 태업단속비상위원회)와 같은 공산국가 체제 유지를 위한 내부 감시기구가 점차 그 기능과 임무를 확대하면서 국가정보기관으로 발전해 왔기 때문이다.

또한 이스라엘처럼 국가 설립 이전의 비밀 지하군사조직이 국가정보기관의 모태가 된 경우도 있는데, 1948년 건국 이전에 존재했던 '하가나'(Haganah)라는 비밀 지하군사조직이 오늘날 이스라엘 정보기관들의 출발점이 되었다고 할 수 있다. 당시 하가나 산하에 '샤이'(Shai)라는 첩보조직이 운영되었는데 이 조직을 통해 국가와 정부 수립을 위한 각종 정보들을 수집했으며, 건국 후 이스라엘은 이를 바탕으로 군 정보기관을 비롯한 국내 및 해외 정보기관들을 순차적으로 설립하였다.

대한민국도 대한제국 시기 고종에 의해 통신사로 위장한 '제국익문사'

(帝國益聞社)라는 정보기관이 설립되기도 했고, 일제 강점기에는 상해 임시정부를 비롯한 독립운동 조직들이 정보활동을 활발히 전개했지만, 이들이 해방 이후 국가정보기관 설립으로는 이어지지 못했다. 1948년 정부 수립 이후 설립된 육군본부 정보국(Army Intelligence Agency)이 대한민국 최초의 정보기관이라 할 수 있으나 국가정보기관이라기보다는 군 정보부대 수준이었다.

그래서 군 소속이 아닌 국가적 차원에서의 정보기구는 5.16 군부세력에 의해 1961년 6월 설립된 중앙정보부(KCIA)가 최초라고 할 수 있다. 중앙정보부는 1979년 발생한 '10.26 박정희 대통령 시해 사건'을 계기로 이듬해인 1980년 국가안전기획부(ANSP)로 명칭이 변경되었다가 1998년 지금의 국가정보원(NIS)이 되었다. 이처럼 국가의 스파이 조직들은 국가마다 처해진 환경과 상황에 따라 군 조직, 비밀경찰, 비밀지하 조직 등 다양한 형태로 시작해 오늘에 이르게 되었다.

역사적으로 스파이들의 정보 수요는 전쟁에 필요한 군사정보가 거의 모든 것이었다고 해도 과언이 아니다. 근대 들어 두 차례의 세계대전을 거치면서 국가안보 개념은 군사적 의미의 안보를 의미했으며, 이는 2차 세계대전 종전 이후부터 미국과 소련 간의 냉전 시기까지 변함없이 이어졌다. 그래서 국가정보기관도 이에 맞춰 조직되고 운영되면서 유지되어 왔다.

그러나 소련의 붕괴로 인한 냉전체제 해체와 함께 세계 질서가 재편되고 글로벌화, 정보화 사회로의 진입이 빨라지면서 새로운 형태의 국가안보 위협 요소들이 출현함에 따라 이제는 기존의 군사적 안보라는 고전적 안보 개념보다 더욱 확대된 안보 개념이 요구되고 있다. 테러, 사이버 범죄, 국제범죄 등과 같은 위협 외에도 감염병이나 에너지 부족, 저출산으로 인한 인구 부족과 같은 문제들이 국가적인 신안보 위협으로 이미 확고하게 부각되고 있다.

2020년 시작된 코로나 팬데믹은 감염병이 국가안보에 얼마나 큰 위협 요인이 될 수 있는 지를 여실히 보여 주었다. 또한 SNS 통신장애 사태나 전자결제 시스템의 기술적 문제 발생으로 인해 사회적으로 큰 불편과 혼란을 겪는 상황을 통해 사회적 인프라의 기능 마비가 국가적 셧다운을 불러올 수 있는 엄청난 위협요소가 될 수 있음을 우리는 직접 목격하고 경험하고 있다. 이렇듯 국가정보기관의 정보활동도 이제는 기존의 안보 개념 영역에서 탈피하여 이러한 신안보 위협을 대상으로 하는 정보활동으로 범위를 확대하고 정보기관의 조직과 기능도 재조정할 것을 요구받고 있는 것이다.

■ 정규직과 계약직 스파이

우리가 흔히 스파이라고 부르는 사람들은 크게 두 종류로 분류할 수 있다. 정보기관 정식 직원 신분의 스파이와 정보기관 직원은 아니지만 정보기관과 연계해 보수 등을 받고 활동하는 스파이 즉, 에이전트(Agent)가 그것이다.

우리가 일반적으로 생각하는 스파이는 CIA나 MI6, 모사드, 국정원과 같은 정보기관의 정식 직원 즉, 정보기관에 공채 또는 특채 등의 방식으로 임용되어 국가기관인 정보기관에 근무하는 국가공무원 신분의 스파이일 것이다. 보통 이들은 서류 전형과 임용 시험, 그리고 철저한 신원검증 등의 여러 절차를 통과해야만 선발될 수 있으며, 정보기관에 따라 다르지만 보통 1-2년 정도의 신입요원 교육을 받고 현업에 배치된다. 물론 정보기관에 근무하는 직원들이라고 해서 모두가 스파이 활동에 투입되는 것은 아니며, 맡은 보직에 따라 업무가 다르기 때문에 재직기간 내내 정보활동을 수행하는 현장 부서가 아닌 행정, 기획 등 지원부서에서만 근무하는 요원들도 있다.

이런 정보기관 직원이 공무원 신분의 정규직 스파이라고 한다면 이들과 달리 정보기관을 위해서 일하지만 정보기관 직원 신분이 아닌 스파이들이 있는데 흔히 에이전트(Agent)라고 불리는 사람들이다. 정보기관 요원들처럼 공무원으로 신분보장이 되는 것이 아니라 특정 임무 수행 등을 위해 정보기관에 고용되거나 정보활동에 협조하는 사람들로서, 공작원이나 정보원, 첩보원, 협조자 등과 같은 다양한 이름으로 불리기도 한다.

이들은 공작관(Case Officer), 정보관(Intelligence Officer) 등으로 불리는 정보기관 직원의 지시나 조종과 통제를 받으면서 활동하는데, 목표로 정해진 임무를 성공적으로 수행하든 실패로 끝나든 임무가 종결되면 해고되는 것이 원칙이다. 다만, 정보기관은 계속 활용할 가치가 있다고 판단되면 다른 임무를 부여해 계속 활용하기도 하는데, 이들 에이전트의 신분을 굳이 비유하자면 일종의 '계약직 스파이' 또는 '비정규직 스파이' 정도로 표현할 수 있다.

이들은 정보기관에서 쓸모가 없어지면 언제든지 관계를 정리할 수 있는 신분이지만 각자 여러 가지 이유로 정보기관의 스파이 활동에 참여하는 사람들이다. 보통 이러한 에이전트들은 별도의 직업 없이 스파이 활동만을 전업으로 하는 경우도 있지만 별도의 개인 직업을 가지고 있는 경우도 많은데, 본연의 직업 활동을 하는 과정에서 정보기관의 필요에 의해 연계되기도 한다. 만약 정보기관 에이전트로 활동한 사람들의 실제 직업을 열거한다면 아마도 세상 모든 직업들이 다 포함되어 있다고 해도 과언이 아닐 만큼 다양할 것이다. 그리고 정보기관은 정식 직원으로 자국민이 아닌 외국 국적자는 채용하지 않지만, 에이전트는 자국 국적의 국민일 수도 있고 적국이나 우방국 국적의 외국인일 수도 있다는 점에서 차이가 있다.

에이전트는 스파이 활동에 관여하는 수준이나 역할에 따라 공작원 (Agent)과 협조자(Supporter) 등으로 불린다. 공작원은 정보활동에 관여하는 수준과 역할이 상대적으로 협조자에 비해 높고 크며, 대부분 정보기관으로부터 스파이 활동에 대한 대가로 정기적으로 보수와 활동비 등을 지급받는다.

정보기관은 공작원을 채용할 때 목표(Target)에 대한 임무수행 가능성 즉, 그의 활용 가치를 가장 중요하게 여기지만 그가 과연 신뢰할 수 있는 인물인지, 보안이 잘 유지될 수 있는지, 각종 사고 등 물의를 일으킬 위험성은 없는지 등 여러 다른 요소들도 함께 종합 평가한 후 활용 여부를 결정한다.

그리고 공작원에 대해서는 스파이 활동과 관련한 각종 교육을 직접 실시하고, 임무수행 기간 이들이 노출되지 않도록 신변안전을 염두에 두고 성공적으로 활동할 수 있게 관리한다. 일반적으로 정보기관 직원은 현장에서 직접 정보활동을 수행하기도 하지만 주로 정보활동의 컨트롤 타워로서 역할을 하는데 반해, 공작원이나 협조자와 같은 에이전트는 현장에 파견되어 손과 발이 되어 임무를 직접 수행하는 현장 스파이들이라고 할 수 있다. 공작원을 정보기관의 자산(Asset)이라고 부르는 것에서 알 수 있듯이 이들은 국가적으로 중요한 자산이기 때문에 보호하고 관리해야 하는 대상이다. 그래서 만약 공작원의 신분이 노출되어 위험에 처했을 경우에 정보기관은 그를 구하기 위해 모든 노력을 기울인다.

과거 냉전 시기에 미국은 CIA 등 자국의 정보기관 스파이로 활동하던 소련 정보기관 요원들이 스파이 신분이 노출되어 위험에 처했을 때 그들을 데려오기 위한 구출 작전을 전개하거나, 스파이 교환(Spy Swap)을 통해서 감옥에 있는 자국을 위해 활동한 스파이들을 구해 오기도 했다.

정보기관은 임무가 종결되거나 더 이상 활용 가치가 없을 때 공작원을 해고하게 되는데 이때도 가능한 범위에서 물질적인 보상을 포함하여 충분한 예우를 해 준다. 이는 에이전트가 국가를 위해서 헌신한 데 대한 당연한 조치라고 할 수 있다. 하지만 간혹 해고 과정에서 불만을 갖고 정보기관과 마찰을 빚으면서 보안누설 등의 물의를 일으키는 에이전트들도 있다.

협조자로 불리는 에이전트들은 공작원보다는 상대적으로 낮은 수준에서 정보활동에 관여하고 역할을 하는 스파이들이지만 어떤 경우에는 공작원에 준하는 수준의 활동을 하는 경우도 있다. 협조자의 역할은 다양한데 직접적으로 첩보수집과 같은 정보활동을 하기도 하고, 정보기관 공작관이나 공작원들의 스파이 활동에 필요한 지원 업무를 수행하기도 한다.

협조자들은 보통 고정된 보수가 아니라 보수 성격의 활동비와 성과급과 같은 비정기적인 대가를 받는데 공작원에 준하는 역할을 하는 협조자는 정기적인 보수를 받는 경우도 있다. 협조자가 첩보수집 등 정보활동에서 큰 성과를 올리는 등 가치를 인정받으면 공작원으로 채용되는 경우도 있고, 반대로 공작원이 그 가치가 하락하면서 협조자 신분으로 바뀌기도 한다. 공작원 신분이든 협조자 신분이든 국가를 위한 스파이 활동을 직간접적으로 수행하고 지원하는 역할을 하기 때문에 그들 또한 중요한 스파이들임에 틀림없다.

그러면 우리에게 친숙한 제임스 본드는 어떤 신분의 스파이일까? 영국 MI6의 정식 직원일까, 아니면 MI6에 고용된 에이전트일까? 이에 대한 답은 '제임스 본드'는 MI6의 에이전트 즉, 공작원이라는 것이다. 영화에서 제임스 본드를 관리하고 통제하는 'M'으로 불리는 간부가 제임스 본드를 담당하는 정보기관 직원 신분인 공작관이라고 할 수 있으며, 제임스 본드는 공작원이다.

영화 속에서는 제임스 본드가 MI6 본부에 직접 출입하며 'M'을 만나 임무를 하달받거나 'Q'라고 불리는 요원으로부터 특수 무기 등 각종 스파이 장비들을 전달받기도 하는데, 실제 현실에서는 정보기관 직원이 아닌 공작원이나 협조자와 같은 에이전트가 정보기관에 출입하는 경우는 거의 없다. 비록 정보기관을 위해 일하는 스파이 신분이기는 하지만 외부인이라고 할 수 있는 에이전트에게 정보기관 출입은 허용되지 않는다. 그래서 정보기관 직원과 에이전트 간의 접촉은 일반적으로 정보기관의 안가(Safehouse)와 같이 비밀과 보안이 유지될 수 있는 은밀한 장소에서 이루어진다.

■ 스파이가 되는 다양한 동기들

정보기관 요원들이 평범하지 않은 스파이라는 직업을 갖게 된 데에는 아마도 각자 나름대로의 특별한 동기가 있었을 것이다. 국가를 위해서 헌신한다는 명예 혹은 스파이라는 직업 자체에 대한 매력, 직업 공무원으로서의 안정감과 비전, 정보기관에 근무 중이거나 근무했던 가족 또는 주변 지인의 영향 등 각자 다양한 동기로 정보기관에 발을 들여놓게 된다. 대한민국의 경우 한때 정보기관이 무소불위의 권력기관이었던 시절에는 힘쓰는 권력에 이끌려서 정보기관에 지원한 사람들도 있었지만 이제 그런 시기는 이미 지나갔다.

정보기관 요원은 다른 공직자에 비해 국가와 국민에 대한 헌신과 충성심을 더욱 강하게 요구받는다. 왜냐하면 그들은 국가안보를 책임지고 비밀을 다루며 업무에 따르는 위험도가 상대적으로 크기 때문이다.

러시아 푸틴 대통령은 과거 냉전 시기에 미국과의 정보전쟁을 이끌었던 소련 정보기관 KGB(국가보안위원회) 출신으로 잘 알려져 있다. 그런데 그가 대학을 졸업하고 정보기관으로 자신의 진로를 결정하는 데 있어 결정적인 역할을 한 것은 한 편의 스파이 드라마였다고 한다. 1968년 당시 소련에서 인기리에 방영된 〈방패와 칼〉(The Shield And The Sword)이라는 제목의 4부작 스파이 스릴러 드라마인데, 2차 대전 시 나치 독일에 침투한 소련의 전설적인 스파이 '알렉산드르 스브야토고로프'의 활약상을 그린 실화 바탕의 드라마였다.

스파이 드라마 '방패와 칼' 포스터 (출처:Wikipedia)

이 드라마는 주인공 소련 스파이가 독일 나치 친위대 SS(Schutzstaffel)에 침투해 나치의 전쟁 계획 등에 관한 특급비밀을 입수하는 내용인데, 국가가 갖는 의미에 대한 강렬한 메시지와 함께 국가와 국민의 안전을 위해서 목숨을 바칠 준비가 된 사람들에 대한 이야기가 푸틴에게 진한 감동을 주었고, 이것이 그가 스파이가 되는 중요한 동기가 되었다고 한다.

사실 어떤 동기로 스파이가 되기를 결심하고 정보기관에 들어왔는지는 크게 중요하지 않지만 정보기관 요원이 되려는 사람은 희생, 헌신, 위험과 불편 감수와 같은 단어들에 생리적으로 거부감이 있거나 익숙해 질 자신이 없다면 다른 직업을 찾는 것이 바람직할지 모른다. 정보기관 요원은 함께 스파이 활동을 하는 공작원이나 협조자와 같은 에이전트와는 달리 공직자 신분이라는 점에서 그 책임감과 무게감이 그들과 다를 수밖에 없고 달라야 한다. 다만 어떤 동기가 작용하든 정보기관 요원이 되기 위해서는 공통적으로 공채 혹은 특채와 같은 공식적인 요원 선발 절차를 거치고 통과해야만 한다.

그러면 정보기관의 필요성에 의해서 정보기관 요원들에게 물색되어 스파이 활동에 참여하는 에이전트들은 자국을 위해서든 아니면 다른 국가를 위해서든 그들이 스파이가 되기로 결심하는 데에는 어떤 동기가 작용하는 것일까? 일반적으로 자국을 위해 일하는 스파이와 적국이나 제3국 등 다른 국가를 위해 일하는 스파이의 참여 동기 간에는 공통된 부분도 있지만 다른 점도 있다.

자국 정보기관의 에이전트가 되는 경우는 자국에 대한 애국심이나 국가를 위해 중요한 일을 한다는 자부심, 영웅심 등이 동기가 되기도 하고, 금전적인 보상 혹은 정보기관이라는 국가 조직이 뒷배가 되고 필요할 때 도움을 받을 수 있다는 기대감 등이 정보활동에 참여하는 동기로 작용하기도 한다. 이들 요인들 가운데 현실에서는 무엇보다도 금전적인 보상이 가장 강력한 동기로 작용하는 것이 사실이지만, 간혹 금전을 거부하며 순수하게 국가를 위한 일에 협조하는 차원에서 정보활동에 직간접 참여하는 경우도 있다.

과거에는 정보기관이 에이전트 대상자의 약점을 조성하거나 협조하지 않을 경우 불이익을 주겠다고 협박하며 강압적으로 협조를 이끌어내는 경우도 있었으나, 이제는 북한과 같은 독재국가가 아니라면 본인의 의사에 반한 스파이 활동 참여는 거의 가능하지 않게 되었다.

반면, 스파이 세계에서 자국이 아닌 적국이나 제3국 등 다른 나라를 위한 스파이 즉, 간첩이 되는 경우 그 동기를 4가지 요인으로 설명하는데 일명 '마이스'(MICE)라고 부른다. 이는 Money(돈), Ideology(이념),

Compromise(타협), Ego(자존감)를 의미하는 것으로 이들의 첫 글자를 딴 것이다.

'Money'는 말 그대로 돈 때문에 조국을 배신하고 다른 국가 스파이로 변절하는 것이며, 'Ideology'는 개인의 사상적 신념에 따라 스파이가 되는 경우이다. 과거 소련 등 공산권 국가의 정보기관 요원들이 공산주의 체제에 대한 불만과 좌절감 등으로 서방 국가의 스파이가 되거나, 이와 반대로 서방 국가의 정보기관 요원이 공산주의 사상에 빠져 소련의 스파이가 된 사례들이 이에 해당한다.

'Compromise'는 약점을 빌미로 한 적국 등의 협박에 타협하는 것으로, 적국의 정보기관이 개인 약점을 잡고 협박하는데 굴복해 스파이 활동에 참여하는 것이다. 마지막으로 'Ego'는 대상자를 최고 전문가 등으로 추켜세우면서 자존감을 최대한 북돋워 줌으로써 자연스럽게 스파이 활동에 참여토록 유도하는 경우와, 이와는 반대로 조직 내에서 승진 누락 등으로 상실된 자존심과 조직에 대한 복수 심리 때문에 스파이가 되는 경우를 말한다.

이러한 각각의 개별적인 동기들로 인해 적국의 스파이가 되는 경우도 있지만 두 가지 이상의 다른 동기들이 복합적으로 작용하는 경우도 있다. 그리고 돈이나 사상, 신념과 같은 요인들에 의해 자의적으로 스파이가 되기도 하지만 약점 등으로 인해 자신의 의사에 반해 강압적으로 스파이가 되는 경우도 있다.

돈에 눈이 멀어 조국을 배신한 스파이들

국가를 배신하고 적국의 스파이가 되는 동기 중 가장 강력한 요인 중 하나는 역시 '돈'이다. 다른 이유가 아닌 오직 '돈' 때문에 스파이가 된 사례는 스파이 역사에서 매우 많은데, 미국 CIA에서 가장 높은 직급의 스파이로 기록되고 있는 해럴드 니콜슨(Harold James Nicholson)은 오직 돈 때문에 조국을 배신하고 러시아 해외정보부(SVR)의 스파이가 된 인물이다.

그는 지난 1990년부터 약 2년간 루마니아 수도 부쿠레슈티 CIA 지국장을 역임한데 이어 1992년부터 1994년까지 말레이시아 쿠알라룸푸르 부지국장으로 근무한 베테랑 정보관이었다. 그는 심각한 일 중독자로 알려졌는데, 이로 인해 가족들을 등한시한 데다 잦은 해외 근무로 인한 근무지 이동 등 복합적인 요인들로 인해 가족들과 불화를 겪었다. 특히, 말레이시아에서 근무했던 2년은 가정문제 등으로 인해 개인적으로 그가 가장 힘들었던 시기였다. 1994년 부인과의 이혼에 따른 위자료와 3명의 자녀들에 대한 양육비 등으로 심리적으로는 물론 재정적으로 매우 취약한 상황에 놓이게 되면서 결국 러시아의 포섭 유혹에 넘어가고 말았다.

그는 말레이시아에서 러시아에 포섭된 후 미국으로 복귀한 1994년 6월부터 본격적으로 러시아 스파이로 활동했는데, 복귀했을 당시 그의 보직은 CIA 첩보요원들을 교육하는 훈련소 교관이었다. 그는 1996년 체포되기 전까지 2년 동안 훈련소에 근무하면서 그의 훈련생 명단 등 훈련생 신원정보를 비롯하여 내부 일급비밀 문건 등을 러시아에 제공하고 미화 30만 달러가 넘는 돈을 받았다. 1980년부터 CIA에서 근무해 온 니콜슨은 유출될 경우에 미국의 국익에 치명적이 될 수 있는 일급비밀에 접근할 수 있는 권한을 부여받고 있었기 때문에 그의 스파이 변신은 국가적으로 매우 위험한 것이었다.

그는 1996년 11월 러시아와 관련된 CIA의 일급비밀 문서들을 사진 촬영한 후 이를 몰래 전달하기 위해 유럽으로 출국하려다 FBI에 체포되어 결국 재판에서 23년 7개월 형을 선고받았다. 그는 복역 중에도 아들을 통해서 과거 스파이 활동에 대한 대가로 러시아로부터 추가로 돈을 받은 혐의가 드러나면서 기소되어 2011년 형기가 8년 추가되기도 했다. 니콜슨 사례에서 그가 러시아 스파이가 되는데 작용한 가장 큰 동기는 돈이었지만 이혼이나 가족과의 불화와 같은 가정사로 인한 개인적 고충도 포섭의 유혹에 빠지는데 상당한 영향을 미쳤다고 볼 수 있다.

서방 국가의 정보기관 요원이 돈 때문에 적국 등 다른 국가의 스파이로 변절한 사례들 가운데 잘 알려지고 치명적이었던 것 중 하나가 존 앤서니 워커(John Anthony Walker)라는 미국 해군 준위의 스파이 사건이다. 그는 많은 개인 채무로 인해 경제적으로 어려운 상황에 몰리자 비밀을 팔아서 이를 해결하고자 했다. 워커는 해군에 근무하면서 함선, 잠수함, 해군 지휘부 사이의 암호통신에 접근할 수 있는 자신의 직책을 활용하여 소련에 기밀을 팔아서 돈을 버는 방법을 찾아낸 것이다.

1967년 그는 미국에 있는 소련 대사관에 제 발로 찾아가 본인의 신분증과 미 해군의 암호화 시스템 키카드(Radio Cipher Card)를 가져가 보여 주었다. 당시 소련은 이것이 얼마나 큰 가치가 있는 것인지 알고 있었기 때문에 즉각 그를 스파이로 채용했다. 그는 KGB와 직통 연락선을 구축하고 비밀장소에 기밀서류 사본 등을 은밀하게 두는 방식으로 정보를 전달하고 돈을 받았다.

특히 그는 가족까지도 스파이 활동에 참여시켰는데 해군 소령 출신이었던 친형(Arthur James Walker)뿐만 아니라 자신의 아들(Michael Lance Walker)을 해군에 입대토록 해 함께 비밀을 빼돌렸으며, 육군에 근무하는 딸(Laura Walker)까지 참여시키려 했다가 무산되기도 했다. 또한 미군 함대의 암호통신에 접근할 수 있는 정보담당자였던 동료 위트워스(Jerry Alfred Whitworth)를 포섭함으로써 고급 비밀을 지속적으로 입수할 수 있었는데, 이들이 빼돌린 기밀 자료와 메시지 등이 100만 건이 넘었다.

소련은 워커가 제공해 온 자료의 해독을 통해 미군이 어떻게 잠수함에 지령을 내리는지 등을 파악할 수 있었으며, 특히 워커는 미 국가안보국(NSA)이 개발한 오프라인 암호기기를 소련에 넘겨 소련이 똑같은 암호화 기기를 만들 수 있도록 하는 등 군사정보 보안에 큰 구멍을 만들고 말았다.

워커의 스파이 활동은 이혼한 전 부인(Barbara Walker)이 남편을 의심하면서 들통나게 되었는데, 그녀는 아들까지 스파이 활동에 참여한 사실을 모른 채 FBI에 남편을 소련 스파이라며 신고를 한 것이다. 워커는 1985년 체포될 때까지 17년 동안 간첩으로 활동했고, 스파이 활동으로 미화 100만 달러 이상을 벌어들인 최초의 스파이로 기록되었다. 소련은 이 스파이 덕분에 해군 분야에서 중요한 정보를 획득해 기술적으로 엄청난 발전을 이룩할 수 있었다.

한편 워커는 자신이 소련에 유출한 미 해군 일급기밀 통신 자료들에 대해 1968년 북한이 미 해군 정찰함 '푸에블로'(Pueblo)호를 나포하는 사건5)이 발생하면서 관련 정보들이 북한에 의해 소련에도 넘어갔기 때문에 이때부터 이미 비밀로서의 가치를 상실한 자료라는 논리로 자신의 스파이 활동이 초래한 심각성에 대해 변명하기도 했다.

신념과 협박, 스파이를 만든 상반된 동기

스파이가 되는 또 하나의 주요 동기는 '이데올로기'인데, 개인의 사상적 신념에 의해 스파이가 되는 경우이다. 미국 국방부 산하 군 정보기관 국방정보국(DIA) 소속 여성 분석관으로 1984년 쿠바 정보기관(DGI)에 포섭된 아나 벨렌 몬테스(Ana Belén Montes)는 사상적 신념에 의해

---

5) 1968.1.23 미국 해군 정보수집함 푸에블로호가 동해 원산 앞바다에서 북한 해군의 공격을 받고 나포된 사건으로, 승조원 1명이 사망하고 82명이 억류되었다가 석방

자발적으로 스파이가 된 대표적인 사례이다. 그녀는 라틴 아메리카와 쿠바를 담당하는 선임분석관으로서 국방정보국 조직 내부에서도 크게 인정받는 요원이었음에도 쿠바 스파이가 되었다.

그녀는 업무상 쿠바 외교관들을 자연스럽게 접촉할 수 있는 여건을 잘 활용했으며, 높은 직급을 이용해 미국의 대쿠바 정책 수립에도 일부 관여했다. 몬테스는 빼낸 비밀자료를 절대 집으로 가져가지 않고 내용을 전부 암기하여 노트북에 기록한 다음에 컴퓨터 디스크에 암호화하여 이를 쿠바에 넘겼으며, 쿠바 측과 무선호출기나 선불 휴대폰, SONY 단파 라디오 등을 활용해 통신했다. 몬테스는 쿠바와 관련된 미국 요원들의 신상정보를 비롯해 자신이 알고 있는 쿠바를 대상으로 한 비밀공작 내용들도 모두 유출했다.

특히, 미국이 수년에 걸쳐서 개발한 정보수집 시스템을 쿠바 지도자 피델 카스트로(Fidel Castro)에게 직접 제공하기도 했다. 그녀는 정보기관 근무 경력 17년 동안 국방정보국에서 능력을 인정받고 승승장구했지만, 그녀가 알고 있는 정보들이 지속적으로 새어 나가는 징후들이 포착되어 의심받게 되면서 결국 스파이 행적이 드러나고 말았다. 그녀의 아파트 수색에서 단파 라디오와 노트북 등이 발견되었고, 지갑 속에서 일련의 암호화된 숫자가 나오는 등 스파이 활동과 관련한 다수의 증거들이 발견되었다.

2001년 9월 체포된 몬테스는 "나는 미국의 대쿠바 정책을 반대했고 법 보다 양심을 따랐다"면서 자신의 스파이 활동이 개인적 신념에 따른 것임을 확인해 주었다. 그녀는 25년 형을 선고받고 복역 후 2023년 1월 석방되었다.

이슬람 테러 조직원들이 종교적인 신념에 따라 자살테러를 저지르는 것도 사상적 신념에 따라 스파이가 되는 것과 같은 것이라 볼 수 있다.

그래서 이데올로기와 같은 개인적 신념에 의해 스파이가 되는 것은 돈이나 다른 어떤 동기들보다 스파이 활동에 대한 충성도와 지속성 측면에서 훨씬 더 강력하다고 할 수 있다.

스파이를 포섭하는데 작용하는 또 하나의 동기는 타협(Compromise)인데 협박으로 이해되기도 한다. 치명적인 약점을 조성한 후 이를 폭로하겠다는 정보기관의 협박에 굴복, 타협함으로써 스파이 활동에 참여하는 경우로, 개인적 신념이라는 참여 동기와는 매우 상반된다고 할 수 있다.

영국 하급 해군 서기관으로 소련 모스크바 주재 영국 대사관에서 근무했던 존 배설(John Vassall)은 약점조성 후 협박에 의해 스파이로 포섭된 전형적인 사례이다. 존 배설은 소련 정보기관 KGB가 쳐놓은 덫에 걸려 스파이가 된 인물로, 당시 친하게 지내던 미칼스키(Michalski)라는 친구와 함께 호텔 파티에 참석했는데 그것은 다름 아닌 동성애 파티였다. 정보기관의 사주를 받은 미칼스키가 그를 마약에 취하게 한 후에 어린 남자들과 문란하게 노는 모습을 촬영했고, KGB가 이를 약점 삼아 소련을 위해 스파이 활동을 하도록 협박한 것이다. 결국 존은 협박에 굴복해 스파이 장비를 제공받고 영국으로 돌아와 해군 기밀들을 훔치기 시작했다.

1954년부터 1962년 체포될 때까지 소련 스파이로 활동하면서 그가 제공한 정보가 소련 해군의 현대화에 엄청난 기여를 한 것으로 평가되고 있다. 존은 미국으로 망명한 소련 정보기관 요원 아나톨리 골리친(Anatoliy Golitsyn)과 유리 노센코(Yuri Nosenko)의 제보, 폴란드와 소련 양국 이중스파이로 활동하다 미국으로 망명한 미카엘 고레니에브스키(Michael Goleniewski)가 제공한 문건, 그리고 영국 해군의 중요 정보들이 담긴 초소형 필름 등이 결정적인 단서가 되어 역추적되면서 스파이 행각이 들통나고 말았다.

조직에 대한 복수심이 낳은 스파이

인간의 자존심(Ego) 또한 스파이 포섭에 중요한 동기가 된다. 자존감을 적극적으로 추켜세워서 스파이 활동에 참여하게 만들 수 있지만 반대로 상처받은 자존심이 스파이 활동의 동기가 되기도 한다. 조직 내 승진에서 누락되는 등 조직이 자신을 알아주지 않는다거나 무시받는다고 느끼면서 자존심에 상처를 받고 조직에 대한 복수심으로 스파이가 되는 경우도 많다. 일부 통계에 따르면 내부 스파이의 90%가 남자라고 하는데 이는 남자 특유의 자존심이 원인으로 작용하기 때문인 것으로 평가되고 있다.

조직으로부터 받은 자존심 상처가 조직에 대한 불만으로 이어져 스파이가 된 사례들 중 하나가 전 소련 KGB 요원 블라디미르 베트로프(Vladimir Ippolitovich Vetrov)이다. 그는 모스크바 출신으로 자존심이 매우 강하고 자기애와 고집이 센 명문대 출신의 공학도였는데, KGB 요원 양성 과정에 차출되었다가 스카우트 제의를 받고 입사한 엘리트 정보요원이었다.

1960년대 후반 미국과 소련 간 냉전이 완화되면서 데탕트(Détente) 시대에 접어들었을 당시 소련 경제는 그간의 군비 경쟁으로 인하여 피폐한 상황에 직면해 있었다. 이에 소련은 서방의 선진 산업기술들이 필요했고 관련 정보수집을 위해서 산업스파이 양성에 집중했는데, KGB '정보작전국 T'에 '라인 X'라는 전담 팀을 운영하면서 방위 산업체에서 보유 중인 기술을 훔쳐오는 활동을 전개했다. 베트로프는 이러한 산업스파이 임무를 띠고 1965년 프랑스 파리에 최초로 파견된 인물이었다.

그가 파견될 당시 파리는 번영기에 있었고 술과 유흥 등을 향유할 수 있는 환경이었는데, 베트로프는 그의 아내와 함께 자본주의 생활을 만끽했다. 특히, 여성 편력이 있는 데다 와인을 좋아하는 베트로프에게는 이런 환경이 큰 영향을 주었다. 그는 프랑스 과학자들과 친분을 쌓아 산업 기술 정보를 수집하는 임무를 띠고 파견되었지만 프랑스에서 생활하면서 소련 체제에 점점 의문을 갖기 시작했으며, 나아가 소련 정권을 비판하는 단계로까지 발전했다.

이에 프랑스 정보기관 국토감시국(DST)은 베트로프를 담당하는 요원을 배치하고 주의 깊게 그를 관찰하고 있었는데, 1970년 그가 프랑스 파견 만료를 앞두고 소련으로의 복귀를 걱정하던 상황에서 음주운전 사고를 내는 일이 발생했다. 그는 상관에게 보고하면 처벌받을 것을 우려해 평소 알던 프랑스 국토감시국 담당관 쟈크(Jacques Prévau)에게 도움을 요청하여 문제를 해결했고, 이 일로 인해 그는 쟈크에게 큰 빚을 진 것으로 인식하게 되었다.

1970년 7월 베트로프는 임기를 마치고 결국 소련으로 복귀했는데, 자본주의 생활에 젖어 있다가 모스크바에서 생활하는 것이 그에게는 매우 힘들었다. 그뿐만 아니라 조직 내에서 인정받지 못하고 후배가 진급하여 상사로 배치되는가 하면 '노멘클라투라'(номенклату́ра)[6]라는 공산당 엘리트 그룹이 진급 등 모든 혜택을 독차지하면서 조직에 대한 불만도 커졌다. 결국 그는 사무직으로 밀려나며 승진 기회도 물 건너가는 상황에 직면하면서 자신을 실패자로 생각했고, 자기보다 능력이 한참 떨어지는 인사들이 승진하는데 불만이 점점 커지면서 조직을 망가뜨려야겠다는 생각을 가지게 되었다. 또한 귀국 이후 생활이 힘들고 불만이 커지면서 부인과의 관계도 흔들렸고 부부가 모두 불륜을 저지르는 상황에 이르렀다. 그는 불안한 미래와 희망이 점점 사라져 가는 삶에 힘들어하며 알콜에 중독되어 갔고 자기보다도 못한 상사들에게 복종하느라 자존심이

---

6) 소비에트 연방 내에 존재했던 관료, 민간 전문가 출신의 당직자 또는 특권 계급을 의미

상할대로 상한 최악의 상태에 도달해 있었다.

1980년 12월 마침내 그는 프랑스 스파이가 되기로 결심했는데, 조직에 대한 복수심, 야망과 망가진 자존심에 대한 복수, 스파이 역사에 빛나는 인물로 남아 조직을 망가뜨리겠다는 생각으로 변절자가 되기로 한 것이다. 당시 그는 정보작전국 내 '라인 X'에서 입수하는 모든 정보들에 접근 가능한 보직에 있었기 때문에 최고의 스파이가 될 수 있는 여건을 갖추고 있었다.

베트로프는 프랑스에 있는 쟈크에게 편지로 전향 의사를 전달했는데, 그가 미국이나 영국이 아니라 상대적으로 정보조직이 약한 프랑스와 손잡은 이유는 프랑스 정보기관에는 소련이 심어놓은 스파이가 없을 것으로 생각했기 때문이었다. 이에 프랑스는 당시 모스크바에 파견한 정보요원이 없었기 때문에 '아메유'라는 프랑스 민간인 공학자에게 협조를 요청해 베트로프와의 중간 연락책 임무를 수행토록 했다.

프랑스는 암호명 'Farewell'로 명명한 비밀공작에 돌입하여 1981년 3월 아메유와 최초로 접선한 베트로프로부터 소련이 서방 국가들로부터 비밀리 빼낸 산업기술 정보 내용들을 은밀히 제공받았다. 이후 프랑스 정보국은 아메유가 공학자이고 민간인 신분이기 때문에 소련으로부터 상대적으로 감시는 덜 받지만 체포될 경우 보호할 수 없다는 점이 우려되어 1981년 5월 그의 투입을 중지하고 새로운 연락책으로 정보요원은 아니지만 외교관 신분으로 모스크바에 파견 중이던 '폴'이라는 인물로 교체했는데, 그는 담당관 쟈크의 친구였다.

프랑스는 베트로프와 접선할 때 가능하면 1차 연락책으로 여성이 투입되는 것이 의심을 덜 받으면서 더욱 자연스럽고 안전하다는 생각에서 초기에는 폴의 아내를 투입하기도 했다. 이후 본격적으로 사업이 진행되면서 폴이 직접 베트로프를 접선하여 차량 안에서 비밀서류를 전달받아 복사 후 돌려주는 방식으로 정보를 수집했다. 베트로프는 10개월간 수천 부에 달하는 비밀서류를 제공해 왔으며, 서방에 침투한 소련 스파이 명단과 서방에서 입수한 산업기술 정보 내용 등 엄청난 내용들을 보고해 왔다.

프랑스는 동맹국인 미국과도 입수 정보를 공유했는데, 미국도 자국의 기술유출 내용에 대해 놀랄 수밖에 없었으며, 이후에 이를 활용한 새로운 역용공작에 착수했다. 베트로프를 활용해 소련에 거짓 정보를 제공하는 공작이었는데, 소련의 우주개발 계획에 결함이 생기도록 잘못된 정보를 제공하는 것이었다. 예를 들어 소련이 결함이 있는 미사일 칩을 만들도록 오류가 있는 정보를 제공하여 기술 발전에 있어 치명적인 결과를 초래하게 했으며, 과학기술 개발이 잘못된 방향으로 가도록 유도하는 공작을 추진하여 엄청난 성과를 거두었다.

하지만 베트로프는 사업을 추진하는 과정에서 엄청난 스트레스를 받았으며, 이로 인해 KGB에서 통역으로 일하는 여성과 불륜에 빠지고 술을 과하게 마시는 등 비정상적인 생활에 젖으면서 정신적으로도 매우 심각한 상태에 이르고 말았다. 결국 비밀접선하는 날에 나타나지 않는 등 문제를 야기하기 시작한 베트로프는 1982년 2월 불륜관계에 있던 여성을 차에서 칼로 찌르고 이를 목격하고 도우려 했던 사람까지 살해하고 말았다. 결국 그는 살인 혐의로 15년 형을 선고받고 감옥에 갔는데 상대 여성을 죽인 이유는 아직까지도 정확하게 알려지지 않았다.

그래도 이때까지 그의 스파이 행적이 외부로는 전혀 드러나지 않았는데 결국은 본인의 가벼운 입에서 나온 말들로 인해 자신의 스파이 행적을 스스로 노출시키는 상황이 발생하고 말았다. 베트로프가 감방 동료였던 KGB 방첩담당관 출신인 레첸스키라는 인물에게 자신은 서방에 많은 연줄을 갖고 있다는 등 이상한 발언을 지속한 것이었다. 이에 레첸스키는 베트로프가 서방 국가 스파이로 활동했던 게 아닌가 하는 의심을 하게 되었고, 결국 이를 상부에 보고함으로써 베트로프의 스파이 행적이 드러나는 계기가 되고 말았다.

1983년 4월 프랑스는 베트로프가 제공해 온 스파이 명단을 바탕으로 서방에 암약 중인 47명의 소련 스파이들을 추방했는데, KGB가 이를 역추적하면서 베트로프의 스파이 행적이 탄로 나고 말았다. 베트로프는 자신의 입에서 문제가 생긴 것은 모른 채 "멍청한 프랑스가 나를 죽였다"고 한탄했으며 결국 1985년 1월 처형당했다.

이처럼 스파이는 다양한 동기들에 의해 만들어지는데 특히, 정보기관 내부 요원이 적국의 스파이로 변절하거나 포섭될 때 그것은 정보기관만의 문제가 아니라 국가적으로 매우 치명적인 결과로 이어질 수가 있다는 교훈을 지금까지의 스파이 역사가 잘 보여주고 있다.

■ '제임스 본드'와 '제인 본드' 찾기

스파이 영화나 소설 등을 보고 한 번쯤 자신이 스파이가 되어 나라를 구하는 상상을 하거나, 장래 희망으로 실제 스파이가 되겠다는 생각을 해 본 적이 있는 사람들도 있을 것이다.

오래전 고대나 중세 시기에는 국가 차원의 정보기관이 없었기 때문에 스파이 활동만 하는 전문직으로서의 스파이가 아니라 상인이나 성직자, 예술가 등과 같이 본연의 직업을 가진 상태에서 필요에 따라 스파이로서 역할을 함께 하는 경우가 많았다. 이들은 권력자의 비선 조직에 가까웠고 체계적인 스파이 교육을 받은 사람들이 아니었기 때문에 전문성이 높지 않았으며, 특정 권력자 개인의 정보 네트워크 일원으로 정보활동을 수행하는 형태로 움직이는 경우가 많았다.

그러다 중세와 근대 시기를 거치면서 스파이가 되는 가장 일반적인 경로는 군인이 되는 것이었는데, 정찰부대나 첩보부대, 방첩부대 등에 배속되어 정보활동을 수행하는 경로였다. 전쟁과 스파이는 상호 불가분의 관계일 수밖에 없었기 때문에 대부분의 스파이들이 군인 신분이었고 전쟁에서 승리하기 위한 군사정보 수집이 주된 임무였다.

하지만 2차 세계대전 이후 각국 스파이 조직들이 정비되고 체계가 갖춰지면서 군사정보 일변도의 정보활동에서 점차 벗어나기 시작했고, 냉전 시기를 거치며 정치, 외교, 경제, 산업 등 다양한 분야에서 정보수요가 발생하면서 스파이 조직의 인적 구조 또한 군인 중심에서 민간 엘리트 중심으로 점진적으로 변화되어 왔다. 군사정보는 별도 설립된 군 산하 정보조직에서 담당하는 형태로 운영되는 경우가 많아졌고, 각국의 정보기관이 비밀 정보조직으로서 정부 조직 편제에 포함되고 법적으로 뒷받침되는 국가기관으로 정착되면서 이에 맞춰 스파이를 선발, 양성하고 교육하는 체계도 지속적으로 발전해 왔다.

과거에는 비밀 정보기관이라는 조직의 특성상 요원을 모집하고 선발하는 방식이 매우 폐쇄적이고 보수적으로 운영될 수밖에 없었고, 정보부대 등 군 출신 중심의 선발이 오랫동안 지속되어 왔다. 그러나 정보수요의 다양화와 새로운 형태의 안보위협이 출현하는 등 시대가 변화함에 따라 정보기관의 요원 모집과 선발 방식도 이제는 보다 개방적이고 공세적으로 변화하고 있다. 이러한 변화는 민간과의 우수 인력 확보 경쟁에서 뒤처지지 않기 위한 정보기관들의 고육책이라고도 할 수 있다.

영국 MI6는 2006년 처음으로 신문에 직원모집 광고를 실시한 이후 언론을 통한 공개모집 방식을 활용 중이다. 특히, 2018년 최초로 TV 광고를 실시하는가 하면, 부모가 모두 영국인이어야 하는 기존의 지원 조건을 폐지하고 영국에서 출생한 사람은 누구나 MI6 스파이가 될 수 있도록 요건을 대폭 완화함으로써 이민자 출신들도 지원이 가능하게 되었다.

스파이 채용과 관련해 가장 눈길을 끌었던 것은 영국 정보기관의 여성요원 모집광고였다. 2015년 영국 의회 정보보안위원회(Intelligence and Security Committee)에서 정보기관들이 정보활동에 필요한 다양성을 확보하고 조직 내부 남성 우위의 문화를 타개하기 위해서는 '맘스넷'(Mumsnet)[7] 같은 여성들을 위한 인터넷 사이트를 활용해 여성요원 채용을 확대해 나갈 필요가 있음을 권고하는 보고서를 냈다. 이러한 의회의 제안에 따라 실제로 MI5와 MI6 등이 인터넷 사이트를 통해 중년의 주부 등 여성들을 대상으로 한 요원모집 광고를 냈는데 엄청난 관심을 모았다. 이른바 '제임스 본드'(James Bond)가 아니라 '제인 본드'(Jane Bond)를 찾는 광고였다.

'Mumsnet'에 게재된 MI6 채용 공고 (출처: cnn.com)

미국 CIA도 아이비리그(Ivy League)를 중심으로 한 대학 순회 채용 설명회나 CIA 홈페이지 홍보 등에 의존하는 기존의 요원 모집방식에서 탈피

---

7) 영국 내 가장 인기있는 여성 웹사이트

하여 시대 흐름에 맞게 유튜브, 인스타그램, TV 등에 채용광고 영상을 올리는 등 많은 변화를 꾀하고 있다. 2018년에는 온라인 동영상 광고, 인스타그램 계정 개설 등을 도입하면서 다양한 인종으로의 직원 구성을 추진했으며, 2020년에는 최초로 TV와 인터넷 등에 〈Discover the CIA: Your nation is counting on you〉라는 제목의 신입요원 모집 광고를 냈다.

이와 같은 움직임은 CIA 인력 구성이 예일(Yale) 대학교와 같은 아이비 리그 출신의 백인 남성들이 조직의 주류를 이루고 있다는 고착화된 관념에서 벗어나 새로운 시대 환경에 맞게 다양하고 유능한 인적 구성을 추구하려는 의지로 받아들여지고 있다. 실례로 이슬람 테러단체에 적절히 대응하고 이슬람 국가에서의 정보활동을 효과적으로 실행하기 위해서는 이슬람 문화와 그들의 의식과 생각을 잘 아는 요원이 투입되어야 하는 것처럼 조직 구성원이 백인 중심으로 편중되어서는 결코 경쟁력에서 앞서 나갈 수 없다는 것이다.

CIA가 2009년 뉴욕 월가의 금융 전문가들을 모집하는 채용 공고를 낸 적이 있는데, 2008년 금융위기 사태로 인해 많은 금융 전문가들이 실직했던 상황에서 국가적으로 필요한 전문 금융인들을 활용하기 위한 것이었다. 특히 CIA는 오늘날 해킹 등 디지털 관련 업무의 비중이 갈 수록 늘어나고 있는 상황에서 유능한 최고 인재를 얻기 위해 실리콘 밸리(Silicon Valley) 등 민간기업들과 경쟁해야 하는 환경에 놓여 있으며, 향후 정보기관의 민간 전문가 영입 확대가 불가피한 상황에서 민간과의 인재영입 경쟁은 더욱 심화될 것으로 예상되고 있다. 이처럼 세계 최고의 정보기관인 CIA도 불합리하게 높았던 진입 장벽들을 과감하게 없애고 요원 물색에 있어서 이전보다 훨씬 공세적이고 전향적인 자세를 취하고 있다.

또한 많은 정보기관들이 닮고 싶어 하는 1순위로 꼽히고 있는 이스라엘 모사드 역시 요원 채용방식에 있어 홈페이지와 비공개 모집 채용이라는 오래된 전통을 깨고 2014년 직원 공개모집 유튜브 동영상을 최초로 제작하여 올리는 등 변화를 모색하고 있다. 앞으로도 민간과의 유능한 인재 확보 경쟁에서 뒤처지지 않기 위해 정보기관들은 보다 공개적이고 개방적이며 다양한 스파이 채용 전략을 마련해 나갈 수밖에 없을 것으로 보인다.

에이전트의 자격

공개 채용 등의 경쟁을 통해서 선발되는 정보기관의 정규 요원과 달리 정보기관 직원 신분이 아닌 공작원과 같은 에이전트들은 어떻게 스파이가 되는 것일까? 일반적으로 정보기관이 내부 요원을 모집하듯이 에이전트를 공개적으로 모집하는 일은 없으며, 정보기관은 국가가 필요로 하는 정보를 수집하거나 특수 임무를 수행하기 위해 비밀리에 그 역할을 가장 잘 해낼 수 있는 최적의 에이전트를 찾아서 그를 포섭해 스파이 활동에 참여시킨다.

그러면 정보기관이 찾고 있는 에이전트의 최우선 자격 기준은 무엇일까? 그것은 다름 아닌 수행해야 할 목표에 대한 접근성 보유 여부이다. 만약 어떤 특정 인물에 대한 정보를 얻고자 한다면 그 인물의 가족이나 친인척, 친구, 학교 선후배, 직장 동료 등과 같이 그의 주변에 있으면서 그를 접촉할 수 있는 사람들이 접근성이 가장 좋은 대상이라고 할 수 있다. 그 목표가 사람이 아니라 특정 기관 또는 정책, 이슈와 같은 특정 사안일 때도 마찬가지이다. 기관이라면 그 기관에 근무 중인 사람이나 과거에 근무했던 경력자, 그리고 그들의 가족 등을 우선 떠올릴 수 있고, 특정 이슈나 사안이라면 그 이슈와 연관된 인물이나 기관에 접근할 수 있는 사람을 찾으려 할 것이다.

이처럼 임무 수행을 위해 최적의 에이전트가 될 수 있는 대상을 찾고 그를 실제 공작원이나 협조자와 같은 스파이로 만드는 작업이 정보기관 요원의 활동에서 가장 중요하고 비중이 큰 부분이라고 해도 과언이 아니다. 언론사 기자들이 특종 보도나 우수한 단독 기사를 많이 내기 위해서는 얼마나 좋은 취재원을 보유하고 있느냐가 중요하듯이 스파이들도 마찬가지이다.

스파이들은 정보를 얻기 위해 정보가 나오는 좋은 출처를 찾는데 많은 시간과 노력을 기울이는데 이런 활동을 여건개척이라고 부른다. 좋은 출처라는 것도 결국은 정보에 대한 접근성이 우수한 출처라는 점에서 스파이를 물색하는 기준과 좋은 출처를 찾는 기준은 다르지 않다. 우리 전통 속담에 '산에 가야 범을 잡고 물가에 가야 고기를 잡는다'는 말이 있는데 정보도 마찬가지이다. 필요로 하는 정보를 얻을 수 있는 대상을 공략해야지 접근성이 떨어지는 엉뚱한 대상을 공략해서는 필요한 정보를 얻기 어렵고, 설령 나온다 하더라도 상대적으로 엄청난 노력과 시간이 필요하고 자칫 헛수고가 될 수도 있다.

예를 들어, 대한민국에 대한 중국의 외교정책과 관련한 정보를 수집한다고 가정해 보자. 이와 관련한 내용을 가장 잘 아는 사람은 아마도 중국 외교부에 근무하는 직원 특히, 한국을 담당하는 부서 담당자나 간부일 것이다. 그 외 중국의 외교분야 전문가나 교수, 외교 연구기관 연구원, 언론사 외교 담당 기자 등 중국 내 외교 관련 업무를 수행하는 사람들이 좋은 출처가 될 수 있으므로 이들을 직접 공략하거나 이들과 밀접히 연계된 인물을 공략하는 것이 가장 효과적인 접근법이라고 할 수 있다.

만약 북한에 대한 정보를 수집해야 한다면 당연히 북한 관련 정보에 대한 접근성 측면에서 외국인보다 북한 사람이 상대적으로 좋을 수밖에 없고, 그중에서도 고급정보에 대한 접근성이 좋은 높은 직급의 인물일수록 최적의 에이전트가 될 가능성이 높은 것이다.

결국 에이전트의 가치는 그들이 보유한 정보활동 여건이 얼마나 양호한지에 따라 결정된다. 에이전트들이 모든 목표들에 접근성을 가질 수는 없지만 우수한 에이전트는 자신이 접근하기 어려운 목표에 대해서는 그 목표에 접근 가능한 다른 적임자를 찾아내고 활용할 수 있는 능력도 가지고 있어야 한다.

이렇듯 일반적으로 정보기관의 에이전트 물색은 비밀리에 이루어지지만 최근에 공개적으로 적국 국민을 대상으로 스파이를 모집하는 매우 특이한 사례가 있었다. 미국 CIA가 공개적으로 에이전트 모집에 나선 것인데, CIA가 러시아와 우크라이나 간 전쟁을 계기로 2023년 러시아인들을 대상으로 러시아 기밀 정보를 미국에 제보할 스파이를 공개적으로 모집하는 영상을 제작하여 유튜브 등 소셜미디어에 올린 것이었다. 이 영상은 미국이 장기화되는 전쟁과 푸틴 정권에 불만을 품은 러시아인들을 겨냥한 것이었는데 특히, 러시아 방첩기관에 들키지 않도록 CIA와 은밀하고 안전하게 연락할 수 있는 방법까지 포함되어 있었다.

그에 앞서 2022년에도 CIA는 러시아인들을 대상으로 스파이를 공개 모집하는 게시물을 공고한 바 있는데, 당시 게시물에는 '가상사설망'(VPN)[8]으로 러시아 방첩기관 탐지를 피하고 '토어'(TOR)[9]라는 익명 네트워크 웹 브라우저를 통해 CIA와 익명으로 암호화된 접선을 실행하는 방법까지 담겨져 있었다. CIA의 이런 사례가 전쟁이라는 특수 상황에서 벌어진 경우이기는 하지만 정보기관의 에이전트 물색 방식도 이제는 기존의 틀에서 벗어

---

8) 'Virtual Private Network'의 약자로, 데이터가 지나가는 암호화된 터널을 만들고 사용자 IP 주소를 숨겨 온라인 익명성을 보장하는 망
9) 'The Onion Router'의 약자로, 미국 해군 연구소에서 개발한 익명 네트워크 툴

나 보다 공세적이고 더욱 첨단화되고 있는 듯하다.

■ 변신을 위한 첫걸음, 스파이 교육

기업이 신입직원을 선발하면 교육부터 실시하듯 정보기관도 선발된 직원을 유능한 스파이로 만들기 위해 기업보다도 훨씬 긴 기간에 걸쳐 강도 높은 교육을 실시한다. 정보기관과 교육 대상에 따라서 교육기간이 다르겠지만 보통 수개월에서부터 1년 넘게 이루어지기도 한다.

교육 내용은 첩보학을 비롯한 정보활동 관련 각종 이론 교육과 함께 정보활동에 필요한 현장 기술인 해정술10), 미행, 감시, 비밀연락 기법 등에서부터 호신술, 사격, 비행기 낙하 등과 같은 군사훈련에 이르기까지 다양한 실습 교육을 실시하며, 정치, 경제, 문화, 역사, 스포츠 등 여러 분야의 교양 교육과 체력 훈련 등도 포함된다.

정보기관 요원 교육은 정보기관들이 비밀리에 운영하는 자체 교육 시설에서 이루어진다. 정보기관의 교육 시설 가운데 영화나 드라마 등을 통해 우리에게 잘 알려진 곳 중 하나가 CIA 비밀요원 교육 시설로 일명 '농장'(The Farm)으로도 불리는 'Camp Peary'이다. 이 시설의 공식 명칭은 AFETA(Armed Forces Experimental Training Activity)인데, 버지니아주에 위치한 이 시설은 사실 미 국방부 소유 시설이라고 하며, CIA뿐만 아니라 군 정보기관인 DIA(Defense Intelligence Agency) 등 다른 정보기관들도 함께 사용한다고 한다.

2003년 소개된 스파이 영화 〈리쿠르트〉(The Recruit)에서 CIA 교육 시설 'Camp Peary'가 영화의 배경이 되어 관심을 끈 바 있다. 이 영화는 CIA 베테랑 요원이 신입요원들에게 훈련 상황이라 속이고 내부 기밀

---

10) 열쇠 없이 자물쇠를 여는 기술

을 빼내려는 음모를 그린 픽션 영화인데, CIA의 신입요원 채용 과정 특히, CIA 요원 훈련센터 'Camp Peary'와 신입요원들의 교육훈련 내용 등이 포함되어 있어 스파이들의 관심을 받기도 했다.

영화에서 신입 요원들은 훈련소에서 위장술, 감시기술, 염탐기술을 비롯해 호신술, 야간 낙하기술, 역할연기(Role Playing)와 심리 전술, 비상시 초고속 운전기술, 거짓말 탐지기 회피 기술, 사격훈련, 침투술 등 다양한 스파이 교육을 이수하는 것으로 그려지고 있다. 이에 대해 이 훈련소 교육생 출신의 한 요원은 영화 속 훈련 내용들이 실제와 유사성이 높다고 평가하기도 했지만, CIA 요원들은 영화 시나리오가 비현실적이며 기분전환용 영화일 뿐이라는 반응을 보였다고 한다.

특히, 이 영화에서는 CIA 본부 건물에 있는 '추모의 벽'(Memorial Wall)이 나오는데, CIA 요원으로 비밀작전 등 업무를 수행하다 순직한 직원들을 기리기 위한 곳이다. '추모의 벽'에는 사망한 요원들 수 만큼의 별과 함께 '조국을 위해 목숨을 바친 CIA 요원을 추모하며'(In Honor of Those Members of The Central Intelligence Agency Who Gave Their Lives in The Service of Their Country)라는 글귀가 함께 새겨져 있는데, 모든 CIA 직원은 출근 첫날 '추모의 벽'에서 선서하는 것으로도 알려져 있다. 이런 '추모의 벽'은 대한민국 국가정보원에도 만들어져 있다.

그리고 이 영화에서는 직원을 물색, 채용하는 인사 업무를 담당하는 CIA 베테랑 요원이 요원 훈련소 교관 역할까지 하는 것으로 그려지고 있는데, 현실에서는 이런 업무들을 함께 담당하는 직원은 없으며, 정보기관에는 이런 각각의 업무를 전담하는 요원들이 나누어져 있다.

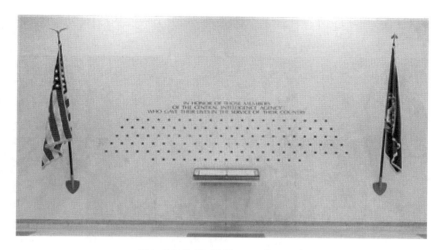

CIA 추모의 벽 (출처: CIA 홈페이지)

그중에서도 요원들을 교육하는 교관 업무의 경우 현장 경험이 많은 베테랑 요원들이 주로 담당하는데 요원 교육을 담당하는 교관이 직원 물색이나 채용과 같은 인사 업무에는 일절 관여하지 않으며, 관여할 수도 없기 때문에 영화적 허구라고 할 수 있다.

정보기관 요원이 스파이로서 갖추어야 할 자질과 관련해서는 담당 업무에 따라 우선순위가 다소 다르겠지만, 정보감각, 대인 조종능력, 임기응변 능력, 정보 분석 능력, 보고서 작성 능력, 어학 능력 등 여러 가지가 있으며, 신입요원 교육 기간에 이러한 자질을 습득하고 능력을 향상시키기 위해 노력한다. 이들 가운데 교육을 통해서 배우고 습득할 수 있는 자질도 있지만 선천적으로 우수한 능력을 타고나야 하는 자질도 있다.

사람들마다 타고난 능력이 다르고 성향도 다르지만 다른 어떤 자질 보다도 모든 스파이들에게 필수적이면서 최우선적으로 요구되는 것이 있는데 그것은 바로 보안성 즉, 보안의식이다. 쉽게 말해 입이 가벼워서는 안 되고 무거워야 한다는 것이다. 왜냐하면 스파이의 생명은 보안이기 때문이며 아무리 유능하고 우수한 스파이라고 해도 보안의식이 없는 스파이는 없는 것만 못하다. 그래서 신입요원들의 교육과정에서 다른 어떤 이론 강의나 현장 실습 내용보다도 가장 강조되고 중요하게 다루어지는 것이 바로 보안교육이며, 이는 재직 중에도 지속적으로 이루어진다.

■ 스파이들의 주특기와 인기 직종

　　정보기관 신입요원들은 기본교육과 OJT 교육 등을 이수하면 정식 요원으로서 자격을 갖추고 최종적으로 현업 부서에 배치되는데, 과거에는 교육 성적과 적성, 본인 희망 등을 종합적으로 평가하여 보직을 부여했으나 오늘날에는 많은 정보기관들이 모집 당시부터 업무 영역별로 구분하여 선발하는 추세이며, 지원자들은 미리 자신의 전공이나 특기, 성향, 관심분야 등을 고려하여 해당분야에 응시하고 있다. 이처럼 스파이들은 지원에서부터 교육을 거쳐 보직 부여에 이르는 초기 단계에서 대부분 자신의 전문성이 결정되는 경우가 많다.

　　군인도 군 복무를 시작할 때 전공분야를 배정받는데 우리는 이를 군사 주특기 또는 병과라고 부른다. 스파이들에게도 사실은 군의 병과와 같이 직렬이라는 것이 있는데 국가마다 다르겠지만 정보, 수사, 통신 등과 같이 업무 영역에 따라 구분한다. 미국이나 영국과 같이 국내정보기관과 해외정보기관이 분리되어 운영되는 국가도 있고, 중국이나 대한민국과 같이 통합하여 운영하는 국가들도 있기 때문에 각 정보기관들마다 직렬의 종류가 다르겠지만 보통 임용 시 최초 부여받은 주특기는 바뀌지 않고 그대로 유지되는 경우가 대부분이다.

　　그리고 자신의 직렬과 다른 성격의 업무를 담당하는 경우도 물론 있으며, 같은 직렬이라 해도 업무의 성격에 따라서 전문성이 달라진다. 예를 들어 주특기가 정보라고 해도 정보를 수집하는 업무를 하느냐, 분석하는 업무를 하느냐에 따라서 전문분야가 완전 달라진다. 정보관이나 공작관 등으로 불리는 활동 요원이 되느냐, 분석관으로 불리는 내근 요원이 되느냐에 따라서 업무 성격은 물론 스파이로서 진로가 달라지기 때문이다. 초기에 분석관으로 시작했지만 중간에 정보관이나 공작관으로 변신하는 경우도 있고 그 반대인 경우도 있지만, 스파이로서 첫 발을 어느 쪽으로 내딛느냐가 스파이 개인의 전문성을 결정하는 데 있어 큰 영향을 미친다.

방첩업무를 담당하는 방첩관의 경우에도 어떤 분야를 담당하느냐에 따라 전문성이 달라지는데, 간첩 수사, 보안, 테러, 사이버, 국제범죄, 산업스파이 등과 같이 담당 분야에 따라 전혀 다른 전문가가 되기도 한다. 대한민국 국가정보원(NIS)이나 중국의 국가안전부(MSS)처럼 해외정보 업무와 국내 방첩업무를 함께 수행하는 정보기관들은 국내와 해외, 정보와 수사 및 방첩 업무를 함께 하기 때문에 상대적으로 스파이들의 업무 영역이 다양하다. 하지만 미국이나 영국을 비롯한 주요 국가들처럼 해외 담당 정보기관과 국내 방첩기관이 분리되어 운영되는 경우에는 원천적으로 해외정보 혹은 국내 방첩이라는 큰 업무 영역이 이미 정해져 있기 때문에 통합형 정보기관에 비해 각 기관별 업무 스펙트럼은 상대적으로 좁을 수밖에 없다.

일반인들에게 시대에 따라 선호하는 인기 직종이 있듯이 스파이들에게도 정보기관 내 인기 업무가 있기 마련인데, 이는 시대적 상황과 국가의 국내외 환경, 조직 내부 분위기 등에 따라 변한다. 아마도 세계 각국의 정보기관들마다 인기 업무가 분명히 다를 것이며, 내부적으로 기피하는 업무도 존재할 것이다. 해외정보를 담당하는 부서가 최고의 인기를 구가하다가 테러 관련 부서가 뜨기도 하고, 사이버 업무가 새로운 인기 부서로 부각되기도 하는 등 인기 부서도 시대에 따라서 계속 변하고 있다.

대한민국 국정원도 과거 무소불위의 권력을 휘두를 당시에는 요원들이 일명 '조정관'으로 불렸던 국내정보를 수집하는 부서의 인기가 가장 높았지만 민주화 시기를 거치며 정보기관의 탈권력화가 진행되면서 그 인기는 많이 사라졌다. 그리고 2000년대 초반까지는 외교관 신분으로 대사관에 파견되어 근무하는 백색요원의 인기 또한 매우 높았지만 대한민국이 점차 선진국으로 진입하면서 해외 근무에 대한 매력이 이제는 이전 보다는 낮아져 그 인기가 예전과 같지는 않다.

이렇게 스파이들의 인기 직종이 시대에 따라 변하는 것은 자연스러운 흐름이라고 할 수 있다. 하지만 시대 상황과는 무관하게 무엇보다 스파이들에게 가장 중요한 것은 요원 개인의 성향이다. 모든 사람에게 동일하게 적용될 수는 없지만 외향적이고 사람 만나기를 좋아하는 성향의 인물이라면 외부활동이 많은 수집, 공작, 방첩 등의 활동 부서들이 능력을 발휘하기에 좋을 수 있고, 그와는 반대로 내성적이고 조용하며 차분하고 학구적인 성향이라면 정보분석 부서가 보다 적합할지도 모른다. 사기업에서도 영업 부서와 같이 외향적이고 활동적 성향이 상대적으로 더 적합한 업무가 있고, 분석이나 연구개발 부서와 같이 내향적이고 탐구적인 성향의 사람들에게 더 잘 맞는 업무가 있는 것처럼 스파이들의 업무도 크게 다르지 않은 것 같다.

■ 스파이들의 영원한 숙제, 신분보안

2013년 영국 MI6가 일간지에 직원을 뽑는 구인광고를 낸 적이 있다. 1909년 창설 이래 80년이 넘는 오랜 기간 공식적으로 외부에 알려지지 않다가 1992년이 되어서야 정부 조직으로 편입되고 조직의 존재가 알려졌을 정도로 철저하게 비밀조직으로 운영되어 왔던 점을 감안할 때 MI6가 신문에 직원 모집광고를 게재한다는 것이 흔한 일은 아니었다.

이 광고에서 MI6는 "지원자들이 가족이나 친구들과 MI6 지원에 관해

상의하려고 할 수 있고 이 또한 자연스러운 것이지만 이러한 것은 시작도 하기 전에 당신의 지원을 망치는 결과를 초래하게 된다. 만약 상의를 하려면 MI6와 상의하라"는 점을 강조했다. 다시 말해서 MI6에 지원하는 사실 자체도 다른 사람에게 알려서는 안 되고 보안을 유지하라는 것으로, 그만큼 보안을 중요시한다는 의미이다.

어느 정보기관 스파이든 외부에 보안을 누설해서는 안 되며 보안 노출은 스파이의 가장 치명적이고 부끄러운 흠결이 된다. 스파이들은 신분 보안이 생명이기 때문에 많은 불편함을 감수하고 생활해야 한다.

많은 사람들이 정보기관 직원들과 관련해 궁금해하는 질문 중 하나가 "실제 가족들에게도 직업을 숨기느냐"는 것이다. 정보기관 직원이라면 여러 번 받아 본 질문일 텐데 아마도 스파이 영화 등에서 가족들 심지어 부인에게조차 신분을 숨기는 경우를 많이 보아 왔기 때문에 생기는 궁금 증일 것이다. 그에 대한 대답은 "원칙은 그렇지만 현실적으로 가능하지 않다"이다. 물론 각국 정보기관마다 직원들에 대한 보안유지 규정이나 신원검증 규정이 다소 차이가 있겠지만, 정보기관 요원들은 입사할 때 본인은 물론 가족들에 대해서도 철저한 신원조사 과정을 거치기 때문에 본인과 배우자의 부모, 형제 수준의 가족 범위에서는 신분보안을 유지하기가 어려운 구조이다. 물론 아주 특수한 경우 가족에게도 보안유지가 요구되는 경우도 있지만 일반적이지는 않다.

또한 독신인 정보기관 요원들도 결혼을 하려면 예비 배우자에 대한 신원조회 과정을 거쳐서 승인을 받아야 결혼을 할 수 있다. 가끔은 예비 배우자가 신원검증을 통과하지 못하여 요원이 '조직이냐 사랑이냐'를 선택해야 하는 경우가 실제로 벌어지기도 한다. 특히 배우자가 외국 국적자인 경우 이런 사례가 간혹 발생하기도 하는데, 국가안보를 다루는 업무이다 보니 외국 국적자에 대해서는 더욱 엄중한 잣대로 신원검증을 할 수밖에 없기 때문이다.

정보기관의 미혼 요원들은 속칭 소개팅을 하거나 이성과 연애를 시작할 때도 상대방과 진지한 관계로 발전하여 결혼을 고려하는 단계가 되기 이전까지는 가능한 신분노출을 하지 않는다. 일반 공무원이나 다른 직업으로 소개하고 만남을 이어가는 경우가 많은데, 남녀 간의 만남에는 항상 변수가 많다 보니 최악의 상황에 대비한 정보기관 요원들의 불가피한 신분보안 대책일 수밖에 없다. 그러다 보니 나중에 신분을 밝힐 수밖에 없는 단계가 되었을 때 상대방으로부터 배신감과 오해를 받는 경우도 있다. 이러한 문제들은 스파이들이 숙명으로 받아들이면서 지혜롭게 극복해 나갈 수밖에 없다. 왜냐하면 그만큼 보안이 중요하기 때문이다.

정보기관 요원들은 자녀들에게도 부모 직업을 밝히지 못하는데 자녀가 어릴 때에는 큰 문제가 되지 않지만, 중고등학생으로 성장하게 되면 학교 등에서 부모의 직업을 말해야 하는 경우가 생길 수밖에 없다 보니 자연스럽게 궁금해하면서 자녀가 직접 묻기도 하고 스스로 눈치를 채는 경우도 많다. 현실적으로 자녀들에게 신분보안을 유지하기가 쉽지 않기 때문에 사실대로 말해주고 신분보안이 유지될 수 있도록 자녀에게 관련 교육을 하는 것이 일반적인 대처법이다.

그리고 정보기관 요원들은 개인적으로 동창회 모임이나 동호회 같은 외부 친목 단체 등에 가입해서 활동하는 데도 신분보안으로 인한 제약과 불편이 따를 수밖에 없다. 가끔은 동창회 명부 등의 소속이나 직업란에 정보기관 이름이 명기되어 있는 보안사고가 발생하기도 한다. 다른 나라의 경우도 크게 차이가 나지는 않겠지만 정보기관 요원들이 신분보안을 유지하기란 결코 쉽지 않은 것이 현실이다.

2007년 소개된 〈굿 셰퍼드〉(The Good Shepherd)라는 영화는 정보기관 요원이 직업적 특성으로 인해 겪게 되는 가족들과의 갈등과 가족에 대한 보안 문제가 국가적으로 어떤 영향을 미칠 수 있는지 보여주는 스파이 영화이다. 냉전 시기 CIA 요원으로 근무했던 제임스 앤젤튼(James Jesus Angleton)이라는 실존 인물의 사건을 모델로 한 영화이다.

이 영화는 1961년 미국 CIA가 쿠바 카스트로 정권을 붕괴시키기 위해 미국으로 망명한 쿠바인들을 이용해 쿠바 피그만(Bay of Pigs)을 공격한 '피그만 침공 사건'11)이 완전한 실패로 끝난 것과 관련해 사전 정보유출을 의심하는 CIA 비밀요원의 추적 과정과 함께 국가와 조직에 대한 충성과 헌신을 위해 희생해야 하는 정보기관 직원과 그의 가족들과의 갈등을 그리고 있다. 그리고 정보기관 요원들에게 업무와 관련한 내용에 대해서는 가족들에게 조차 보안을 절대적으로 유지해야 하며, 적국의 정보기관이 정보기관 직원 가족을 대상으로 포섭 공작을 벌이는 것이 현실에서도 얼마든지 일어날 수 있다는 점을 생각해 보게 하는 영화이기도 하다.

---

11) 1961.4.15 미국 CIA가 쿠바 카스트로 정권 붕괴를 위해 망명한 쿠바인들을 반군으로 훈련시켜 쿠바 피그만을 공격한 사건

제2장

첩보와
정보 이야기

제2장 ──────────────────────────── 첩보와 정보 이야기

■ 원석에서 보석 찾기

우리는 스파이들의 활동을 소재로 하는 영화나 소설 등을 흔히 첩보 영화, 첩보 소설, 그리고 이런 것들을 총칭하여 '첩보물'이라고 부른다. 이에 반해 정보 영화나 정보 소설, 정보물 등과 같은 표현은 사용하지 않으며 왠지 낯설게 들린다. 아마도 그 이유는 스파이 세계에서의 정보와 일반 사회에서 말하는 정보가 큰 틀에서는 기본적으로 의미가 같다고 할 수 있지만 그 속성이 달라 자칫 의미 전달에 혼란을 줄 수 있기 때문에 스파이에 특화된 '첩보'라는 표현을 사용하는 것으로 보인다.

만약 스파이와 관련된 콘텐츠들을 총칭하는 의미로 '첩보물'이란 표현 대신 '정보물'이라는 용어를 사용한다면 이것이 스파이와 관련된 것인지 아니면 과학기술 정보나 정보화, IT 등과 관련된 것인지 '정보물'이라는 용어 자체로는 의미 전달이 명확하지 않아 혼란을 줄 수도 있다는 것이다.

'정보'라는 용어는 특이하게 서로 상반되는 두 가지 속성을 함께 갖고 있다. 스파이 세계에서의 정보는 비밀성이 우선적으로 강조되는 정보인 반면, 일반 사회에서의 '정보'는 공유성이 중요시되는 특성을 갖고 있다. 이처럼 '정보'라는 용어는 '비밀'과 '공유'라는 서로 상반되는 양면성을 갖고 있으며, '정보'는 스파이들만의 용어가 아니다. 그래서 '스파이'라는 단어 속에 내재된 비밀스럽고도 은밀하며 긴장된 느낌을 전달하는 데 있어 '정보'라는 단어보다 오히려 특화된 것처럼 보이면서 정보와 동일한 의미로 널리 사용되고 있는 것이 '첩보'라는 용어이다.

그런데 이와는 달리 미국 중앙정보국(CIA)이나 영국 비밀정보국(MI6), 대한민국 국가정보원(NIS)과 같은 세계 각 나라들의 스파이 조직들을 일컬을 때 국가정보기관이라는 용어로 통칭한다. 또한 각 정보기관들의 명칭에도 '첩보'가 아니라 '정보'라는 단어가 사용되는데 그것은 스파이 세계에서 '첩보'와 '정보'는 의미가 다르고 구분해 사용하기 때문이다.

스파이 조직의 역할은 첩보가 아닌 정보 생산이며, 스파이들에게 첩보는 정보의 하위 개념이다. 그래서 스파이들에게 첩보와 정보가 주는 무게감은 다르다. 스파이들은 "첩보는 첩보니까 틀릴 수도 있으며, 그냥 첩보로 받아들이면 되는 것"이라는 말을 한다. 그만큼 첩보에 대해서는 상대적으로 관대하고 융통성을 부여하기 때문에 무게감은 당연히 줄어든다. 이에 비해 정보는 정제된 첩보라는 점에서 정보의 실패는 곧 스파이 조직의 역량 문제와 직결되며 국가안보 위기로 이어지기 때문에 첩보와는 그 무게감이 다르다.

정보기관의 영문 이름에 표현된 '정보'를 뜻하는 이니셜 'I'는 대부분 'Intelligence'이다. 우리는 보통 '정보'를 영어로 말하라면 대다수는 'Intelligence' 보다는 'Information'이라는 단어를 먼저 떠올리게 된다.

CIA 문장 (출처: CIA 홈페이지)

우리가 하루에도 몇 번씩 듣고 사용하기도 하는 'IT 기업', '정보통신 기술', '정보화 사회', '여행 정보', '생활 정보' 등과 같이 '정보'라는 단어가 들어간 표현들에서의 정보는 대부분 'Information'이다. 그러나 스파이 세계에서 'Information'은 첩보이며, 정보 'Intelligence'와는 명확히 구분해 사용한다.

그러면 스파이들에게 첩보(information)와 정보(intelligence)는 무엇이고 어떻게 다른 것일까? 첩보는 사전적으로 '상대편의 정보나 형편을 몰래 알아내어 보고하는 것, 또는 그런 보고'[12]라고 정의되고 있는데, 이는 단순하게 스파이 활동 또는 그런 활동을 통해 얻은 내용이나 그 결과물을 의미하는 것으로 해석할 수 있지만, 첩보를 정의한 것으로는 다소 부족한 듯 느껴진다. 왜냐하면 첩보를 정의하는 데 있어서 가장 핵심이라고 할 수 있는 첩보와 정보 간 상호관계에 대한 설명이 포함되지 않았기 때문이다.

스파이 세계에서 첩보는 '아직 검증되지 않은 단계의 정보'를 말한다. 다시 말해 '출처(source)를 통해서 수집된 내용이지만 아직 사실 여부 등 수집 내용에 대한 검증과 분석이 되지 않은 상태의 정보'가 바로 첩보이다. 즉, '날(raw) 것'이라는 개념이 포함되어 있다. 그래서 첩보는 그 내용이 정확할 수도 있고 틀릴 수도 있으며, 일부만 맞고 나머지는 맞지 않을 수 있는 등 불확실하고 아직 정제되지 않은 상태의 정보라고 할 수 있다. 첩보는 검증 과정을 거치고 이를 통과할 때 비로소 정보로서 인정되며, 입수된 모든 첩보들이 정보가 되지는 않는다. 검증 과정에서 거짓으로 판단되어 정보가 되지 못하고 버려지는 첩보들도 많다는 말이다.

이를 언론사 취재 활동에 비유해 보면 일선 기자가 취재원을 통해 1차

---

12) 표준국어대사전

취재한 내용 그 자체는 첩보라고 할 수 있다. 즉, 첩보는 '취재 내용의 진위 여부 등에 대해서 편집국에서 검증하지 않은 단계에 있는 기사'로 비유될 수 있다. 해당 취재 내용이 추가적인 확인과 검증 등의 과정을 거쳐 최종 기사로 신문 지면이나 방송에 보도될 때 이 기사가 바로 정보인 것이다.

첩보에 대한 검증 과정이라는 것은 그 첩보를 제공한 출처가 과연 신뢰할 수 있는 출처인가, 첩보 내용은 정확한가, 첩보 내용이 기존에 확인된 정보들에 부합하거나 일치하는지, 혹은 상호 연관이 있는지 등을 확인하는 것을 말한다. 다시 말해 검증이라는 것은 첩보가 가지고 있는 불확실성을 제거하는 과정이라고 할 수 있다. 정보기관들은 다양한 출처 개척과 운영을 통해서 첩보수집 임무를 수행하는 수집 부서와 수집된 첩보들을 검증하고 분석하는 임무를 수행하는 분석 부서로 역할이 명확히 나누어져 있다.

첩보와 정보는 우리가 맛있는 요리를 만드는 과정에 비유할 수 있다. 다듬어지거나 조리되지 않은 날 음식 재료는 첩보에 비유할 수 있고, 음식 재료를 잘 선별해서 다듬고 조리해서 완성된 요리는 정보라고 할 수 있다. 맛있는 요리를 만들기 위해서는 질이 좋고 신선한 음식 재료들을 확보하는 것이 중요한 것처럼 좋은 음식 재료를 제대로 구해 오면 맛있는 요리가 탄생하는 것이고 오래되고 썩었거나 부실한 재료를 가져오면 맛있는 요리가 만들어질 수 없듯이 결국 좋은 정보는 좋은 첩보에서 나온다고 할 수 있다. 그리고 양질의 음식 재료를 구하기 위해서는 무엇보다도 믿고 신뢰할 수 있는 좋은 공급처가 있어야 하듯이 스파이들이 우수한 첩보를 얻기 위해서는 좋은 출처를 확보하는 것이 중요한 것과 같다.

첩보는 '목적을 가지고 의도적으로 수집된 자료들이 아직 분석, 정제되지 않은 상태를 의미하며, 정보가 되기 전의 모든 사회적 현상을 말하는 것으로써, 부정확하고 단편적인 불규칙한 사실에 대한 견문이다. 그러므로 첩보란 모든 보고 들은 것이라 말할 수 있다'13)라는 표현 속에 첩보의 모든 것이 잘 담겨 있는 것 같다. 농부가 씨를 뿌려 농작물을 키우는 것처럼 스파이들은 첩보를 얻기 위해 다양한 출처를 개척해서 소중하게 관리하면서 첩보라는 수확물을 거두기 위해 노력한다. 성공하는 농작물도 있고 실패하는 농작물도 있듯이 어떤 첩보는 대박 정보가 되기도 하지만 어떤 첩보는 가차 없이 폐기되는 무가치 첩보가 되기도 한다.

모든 스파이들은 국가의 안보와 국익에 도움이 되는 가치 있는 정보를 얻기 위해 영혼을 팔아서라도 설령 그곳이 지옥이라 해도 기꺼이 찾아간다는 각오로 정보활동을 한다. 정보는 하늘에서 떨어지는 것이 아니라 스파이들이 수집하는 검증되지 않은 수많은 첩보에서 얻어진다. 첩보는 원석과도 같은데, 어떤 원석은 값비싼 다이아몬드가 되지만 어떤 원석은 그냥 돌멩이로 버려지는 것처럼 첩보는 그런 것이다.

지난 2018년 넷플릭스를 통해 소개된 영화 〈오퍼레이션 피날레〉(Operation Finale)는 실화 바탕 영화로, 단 한줄의 첩보가 얼마나 소중한 정보가 될 수 있는지 보여주는 스파이 영화다. 이 영화는 2차 세계대전 당시 독일의 '유대인 대량 학살'(Holocaust) 실무 책임자였던 아돌프 아이히만(Adolf Eichmann)에 대한 이스라엘 정보기관 모사드의 체포와 비밀호송 공작을 다루고 있다.

당시 전쟁이 독일의 패전으로 끝나자 많은 나치 고위공직자들이 자신들의 이름을 버리고 법의 심판을 피하기 위해 다른 나라로 도망가 은신 생활을 했는데, 아이히만 역시 전쟁 후 리카르도 클레멘트(Ricardo

---

13) 경찰학 사전(2012, 신현기 등)

Klement)라는 가명을 쓰면서 남미 아르헨티나 부에노스아이레스로 피신해 15년 동안 신분을 속인 채 자동차 기계공으로 숨어 살았다.

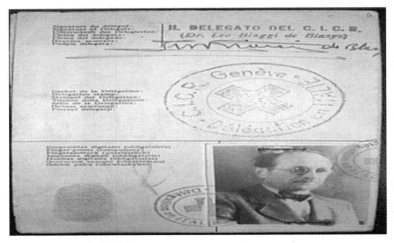

'리카르도 클레멘트' 이름의 아이히만 위조 적십자 여권 (출처:Wikipedia)

영화에서는 아르헨티나에 사는 한 독일계 유대인의 딸이 사귀게 된 독일 청년이 아이히만의 아들일 가능성이 있다는 첩보가 모사드에 입수되면서 추적의 시발점이 된다. 모사드는 처음에는 첩보 내용을 루머로 치부하면서 무시하려 했지만 만일 첩보가 사실일 경우 언론에라도 공개되면 큰 비난을 면치 못할 것이라는 우려 때문에 첩보 내용에 대한 검증에 착수하게 된다. 결국 검증 과정에서 신분을 세탁한 아이히만의 실체가 확인되면서 그에 대한 체포와 호송을 위한 비밀공작이 추진되고 성공적으로 이스라엘로 데려와 재판에 넘기게 된다. 실제로도 아이히만의 장남 클라우스가 여자 친구에게 자신의 아버지가 유대인 제거에 앞장섰다고 언급한 것이 최초 추적의 발단이 되었다고 한다. 스파이들에게 이 영화는 단편적이고 불확실한 단 한 줄의 첩보가 얼마나 귀중하고 가치 있는 정보가 될 수 있는지 보여주는 좋은 사례가 되고 있다.

구체적이지 않고 단편적이면서 불확실한 것이 첩보이며, 많은 첩보는 검증 과정에서 사실이 아닌 것으로 판명되어 버려지기도 하지만 사실로 확인되어 귀중한 정보로 변신할 수 있는 것이 첩보라는 점에서, 스파이들에게 항상 첩보를 진지하고 소중하게 다뤄야 한다는 점을 일깨워 주고 첩보의 의미를 다시 한번 생각하게 만드는 영화라고 할 수 있다.

■ 첩보는 양날의 검

첩보는 첩보 그 자체로 완벽해서 그대로 정보가 되는 경우도 많지만, 어떤 경우는 단편적이고 불확실하며 불완전하고 내용이 다소 허황되기까지 한 경우도 많다. 물론 언론의 특종기사와 같이 대박이 나는 첩보들도 있다. 이렇듯 첩보라는 것은 잠재적인 폭발성도 있지만 언론의 오보와 같은 불안 요소와 리스크를 함께 갖고 있다. 그만큼 스파이들에게는 약이 될 수도 있지만 독이 될 수도 있는 것이 첩보라고 할 수 있다.

지난 2022년 11월 김정은이 미사일 발사장에 자신의 어린 딸 주애를 대동하고 나타나면서 딸을 처음으로 대외 공개한 바 있다. 사실 김정은이 어린 딸을 예술 공연이나 다른 비정치 행사에 데리고 나올 가능성은 예상 범위 내에 있었지만, 다른 곳도 아닌 미사일 발사장에 어린 자녀를 데리고 나와 최초로 대외 공개할 것으로 예상한 전문가들은 아마 별로 없었을 것이다. 과거 김일성, 김정일 부자의 정치 행보에 비해 김정은이 그동안 파격적이고 전문가의 예상을 뛰어넘는 수준의 행보를 보여 왔다고는 하지만 이 정도의 깜짝 쇼를 보일 것이라고 생각하기는 쉽지 않았다.

만약 어떤 스파이가 "김정은이 딸 주애를 대동하고 미사일 발사장에 나올 가능성이 있다"라는 첩보를 사전에 입수했다고 가정해 보자. 이 첩보에 대해 과연 어떻게 평가했을까? 아마 이 첩보의 출처(Source)가 그동안 제공했던 첩보들이 얼마나 신뢰할 만한 것이었는지, 또한 그 출처가 그런 첩보를 입수할 만한 위치에 있는지 등 출처에 대해 우선 검증을 할 것이다. 만약 이 첩보가 기존 출처가 아니라 새로운 출처로부터 나온 첩보라면 신뢰도는 더욱 의심받을 수 있다. 이와 함께 기존에 유사한 첩보나 첩보 내용을 뒷받침할 만한 다른 첩보가 있었는지, 김정은의 자녀 및 자녀에 대한 태도나 발언 등 관련 첩보 등을 종합적으로 분석해서 첩보를 판단하게 될 것이다.

김정은이 실제로 딸을 대동하고 미사일 발사장을 방문함으로써 첩보 내용이 정확했던 것으로 최종적으로 밝혀지기 전까지는 이 첩보에 대해 실현 가능성이 거의 없는 황당한 첩보로 평가했을 수도 있다. 만약 신뢰도가 높은 출처에서 나왔다면 가능성을 완전히 배제하지는 않았겠지만 실현 가능성을 높게 두지는 않았을 확률도 높다. 왜냐하면 기존에 축적된 모든 정보들을 바탕으로 판단할 때 가능성이 낮은 쪽으로 무게 중심을 둘 수밖에 없는 파격적인 내용의 첩보이기 때문이다. 따라서 이러한 첩보를 입수하는 스파이는 첩보를 보고할 때 부담이 따를 수밖에 없다. 첩보가 사실로 밝혀진다면 스포트라이트를 받겠지만 그렇지 않다면 역으로 출처의 신뢰성에 큰 흠결이 가고 그 출처를 관리하는 스파이에게도 악영향을 미친다.

스파이는 결국 첩보로 평가받을 수밖에 없다. 그렇다 보니 양적, 질적으로 첩보수집 성과에 대한 압박이 따르게 되고 스파이 활동 과정에서 첩보라는 양날의 칼에 베이는 상처를 입기도 한다. 실제 스파이들은 필드에서 수집 활동을 하면서 정확하고 수준 높은 첩보도 입수하지만, 사실이 아닌 허위 첩보나 내용이 과장된 일명 뻥튀기 첩보, 의도적으로 내용을 조작한 가짜 첩보 등의 위험으로부터 자유로울 수 없다. 이런 불량 첩보들은 결국 검증 과정에서 상당 부분 걸러지지만 이들이 전체 첩보들에 대한 검증과 판단에 혼란을 야기할 수 있다는 점에서 사전에 이런 첩보를 차단하기 위해 많은 노력을 한다.

2003년 미국 조지 W. 부시 정부는 이라크 사담 후세인 정권이 생화학 무기와 같은 대량살상무기(WMD)를 보유 중이며, 테러 단체와도 연계를 갖고 있어 무기들이 알카에다(Al-Qaeda) 같은 테러조직에 들어갈 위험이 있다는 첩보에 기반해 이를 명분으로 이라크를 침공, 후세인 정권을 무너뜨렸다. 그러나 이라크에서 대량살상무기와 관련한 어떤 증거나 무기도 발견되지 않으면서 이라크 침공에 대해 미국 내부는 물론 국제 사회로부터 비난을 불러왔다.

당시 부시 정부가 이라크 침공을 결정하는 데에는 암호명 '커브볼'(Curveball)로 불리던 라피드 아메드 알완 알 자나비(Rafid Ahmed Alwan al-Janabi) 등과 같은 반후세인 이라크인 망명자들이 제공한 허위 첩보가 큰 영향을 미쳤다. 이들 망명자들이 이라크에 자유를 주고 사담 후세인을 제거한다는 명분하에 의도적으로 미국에 허위 첩보를 제공한 것이다. 물론 부시 정부가 이라크에 대량살상무기가 있다는 첩보에 대한 확신에 근거해서라기보다는 석유 이권과 같은 국가적 실리 등 다른 정치적 이유까지 더해져 침공을 감행했을 가능성도 있으며, 당시 CIA도 이라크 내 대량살상무기 존재 여부와 관련해 부정적인 의견을 보고했다고 한다. 하지만 정확한 경위가 무엇이든 이라크인 망명자들이 제공한 허위 첩보가 침공을 최종 결정하는데 영향을 준 것은 분명하다.

이는 스파이 세계에서 첩보가 갖고 있는 위험성이 스파이 개인 차원이 아니라 국가적으로 엄청난 영향을 미칠 수 있음을 보여준 좋은 사례라고 할 수 있다. 허위 첩보임을 미리 알아채지 못했다는 점에서 정보기관의 검증과 판단에 문제가 있다고 볼 수도 있겠지만 한편으로는 이라크 내 대량살상무기의 존재에 대해 확신할 수 없다는 정보기관의 판단을 제대로 받아들이지 않은 대통령 등 정보사용자들 또한 책임에서 자유로울 수 없는 부분이다.

스파이들은 첩보를 먹고사는 사람들이다. 첩보가 몸에 좋은 음식이 되기도 하지만 불량식품이라면 배탈이 나게 만들 수도 있다. 이처럼 첩보는 스파이들에게 식량과 같이 생존을 위한 필수품이기도 하지만, 독이 든 사과처럼 치명적인 위험을 가져다줄 수도 있는 양면성을 갖고 있다. 첩보는 스파이들을 웃게도 하지만 울리기도 하며, 첩보 하나에 스파이가 스타가 되기도 하고 천덕꾸러기 취급을 받기도 한다. 첩보는 절대 함부로 다루거나 쉽게 생각해서는 안 되는 양날의 검과 같은 것이다.

미국의 2003년 이라크 침공에 얽힌 정치적 음모를 다룬 〈그린 존〉(Green Zone)이라는 영화가 2010년 소개된 바 있다. 이 영화는 '워싱턴 포스트'지 언론인 라지브 찬드라세카란(Rajiv Chandrasekaran)이 2006년 발간한 저서 〈Imperial Life in the Emerald City〉를 원작으로 한 픽션이다. 영화 제목 '그린 존'(Green Zone)은 사담 후세인 정권 붕괴 후 후세인이 사용하던 바그다드 궁을 개조한 미군의 특별경계구역을 지칭하는 용어로, 미군 사령부와 이라크 정부 청사가 자리한 전쟁터 속의 안전지대를 의미한다.

세계평화라는 명분하에 시작된 이라크 전쟁에서 미 육군 장교가 이라크 내 숨겨진 대량살상무기 제거 명령을 받고 바그다드에서 작전을 전개하지만 대량살상무기가 아니라 악의 축(Axis of Evil) 제거라는 명분 속에 국가 간 정권 뒷거래라는 추악한 실상이 드러나면서 이를 폭로하는 내용이다. 미국의 이라크 침공이라는 국가의 정보 실패로 인한 잘못된 판단이 영화의 소재가 되었지만 내용은 정보를 악용한 국가기관의 음모에 초점을 맞추고 있다. 하지만 스파이의 관점에서는 무엇보다 정보기관의 첩보 수집과 판단 능력, 그리고 정보사용자의 올바른 정보 이용에 대해 생각하게 하는 영화이다.

■ 첩보는 스파이의 얼굴

정보기관에서는 첩보와 정보를 확연히 구분하는데 스파이들이 필드에서 수집하는 첩보는 불완전하고 정제되지 않은 상태의 정보이기 때문에 검증과 분석이라는 관문을 통과해야 제대로 된 첩보로 인정받고 정보라는 자격증이 주어진다. 입수된 첩보들 중에는 내용의 사실 여부 등 첩보에 대한 평가가 단시간에 나오는 경우도 있지만 어떤 첩보들에 대해서는 분석관들도 추가 확인과 검증이 필요하다는 입장을 견지하며 판단을 유보하는 경우도 있다.

입수 첩보 그 자체가 거의 완벽에 가까워 바로 정보로 인정받는 경우도 있지만 여러 개의 조각 첩보들이 모여서 6하 원칙을 완벽하게 충족시키는 완성된 형태의 정보가 되기도 한다. 예를 들어 '북한이 우크라이나와 전쟁 중인 러시아에 무기를 지원할 예정'이라는 첩보가 입수되었다고 가정해 보자. 첩보 출처에 따라 북한의 무기 지원과 관련한 규모, 종류, 시기 등 구체적이고 상세한 내용들이 입수될 수도 있지만, '무기 지원 예정'이라는 단 한 줄의 내용만 입수될 수도 있다. 반면 또 다른 출처에서는 무기 지원 계획이 사실이 아니라는 내용의 상반된 첩보가 입수될 수도 있다.

이처럼 첩보는 완전하지 않고 신뢰성을 담보할 수 없는 위험성을 내포하고 있는 상태의 정보이다. 그래서 첩보가 갖고 있는 이런 불완전성과 위험성을 제거하는 과정이라고 할 수 있는 분석 과정을 통해서 첩보의 진위 등을 판단하고 그 결과에 따라 정보로 탈바꿈하는 것이다. 정보기관에서는 서로 상이한 내용의 첩보가 혼재되어 입수되는 경우도 많은데, 이러한 첩보들에 대한 검증과 분석을 통해 최종적으로 어떤 정보를 생산해 내느냐 하는 것은 분석을 담당하는 스파이 즉, 분석관들의 몫이다.

대한민국 스파이들에게 첩보와 관련해 자주 사용되는 용어로 '카더라 첩보'라는 것이 있다. 여기서 '카더라'는 "누가 뭐라 뭐라 하더라"라는 의미이다. 이 말은 스파이들 세계에서는 크게 신뢰할 수 없는 첩보, 믿음이 가지 않는 첩보라는 의미로 통용된다. 다시 말해 시중에 떠도는 소문 정도의 수준 낮은 첩보를 말한다.

1992년 대한민국이 중국과 수교하면서 연길, 단동 등 북한과 인접한 동북 3성 지역이 스파이들의 최대 정보 전쟁터가 되었다. 당시 북한을 왕래하는 조선족을 중심으로 한 중국인 장사꾼들이나 중국과 밀무역을 하거나 공식 무역 등을 위해 중국을 방문하는 북한인들을 통해 '카더라 첩보'가 엄청나게 쏟아졌다. 대북 정보에 목말라 있던 대한민국 스파이들에게는 이러한 '카더라 첩보' 하나도 아쉽고 필요로 했던 시기였다. 지금과 달리 수교 이후 초기에는 현지 스파이 활동 환경에 대한 정보와 경험이 없다 보니 많은 시행착오를 겪었다. 이런 상황을 악용해 정보원들은 오가며 득문한 내용에 살을 붙이는, 요즘 유행하는 표현으로 MSG를 듬뿍 뿌린 과장 첩보나 허위 첩보, 심지어 문건을 가짜로 만들어 제공하기도 했다.

첩보가 단순히 돈벌이 수단으로 이용되면서 양적으로 많은 양의 첩보들이 수집되었지만 질적으로 수준이 있는 첩보는 그다지 많지 않았다. 물론 모든 '카더라 첩보'들이 정보 생산에 전혀 도움이 되지 않은 것은 아니지만 스파이들의 입수 첩보 전체에 대한 신뢰를 저하시키고 스파이들의 활동 수준을 떨어뜨리는 등 정보기관에게는 계륵과 같은 존재였다. 작은 첩보 하나라도 소중하게 다뤄야 한다는 측면에서 그냥 완전히 무시하고 버리기에는 뒤끝이 개운치 않고, 그렇다고 시간과 노력을 투입하기에는 효율적이지 않은 것이 '카더라 첩보'라고 할 수 있다.

결국 첩보의 질이 스파이들의 수준을 결정하게 되며, '카더라' 수준의 첩보로는 정보기관이 필요로 하는 정보를 생산할 수 없다. 우리 속담에

'사람은 태어나면 서울로 보내고 말은 태어나면 제주도로 보내라'는 말이 있다. 이는 무엇이든 크게 되려면 제대로 된 큰 마당에서 놀아야 한다는 의미일 텐데 첩보도 마찬가지다. 제대로 된 고급 첩보가 나올 만한 곳에 발을 담그고 있어야지 그런 첩보가 어디에서, 어떻게 나올지가 보인다. 명품 가방을 구입하기 위해서는 시골 잡화점이 아니라 고급 백화점에 가야 하는 것과 마찬가지다.

역사적으로 전설이 된 위대한 스파이들이 그런 평가를 받을 수 있는 첩보 활동을 할 수 있었던 것도 그러한 첩보를 얻을 수 있는 환경에 성공적으로 침투했거나 그런 환경을 스스로 잘 만들었기 때문이다. 스파이는 첩보로 말해야 하며 그런 첩보가 바로 스파이 자신의 얼굴이다.

■ 정보기관의 존재 이유, 정보

'정보'라는 단어에 대한 사전적 해석은 어느 단어보다도 다양하다. 그 중에서도 스파이 세계에서의 정보를 고전적이면서도 단순하게 설명하고 있는 표현은 '1차 수집한 첩보를 분석, 평가해서 얻은 적의 실정에 관한 구체적인 소식이나 자료'[14]라는 정의인 것 같다. 군사적 관점에서 설명한 해석이다 보니 '적'이라는 표현을 사용하고 있지만 사실 '적' 뿐만 아니라 우방국을 포함한 모두를 정보의 대상에 포함시킨다면 보다 정확해질 것 같다. 스파이들의 정보는 '여러 다양한 출처들로부터 어떤 특정 사안에 대해서 수집된 첩보들을 출처의 신뢰성과 첩보 내용, 기존 정보와의 일치 여부 및 연관성 등을 종합적으로 분석한 것'이라고 할 수 있다.

정보는 기업이 소비자에게 판매하기 위해 심혈을 기울여 생산하는 상품과 같이 정보기관이 국가의 대통령 등 최종 정보사용자들에게 제공하

---

14) 표준국어대사전

기 위해 만들어내는 상품에 비유할 수 있다. 정보기관은 정보사용자에게 첩보를 보고하지는 않는다. 판단과 평가가 반영된 정보, 사안에 따라서는 대책까지 포함된 정보보고서를 보고한다. 국가의 스파이 조직을 첩보기관으로 부르기보다는 정보기관으로 부르는 이유도 바로 여기 있다. 첩보가 개인 스파이들의 얼굴이라고 한다면, 정보는 스파이 조직, 정보기관의 얼굴이다. 정보기관의 경쟁력이 정보력, 바로 정보에서 나오기 때문이다.

스파이 세계에서는 정보 또한 첩보와 마찬가지로 비밀성이 생명이며, 다만 검증과 분석이라는 과정을 거치기 때문에 상대적으로 첩보에 비해 아무래도 잘못된 내용이라는 위험성은 줄어든다고 볼 수 있다. 하지만 정보는 정보기관이 내놓은 최종 완제품과도 같고 정보기관의 얼굴이기 때문에 자칫 잘못된 정보는 엄청난 타격을 줄 수 있다. 일반기업에서 제품을 생산할 때 검수 과정에서 제품 원료에 문제가 있으면 구매처나 담당 직원을 교체하는 등 내부적으로 문제를 해결해서 검증된 원료로 좋은 제품을 생산하면 되지만, 만약 시장에 최종 판매된 완제품에 문제가 생긴다면 기업에 엄청난 타격을 주는 결과를 초래하는 것과 마찬가지라고 할 수 있다.

첩보는 제품의 원료에 비유할 수 있는데, 첩보에 허위, 과장, 조작 등의 문제가 있는 경우에 검증 과정에서 걸러내고 이를 제공한 출처에 대한 관계 단절 등의 조치를 통해서 정보기관 내부적으로 해결하면 된다. 하지만 정보사용자에게 제공되는 정보에 잘못이 생기면 국가정책 수립이나 판단에 엄청난 후과를 초래할 수 있다는 점에서 그 리스크의 질적인 무게감이 첩보와는 다르다고 할 수 있다.

이처럼 정보에도 정보기관의 잘못된 검증과 분석, 판단 등에 기인한 정보실패라는 잠재된 위험성이 항상 존재하는 것이다. 이런 리스크의 원인이 수집된 첩보 자체에 기인한 것일 수도 있고 첩보의 검증이나 분석,

판단 과정에서의 잘못에 기인한 것일 수도 있다. 스파이들이 수집해 온 첩보는 분석 부서로 전달되어 검증과 분석 과정 등을 거치게 되는데, 첩보의 내용에 따라 어떤 국가에 대한 첩보인지, 첩보 내용이 정치, 경제, 군사 등 어떤 분야인지 등에 따라 분류되어 그 분야를 담당하는 전문 분석관에게 전달되어 검증되고 분석된다. 이때 검증과 분석을 담당하는 분석관들은 스파이들에 의해 수집된 첩보 외에도 인공위성이나 항공기, 드론, 전자파에 의한 감청 등 과학기술을 이용해 수집한 첩보까지 포함해 다양한 출처로부터 입수된 관련 첩보들을 총망라하여 종합적으로 분석함으로써 첩보 내용의 사실 여부 등을 철저히 검증하게 된다.

이렇게 어떠한 특정 사안과 관련해 1차적으로 검증된 첩보들이 모여 하나의 완성체인 정보로 만들어지게 되는데 일종의 퍼즐 맞추기에 비유할 수 있다. 그런데 이렇게 검증된 첩보라고 하더라도 나름대로 갖추어야 할 자격 조건이 있어 이를 충족시키지 못하면 정보로서 역할을 하지 못하고 가치를 상실하게 된다. 그런 자격 조건들 중 하나가 적시성이다. 한 달 전에 발행된 신문이 정보로서의 가치가 크게 떨어지는 것처럼 정보는 필요로 하는 시점에 만들어지고 제때 보고될 때 가치가 있다. 그만큼 시점이 중요하다. 사안에 따라 다를 수 있지만 스파이들에게는 정확하지만 시기를 놓친 보고 보다는 다소 완전하지 않더라도 적시에 보고하는 것이 더 중요하게 여겨지는 경우들이 많다. 1941년 일본의 진주만 공격 당시 공습 징후를 나타내는 첩보들이 입수되었지만 무시되거나 적시에 보고되지 못해 기습공격이라는 큰 타격을 입은 것은 정보의 적시성을 놓친 좋은 사례이다.

다음으로 정보는 정확해야 한다. 무엇보다 가장 중요한 정보의 조건이며 정보의 생명이다. 잘못된 정보는 정보가 없는 것보다도 못하다. 그래서 정보의 원재료라 할 수 있는 첩보에 대한 검증이 철저하게 이루어져야 하는 이유다. 그리고 정보는 완전해야 한다. 정보 내용에 대해 추가적으로 궁금한 것이 생겨서는 안 되고 추가적인 내용이 필요하지 않을 만큼 완전해야 한다. 흔히 말하는 6하 원칙이 충족되어야 한다는 의미이다.

또한, 정보는 객관적이어야 한다. 정보를 생산하는 데 있어 관여하는 사람의 주관이 개입된다거나 의도된 목적으로 정보가 왜곡되고 정보의 정치화가 되어서는 안 된다는 것이다. 마지막으로 적합성인데 정보를 필요로 하는 목적에 부합하는 정보여야 한다는 것이다. 다시 말해 어떤 필요한 사안의 정책 결정에 기여할 수 있는 정보여야 한다는 것이다. 이와 같은 자격 요건들을 갖추지 못하는 정보는 정보로서의 효력을 발휘할 수 없고 정보사용자가 활용할 수 없는 죽은 정보가 된다.

■ 다단계와 의심병 환자

정보기관이 첩보를 입수하는 단계는 단순할 수도 있지만 복수의 단계를 거쳐 입수되는 경우도 매우 많다. 첩보가 나온 첫 출처를 '원출처'라고 하는데 정보기관에서 원출처로부터 직접 첩보를 입수하는 경우도 있지만, 원출처에서 나온 첩보가 공작원과 같은 에이전트를 거쳐 최종적으로 정보기관 요원에게 입수되는 경우가 더 많다.

만약 공작원이 '조만간 북한 김정은이 러시아를 방문할 계획'이라는 첩보를 보고해 왔다고 가정하자. 공작원이 이 첩보를 러시아 외무부 직원으로부터 은밀히 입수했다고 한다면 러시아 외무부 직원이 원출처라고 할 수 있는데, 이 경우에는 원출처로부터 공작원이라는 한 단계만을 거쳐서 정보기관에 보고가 된 경우이다. 하지만 첩보가 정보기관에 입수되기까지 여러 단계를 거치기도 하는데, 공작원이 원출처로부터 직접 입수한 것이 아니라 중간에 최소 한 단계 이상의 다른 첩보망을 거쳐 입수되는 경우도 많다. 즉, 원출처에서 나온 첩보가 공작원을 포함한 두 단계

이상의 중간 입수자들을 거쳐 최종적으로 정보기관에 도달하기도 하는데 입수 단계가 늘어난다는 의미이다.

이렇게 스파이들의 첩보 입수경로가 여러 단계를 거치는 경우 첩보 내용이 전달되는 과정에서 왜곡되거나 누락, 또는 과장되는 등 첩보가 변질될 위험성이 상대적으로 높다. 그래서 스파이들은 가능하다면 최대한 첩보의 입수 단계를 줄이려고 한다.

농산물이 농부의 손을 떠나 소비자 손에 올 때까지 도매상과 소매상 등을 거치게 되면 당연히 가격은 상승하고 자칫 유통과정에서 신선도가 하락할 수도 있다. 생산자인 농부와 소비자가 직거래를 하게 되면 이러한 리스크를 없앨 수 있는 것과 같다. 스파이들은 첩보의 왜곡과 변질을 차단하기 위해 가급적 단순한 단계를 거쳐 첩보를 입수하는 것을 선호하는데, 첩보의 첫 입수자가 바로 스파이에게 제공하는 제보자가 되는 상황이 가장 이상적이라고 할 수 있다.

이렇듯 첩보의 유통 단계가 단순해야 하는 이유는 첩보의 왜곡과 같은 문제뿐만 아니라 첩보 내용과 첩보망의 보안 유지를 위해서도 더욱 필요하다. 아무래도 첩보의 유통 단계가 늘어나 여러 사람을 거치다 보면 중간에 첩보 내용이 다른 곳으로 유출될 위험성이 높고, 최악의 경우 첩보망 노출로 인해 연계된 사람들의 생명까지도 잃게 될 수 있기 때문이다.

그리고 유통과정에서 중간에 한 사람에게 문제가 발생하면 첩보의 전달 흐름이 끊길 위험이 있다는 점도 첩보 입수 단계를 최소화해야 하는 이유이다. 흔히 마약상들이 마약을 유통시키는 과정에서 보안을 위해 마약 공급책과 판매책으로 이어지는 단계들에서 서로를 철저히 차단하고 노출하지 않는 것처럼 첩보 활동 또한 보안을 위해 첩보 입수 경로상에서 직접 연결된 관계가 아니면 인물들 간 상호 차단되는 경우가 많기 때문에 만약에 중간 단계에서 구멍이 생기면 자칫 첩보 전달이 중단될 수도 있으므로 첩보 입수 단계는 가능한 줄이는 것이 좋다.

한편, 스파이들은 출처로부터 첩보를 수집하는 사람이기도 하지만 수집 첩보에 대한 1차 검증자 역할도 해야 한다. 물론 첩보를 분석하는 부서에서 입수 첩보에 대해 검증하고 분석하지만 이에 앞서 수집하는 일선의 스파이가 먼저 출처를 통해 첩보 입수 경위와 원출처 확인, 첩보 내용에 대한 추가 확인 등 입수 단계에서부터 첩보가 허위인지, 과장되지 않았는지 등을 1차적으로 검증을 해야 한다. 이렇게 해야 비록 완벽하지 않더라도 불량 첩보들을 사전에 최소화할 수 있고 첩보의 질도 높일 수 있기 때문이다.

정보기관 요원들은 자신이 운영하고 관리하는 공작원, 정보원, 협조자 등 역할은 비슷하지만 다양한 이름으로 불리는 이들 에이전트들로부터 첩보를 입수하고 정보활동을 하는 데 있어 조력자로 도움을 받게 되는데, 이들과 위험을 함께 하며 스파이 활동을 하다 보면 끈끈한 동지애와 친분이 쌓이면서 이들을 과도하게 신뢰하려는 경향이 생기게 된다. 이로 인해 자신의 에이전트가 입수한 첩보는 정확하고 허위 첩보나 과장 첩보는 없을 것이라고 확신해 버리면서 스파이로서 수행해야 할 첩보에 대한 1차 검증 역할을 소홀히 하는 등 에이전트와의 개인적 친분 때문에 눈이 멀어 검증자로서의 역할을 상실하는 경우가 있다. 이는 스파이들이 정보활동을 수행하는 과정에서 가장 경계해야 하는 것 중 하나이다.

스파이는 끊임없이 의심하고 검증해야 하며 검증의 칼날이 무뎌지는 순간 잘못된 첩보나 에이전트로 인해 국가안보는 물론 사람 목숨까지 위태로울 수 있다. 훌륭한 스파이일수록 의심병이 깊다는 말이 그다지 틀린 말은 아니다.

첩보라는 것은 정확하지 않을 수 있고 또는 구체적이고 상세하지 않을 수 있다. 입수 첩보에 대한 평가에서 그것이 사실이 아니거나 가치가 떨어지는 첩보라고 해도 첩보 자체가 갖고 있는 불확실성, 불완전성과 같은 속성 때문에 이해되고 용인되는 것이다. 만약 정보로서 가치가 있는 정확하고 확실한 첩보만 수집토록 요구받는다면 스파이들의 수집 활동은 극도로 위축될 수밖에 없을 것이다. 하지만 그렇다고 무가치하고 문제가 있는 첩보들이 남발되어서도 안되기 때문에 첩보 또한 수집 단계에서부터 첩보로서의 자격이 갖추어질 수 있도록 현장의 스파이들이 일차적으로 그 역할을 해야 된다. 결국은 그러한 노력들이 첩보 속에 숨겨진 칼날이 스파이 자신들에게 위협으로 다가오지 않도록 막는 최소한의 대비책이다.

■ 정보수집의 양대 기둥, 휴민트와 테킨트

정보기관들이 정보를 수집하는 방법을 말할 때 어떤 수단을 이용해 수집하느냐에 따라 휴민트(Humint)와 테킨트(Techint)로 구분한다. 휴민트는 사람 즉, 스파이를 활용해 정보를 수집하는 것을 말하며, '인간'을 뜻하는 'Human'과 '정보'를 의미하는 'Intelligence'의 합성어다.

역사적으로 과학이 발달하지 않았던 근대 이전 시기까지의 정보활동은 주로 스파이로 불리는 사람에 의해서만 이루어져 왔기 때문에 휴민트의 역사가 정보활동 역사라고 할 수 있다. 이에 반해서 테킨트는 20세기 들어 과학기술이 발전하면서부터 본격화되기 시작한 수집 수단으로, 그 이전까지는 휴민트에 의한 정보 수집이 전부였다.

휴민트는 간첩, 스파이, 공작원, 협조자 등의 다양한 명칭으로 불리는 인적 네트워크를 통해 정보를 수집하는 것으로, 휴민트는 노출이 될 경우 사람 목숨을 잃을 수도 있고, 피포될 경우 우리 측 정보가 누설될 우려도 있다. 그만큼 리스크가 큰 정보수집 수단이며, 사람이 하는 일이다 보니 입수된 정보에 거짓이나 왜곡이 있을 수도 있기 때문에 신뢰성을 완벽하게 담보할 수 없다는 점이 휴민트가 갖고 있는 한계이다.

휴민트가 사람을 통한 정보수집인데 반해서 테킨트는 정찰위성, 무인 정찰기, 드론, 유무선 통신망, 비통신 전자파, 신호탐지 등의 과학 장비와 기술을 활용해 정보를 수집하는 것을 말한다. '기술'과 '정보' 즉, 'Technical'과 'Intelligence'가 합쳐진 용어이다. 테킨트는 통신장비나 전자장비에서 나오는 전자기파를 감청해서 얻는 신호정보와 정찰위성, 항공기, 드론 등을 활용해 수집한 영상정보, 그리고 지도, 항공사진, 위성사진 등을 통해 얻는 지리공간정보, 특정 목표 주변의 공기, 물, 흙과 같은 시료나 미사일 궤적 등을 분석하여 얻는 징후계측정보 등으로 보다 세분화된다.

테킨트는 인공위성과 같은 고가의 과학 장비를 이용하기 때문에 많은 비용이 소요되기는 하나 사람이 다치는 위험부담이 없으며, 스파이가 커버할 수 없고 접근이 어려운 지역이나 원거리에 있는 목표들에 대한 정보수집이 가능하다는 것이 장점이다.

예를 들어 북한의 자강도에는 많은 핵심 군사시설들이 위치하고 있는데 북한이 이들 시설에 대해 접근을 철저히 차단하고 있고, 내부 근무자들에 대해서도 강력히 통제하고 관리하기 때문에 스파이 파견이나 침투와 같은 휴민트 수단에 의한 정보수집이 매우 어렵다. 그래서 이런 지역의 목표들에 대해서는 불가피하게 휴민트보다는 테킨트에 의한 정보수집이 최선이고 보다 효과적인 수단이 될 수밖에 없다.

하지만 테킨트에 의한 정보수집 방법도 상대방에 기만당할 수 있는 약점이 존재한다. 그 실질적인 사례로 북한은 자신들의 내부 움직임이 미국의 인공위성과 같은 테킨트 수단에 의해 촘촘하게 잡히고 있다는 사실을 잘 알고 있는데, 이를 이용해 상대를 속이고 혼란을 주기 위해 가짜 시설을 만들거나 모형 무기(Visual Modification)를 배치하는 등 다양한 기만전술을 사용하고 있다. 실제 위성으로 촬영된 사진을 분석해도 이를 정확하게 판단하기가 쉽지는 않기 때문에 효과를 볼 수도 있다. 가끔 전문가들이 북한의 열병식 행사에 동원된 탄도미사일 등 최신 무기에 대해 모형 가능성을 제기하는 경우가 있는데 이 또한 북한의 기만전술에 대한 경험에서 나온 것이다.

정보기관의 가장 큰 임무는 첩보를 수집하고 정보를 생산하는 것이다. 20세기 이후 과학기술 발전에 힘입어 종전에 사람에게만 전적으로 의존하던 방식에서 벗어나 과학기술 장비라는 물적 수단을 통한 정보수집 활동이 급속하게 확대되면서 스파이 세계에 엄청난 변화를 가져왔다. 오늘날 국가별로 운영 방식이나 조직 편제 등에 있어 다소 차이가 있기는 하지만 대부분의 국가들은 통합된 형태이든 분리된 형태이든 스파이를 활용한 전통적 정보수집 활동을 수행하는 휴민트 조직과 과학기술을 이용한 정보수집 활동을 전담하는 테킨트 조직을 함께 운영하고 있다.

미국의 경우 CIA가 휴민트 전문 정보기관으로서의 역할을 수행하고 있지만 미국이 세계 최고의 정보 강대국으로 자리매김하는데 큰 역할을 하는 것은 테킨트의 힘이다. 미국은 분야별로 다양한 테킨트 전담 정보기관들을 운영하고 있다. 세계 각처에 통신 감청시설을 운영하면서 통신 내용을 수집하는 신호정보 전문 정보기관인 국가안보국(NSA)을 비롯해, 인공위성이나 항공기 등을 이용해 지리정보를 수집하는 국가지리정보국(NGA), 첩보위성 개발·제작과 우주정찰 시스템 관련 임무를 수행하는 국가정찰국(NRO) 등이 하늘과 바다, 육지 등 세계 곳곳의 정보를 탐지하고 있다. 북한의 핵 개발이나 미사일 발사 관련 정보, 9.11 테러 주도 인물 오사마 빈 라덴의 은신처 확인, 대형 테러 음모 차단 등 굵직굵직한 사건들에는 이 같은 미국의 테킨트 전문 정보기관들이 수집한 정보가 큰 역할을 해왔다.

영국도 MI6와 같은 휴민트 조직과 함께 신호정보 전문 정보기관인 정부통신본부(GCHQ)와 같은 테킨트 조직을 별도로 운영하고 있고, 대한민국 또한 국가정보원이 휴민트와 테킨트에 의한 정보수집 활동을 함께 수행 중인 가운데, 국방부에서도 산하에 군 지리공간정보사령부 등과 같은 별도의 테킨트 정보수집 조직을 운영하고 있다. 이처럼 많은 나라들에서 다양한 테킨트 정보기관들을 독립적으로 운영하고 있는 것은 그만큼 테킨트에 의한 정보수집 비중이 높다는 것을 의미한다.

오늘날 세계 주요 정보기관들은 첨단 과학기술을 활용한 정보 수집에 엄청난 돈을 투입하면서 '쩐의 전쟁'이라고 할 수 있을 만큼 '테킨트 전쟁'을 벌이고 있다. 향후 이러한 기조는 더욱 강화될 것임에 틀림없고 국가의 정보력이 국가 경제력과 기술력에서 나올 수밖에 없다는 점을 감안할 때 국가들 간 정보력도 갈수록 그 격차가 점점 더 커질 것으로 예상된다. 대한민국 정보기관도 4차 산업혁명 시대를 맞아 테킨트 역량 강화를 위해 많은 투자를 진행 중에 있는데 이러한 기조는 앞으로도 지속될 것으로 보인다.

휴민트가 강화되어야 하는 이유

4차 산업혁명 시대에 맞춰 정보기관의 정보수집과 분석 수단도 보다 첨단화되고 과학적으로 변해야 하고 변할 수밖에 없다. AI와 빅데이터 같은 정보와 데이터 기반 기술은 정보기관의 공개정보 수집과 정보 분석 측면에서 획기적인 도약을 가져다줄 것으로 보인다.

하지만 아무리 과학기술이 발달한다고 해도 스파이 세계에서 기계가 할 수 없는 영역이 분명히 존재하는데 그것은 바로 사람의 머릿속, 다시 말해 '의도'와 '생각'을 파악하는 부분이다. 정보에 있어서 숨은 속뜻인 의도를 파악한다는 것은 정확한 정보 판단을 위해 매우 중요한 요소로서, 테킨트가 아무리 발전을 해도 사람의 속마음까지 알아내기는 어렵다. 다시 말해 테킨트는 단순히 겉으로 보이는 단편적인 상황들을 정확히 포착하고 확인할 수는 있지만 그 상황의 의미까지는 알려주지 못한다. 그 대상이 사람인 경우에도 위치나 외형적인 움직임과 겉모습 등은 파악할 수 있지만 그 사람이 어떤 생각을 하고 있는지, 무슨 의도와 목적을 갖고 움직이는지, 건강 상태는 어떤지까지 알아낼 수는 없다. 아무리 과학기술이 발달한다고 해도 휴민트가 여전히 필요하고 더욱더 강화되어야 하는 이유가 바로 여기에 있다.

북한 김정은이 1호 열차15)를 타고 지방에 현지 지도를 가는 동향이나 군부가 함경도 지역에 여러 개의 갱도들을 파고 있는 동향, 자강도 지역에 미사일 시설을 건설 중인 동향과 같은 내용들은 인공위성을 통해서 즉, 테킨트로 얼마든지 수집할 수 있는 정보들이다. 하지만 김정은이 핵무기에 대해 어떠한 인식을 갖고 있는지, 개혁·개방에 대해 어떤 생각을 하고 있는지, 대미 외교전략에 대한 기본 입장은 무엇인지, 김정은이 딸 주애를 미사일 발사장에 대동하고 나온 의도가 무엇인지 등과 같은 내용들은 테킨트로 수집할 수 있는 정보들이 아니라 휴민트에 의해 입수할 수밖에 없는 정보들이다.

휴민트와 테킨트가 가지고 있는 각각의 한계는 분명하다. 그래서 결국 정보수집은 휴민트로 해결될 수 있는 부분이 있고, 휴민트로는 극복하기 어려운 정보목표여서 테킨트를 통해서 해결해야 하는 부분도 있기 때문에 휴민트와 테킨트가 상호 보완해 줄 수 있도록 균형된 정보역량을 구축하는 것이 절대적으로 필요하다.

---

15) 김정은 전용 열자

휴민트와 북한

대한민국 스파이들은 북한이라는 지구상에서 가장 어려운 정보 목표를 대상으로 정보활동을 수행하고 있다고 말할 수 있는데 그 이유는 휴민트에 의한 정보활동 환경 때문이다. 임무수행을 위해 에이전트를 물색할 때 최우선 기준은 임무 즉, 정보목표에 대한 접근성이며, 정보수집을 위한 출처 개척에 있어서도 수집하고자 하는 정보목표에 대한 접근 가능성이 가장 중요하다.

하지만 북한이라는 대상은 우선 접근 자체가 극도로 제한되어 있다 보니 북한 사람을 접촉할 수 있는 기회 자체가 매우 드물고 다른 국가들과 달리 마음대로 입출국할 수 있는 환경도 아니다. 그렇다 보니 다른 어떤 목표들보다 정보 출처를 개척할 수 있는 기회 자체가 적기 때문에 스파이를 만들기가 쉽지 않다. 게다가 북한에 대한 기본적인 정보도 매우 제한되고 부족하며, 북한과 관련된 어떤 목표가 되든 그 목표에 접근할 수 있는 적합한 대상을 찾는 것부터가 쉽지 않다. 이는 스케이트 선수에게 운동화를 신고 빙판 위를 달리라고 하는 것만큼 스파이들에게는 매우 불리한 조건이다. 이것이 스파이들에게 북한이 난이도 최상의 목표일 수밖에 없는 이유다.

이에 반해 북한은 대한민국을 대상으로 정보활동을 펼치기에 너무나 좋은 여건을 보유하고 있다. 인터넷이나 언론 등을 통해 많은 정보들을 확인할 수 있고, 중국 등 해외를 우회하여 국내로 스파이를 침투시키기에도 매우 용이하다. 즉, 정보목표에 대한 접근에 어려움이 없다는 것이다. 그래서 남북한 스파이들은 이미 기울어진 운동장에서 경기를 한다고 말해도 과언이 아니다.

북한을 상대로 한 휴민트 정보활동의 핸디캡을 극복하기 위해서는 결국 테킨트 수단에 크게 의존할 수밖에 없지만 현재 대한민국의 테킨트 정보 수집 능력은 휴민트를 충분히 보완해 줄 만한 수준이 되지 못하기 때문에 아직은 미국의 테킨트 정보에 많은 부분 의존할 수밖에 없는 것이 현실이다. 그러나 이런 어려운 여건에서도 대한민국 정보기관이 대북정보 수집에 있어 다른 어느 국가보다도 경쟁력에서 우위를 점할 수 있는 것은 그래도 휴민트 능력 때문인데, 그동안 우리의 대북 휴민트 정보수집 역량은 지속적으로 발전해 왔다. 여기에는 스파이들의 노력과 강화된 역량, 그리고 조직의 지원과 같은 내부 요인들이 작용했기 때문이다.

대북 휴민트의 역량 발전에 있어 무엇보다도 중요한 계기가 된 외부적 요인 또한 빼놓을 수 없는데 그것은 바로 1992년 '한중 수교'이다. 중국으로의 문이 열린 것은 대한민국 스파이들에게는 가뭄의 단비와 같았다. 중국과의 수교는 대북정보 수집을 위한 대형 통로를 여는 것이었고, 북한이라는 정보목표에 대한 접근성이 획기적으로 개선되는 전환점이었다는 점에서 대한민국 스파이들에게는 축복과도 같았다.

한중 수교 이전까지는 우리 외교관들이 해외 주재국 행사 등에서 북한 외교관과 접촉하는 기회가 간혹 있기는 했지만 사실상 북한 사람을 만날 수 있는 기회 자체가 거의 없었으며, 대한민국 정보기관이 대북정보를 수집하기 위한 수단으로 활용할 수 있는 루트는 일본 조총련을 통한 간접적인 접근 방법이 거의 유일하다고 할 수 있을 만큼 열악한 환경이었다. 그런 점에서 한중 수교는 대한민국 스파이들에게는 북한 앞마당에 멍석을 깔아준 것이었으며 북한에게는 큰 위협으로 인식되었다. 그래서 수교 이후 단동, 연길, 심양 등 중국의 동북 3성 주요 지역은 대북정보 활동을 위한 스파이들의 전쟁터가 되었다.

대한민국 스파이들은 대북 휴민트 정보력에서 강점이 될 수 있는 유리한 조건을 갖추고 있는데 그것은 북한이 우리와 같은 언어를 사용하는 같은 민족이라는 사실이다. 이는 휴민트의 기본 토대가 사람 간의 관계라는 점을 감안할 때 같은 언어를 사용하는 같은 민족이라는 사실은 정보활동에 있어 엄청난 이점이다. 미국이 테킨트에서 대한민국과 비교할 수 없는 우위에 있지만 대북 휴민트 정보력에서는 대한민국이 미국보다도 앞선다고 말할 수 있는 이유가 이러한 정보활동을 수행하는 데 있어 원천적인 이점이 크게 작용하기 때문이라고 할 수 있다.

휴민트와 테킨트의 결합

과거 냉전 시기 소련 KGB는 소형 카메라만 연구하는 '제11번 연구소'라는 조직을 운영하며 만년필이나 담배, 라이터 등으로 위장해 촬영이 가능한 스파이 장비들을 만들었다. 이처럼 정보기관은 스파이들의 정보수집 활동을 돕기 위한 첨단 기술장비들을 지속적으로 개발하고 지원해 왔다. 영화 〈제임스 본드〉 시리즈에서 영국 MI6 에이전트인 제임스 본드는 'Q'라고 불리는 MI6 요원으로부터 정보활동에 필요한 각종 스파이 장비들을 지원받는다.

미국 CIA도 내부요원들과 현장 에이전트들의 스파이 활동을 지원하기 위해 각종 기술과 장비를 개발하는 OTS(The Office of Technical Service)라는 부서를 운영하고 있다. 과거에는 스파이에게 성능이 우수하고 은닉, 보관에 편리한 카메라나 녹음 장비를 지원하는 수준에 머물렀으나, 점차 고도화된 비밀연락 장비나 해킹 프로그램을 활용한 수집 장비 등 다양한 분야로 확대되고 있다.

과거 폴란드 참모장교였던 리샤르트 쿠클린스키(Ryszard Jerzy Kukliński)는 폴란드가 공산주의화되는 것에 환멸을 느끼고 전향하여 미국의 스파이로 변신한 인물이다. 미국 CIA는 모든 첨단기술들을 동원해 그의 스파이 활동을 지원하고자 했는데, 그 일환으로 그에게 디지털 무선호출기의 초창기 형태인 기기를 지원해 메시지를 전송할 수 있도록 했다. 또한 '트로펠'(Tropel)이라고 불리는 스파이 카메라도 지원했는데, 다양한 물건들 속에 숨길 수 있는 카메라였다. 그는 10년 넘게 스파이로 활동하면서 기밀문서 4만 건 이상을 미국에 제공했을 만큼 매우 성공적인 스파이였는데, 이러한 성과 뒤에는 그에게 제공한 정보수집과 비밀연락 등을 위한 기발한 스파이 장비들이 큰 역할을 했다.

만년필형 Tropel Spy Camera (출처: spymuseum.org)

이처럼 휴민트와 테킨트 장비가 효과적으로 결합될 때 엄청난 시너지 효과가 날 수 있다. 만약 특정 목표인물의 컴퓨터에 보관된 자료를 은밀하게 수집하고자 할 때 그 컴퓨터에 자연스럽게 접근할 수 있는 즉, 목표인물과 친분이 있거나 연계 중인 스파이에게 목표인물의 컴퓨터 내부 자료를 몰래 빼낼 수 있는 장비나 프로그램을 지원한다면 이는 휴민트와 테킨트의 완벽한 조화라고 할 수 있다.

또한 특정 국가의 핵무기를 비롯한 화학무기 등 대량살상무기 개발 의혹에 관한 정보를 수집한다고 가정했을 때, 의혹 시설에 특수 테킨트 장비를 휴대한 스파이를 파견하여 시설 주변의 물이나 흙과 같은 시료들을 채취해 분석할 수도 있는데 이 또한 휴민트와 테킨트를 결합한 활동이라고 할 수 있다. 다만, 이렇게 스파이에게 제공되는 장비들은 스파이가 노출될 경우 스파이 활동의 결정적인 물증이 된다는 점에서 스파이들은 이에 대한 대비책까지 염두에 두고 활동해야 한다.

제3장

영욕의 역사를
함께 한 스파이 조직

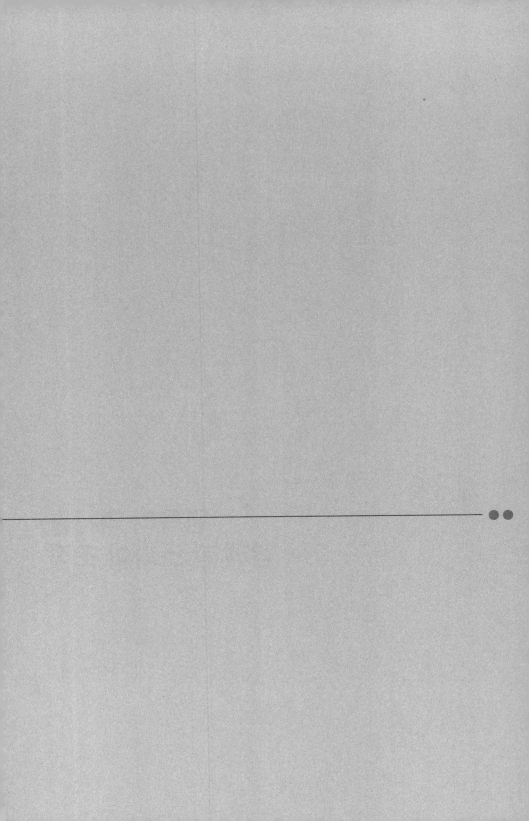

제3장 ——————————————— 영욕의 역사를 함께 한
스파이 조직

■ 미국 정보기관의 양대 축, CIA와 FBI

오늘날 미국은 세계에서 가장 강력한 정보기관들을 운영하면서 전 세계를 대상으로 정보활동을 수행하고 있는 초강대국이다. 미국 정보기관의 역사는 영국으로부터의 독립전쟁(1775-1783년)과 남북전쟁(1861-1865년)을 거치면서 여타 다른 국가들과 마찬가지로 해군정보국, 육군정보국과 같은 군 소속의 정보 조직들이 만들어지면서 시작되었다. 그러나 연방을 구성하는 각 주의 권한이 독립적이고 막강했던 연방국가 특성으로 인해 국가정보기관으로서의 역할과 기능을 수행하는 실질적인 컨트롤 타워는 존재하지 않았다. 남북 전쟁 시기에는 '핑커톤 국가탐정회사'(Pinkerton National Detective Agency)라는 민간 탐정회사가 링컨(Abraham Lincoln)의 경호 활동과 함께 정보기관 역할을 수행했을 정도로 제도적인 체계가 마련되어 있지 않았다.

1909년 시어도어 루스벨트(Theodore Roosevelt) 대통령 시기 연방 차원의 '수사국'(BOI, Bureau of Investigation)이 설립되면서 국가 차원의 정보기관이 첫걸음마를 시작하였다. 이 기구는 1935년 지금의 연방수사국 FBI(Federal Bureau of Investigation)로 이름이 바뀌었다. 영국에서 국내정보기관 MI5와 해외정보기관 MI6가 같은 시기에 창설된 것과는 달리 미국은 국내 방첩활동과 수사를 담당하는 FBI가 CIA보다 훨씬 먼저 출범하였다.

FBI는 법무부 산하의 수사기관이자 방첩기관으로, CIA를 창에 비유한다면 FBI는 방패에 비유할 수 있다. FBI의 주요 임무는 테러 차단, 스파이 색출, 반역·선동·파괴·전복 등 공안 관련 정보수집 등이며, 임무와 관련한 수사권을 보유하고 있는 것이 특징이다. 지금은 국장의 임기가

10년이지만 초대 국장 애드가 후버(J. Edgar Hoover)는 1924년 29세에 국장에 취임해 1972년 사망할 때까지 무려 48년간 재직하며 무소불위의 권력을 행사했는데, 그가 모든 미국 정치인들의 약점을 틀어쥐고 있었기 때문에 어느 누구도 그를 건드릴 수가 없는 상황이었다고 한다. FBI는 2024년 기준으로 약 35,000명 이상의 인력과 15조 수준의 예산을 가진 것으로 알려지고 있으나 정확한 내용은 비밀로 공개되지 않고 있다.

미국의 해외분야 정보활동은 군 산하 정보부서에 의한 군사 정보활동 중심으로 이루어져 왔다고 할 수 있다. 2차 세계대전 발발 특히, 일본의 진주만 공격은 정보활동과 정보기구에 대한 새로운 변화의 기폭제로 작용했다. 프랭클린 루스벨트(Franklin D. Roosevelt) 대통령은 해외담당 정보기관 역할 수행을 위해 1941년 정보협력관실(OCI, Office of Coordinator of Information)을 설립했으나 진주만 기습공격 당시 사전 경보에 실패하는 등 정보 조직으로서의 제 역할을 하지 못하자 이를 해체하고 1942년 전략정보국(OSS, Office of Strategic Service)을 설립했는데, 이것이 오늘날 중앙정보국 CIA의 전신이다. 2차 세계대전이 끝나고 전략정보국(OSS)은 해체되었으나 이후 소련이 새로운 위협으로 부상하면서 국가 차원에서의 해외정보기관 설립 필요성이 높아짐에 따라 해리 트루먼(Harry S. Truman) 대통령 시기인 1947년 대통령 직속 정보기관인 CIA가 창설되었다.

CIA는 미국의 대표적 정보기관이자 세계 최고의 비밀정보기관으로 해외정보 수집과 비밀공작 임무를 수행한다. 국내 정보기관인 FBI와 달리 자국민 대상 정보활동 즉, 국내정보 수집 활동은 엄격히 제한되어 있으며, 원칙적으로 해외 지역에서 외국 및 외국인을 대상으로 한 정보수집과 분석, 공작 등의 임무를 수행하고 있다. 세계 각 지역에 지부를 두고 주재국 내에서 주재국 대상 정보활동과 주재국 정보기관과의 정보교류 활동 등을 수행하고 있다.

여느 정보기관들과 마찬가지로 CIA의 정확한 조직 규모나 예산 등에 대해서는 공식적으로 알려진 것이 없는데, 인원은 2만 명 수준으로 추정되고 있다. 다만 2008년 이후 미국 정보공동체의 예산 규모가 총액으로 알려진 바 있는데, 2023년 기준으로 996억 불, 한화로 약 138조 수준이다. 이는 CIA, FBI 같은 국가정보프로그램(National Intelligence Program) 소속의 모든 정보기관들과 육군정보국, 해군정보국 같은 군사정보프로그램(Military Intelligence Program) 소속 정보기관들의 예산을 모두 포함한 것으로, 미국 전체 정보기관 예산 규모라고 볼 수 있다.

정보기관의 대명사 CIA의 굴욕과 영광

CIA는 대표적인 휴민트 정보기관으로, 창설 이래 성공적인 정보수집 활동과 비밀공작을 통해 미국의 국익과 외교전략 실행에 크게 기여해 온 것은 사실이지만, 명성에 걸맞지 않게 굴욕적인 정보실패 경험도 많았다.

그러한 실패 사례 가운데 대표적인 것 중 하나가 쿠바 피그만(Bay of Pigs) 침공 공작이다. 쿠바는 1902년 스페인으로부터 독립 후 사실상 미국 자본에 종속된 미국 지배 국가로 유지되어 왔으나, 1959년 피델 카스트로(Fidel Castro)와 체 게바라(Che Guevara) 등이 주도한 혁명이 성공하면서 친미 바티스타(Fulgencio Batista) 정권이 몰락하고 1961년 사회주의 국가로 재탄생했다. 미국은 쿠바 혁명 이듬해인 1960년 쿠바 탈환을 위해 CIA 주도로 쿠바에서 미국으로 피신해 온 망명자 1,500여 명을 게릴라로 육성시키고 이들을 활용해 카스트로 정권을 무너뜨린다는 피그만 침공 계획을 수립하였다. 하지만 이 계획은 아이젠하워(Dwight David Eisenhower) 대통령 시기에 수립되었으나 그해 소련에 의한 미국 정찰기 U-2기 격추 사건이 발생한 데다 아이젠 하워 대통령 임기 마지막 해였다는 시기적인 문제 등으로 인해 바로 실행되지 못했다.

그러다 1961년 케네디 정부가 들어서면서 CIA가 침공 작전의 성공을 확신하며 작전 실행을 강력히 주장한 데다, 케네디 또한 정권 초기에 젊은 애송이 대통령이라는 자신에 대한 우려를 불식시키기 위해 성과가 필요했던 상황과 맞아떨어지면서 1961년 4월 쿠바 침공 공작을 실행했는데 그 결과는 처참한 실패로 끝나고 말았다. CIA는 훈련된 쿠바 망명자 게릴라들이 피그만으로 침공할 경우 쿠바 내부 민중들이 카스트로 정권에 반대하며 게릴라들을 돕기 위해 봉기할 것으로 판단했지만 전혀 그렇게 되지 않았다. 또한 군사적으로도 미국이 게릴라들의 배후 세력이라는 증거를 남기지 않으려다 보니 게릴라들에 대한 군사 지원도 원활하게 이루어지지 않았는데 이것도 중요한 실패 요인이 되었다. 특히, 침공 계획이 사전에 유출되어 쿠바가 게릴라들의 침공에 신속하게 대응할 수 있었던 것도 결정적 실패 원인으로 작용한 것으로 알려지고 있지만 아직까지 작전 유출과 관련한 어떤 물증도 확인된 바는 없다.

FIGURE 22
PARADROP PRACTICE AT RETALHULEU

피그만 공중 침투 모습 (출처: CIA 홈페이지)

피그만 침공 사건은 심리학에서 집단사고에 의한 가장 대표적인 피해 사례의 하나로 거론되기도 한다. 당시 이 공작의 추진 여부를 결정하는 내부 토의 과정이 있었는데 작전에 반대하는 어떤 의견도 받아들여지지 않는 분위기에서 의사결정이 이루어졌다고 한다. 피그만 침공 실패로 인해 케네디 대통령은 집권 초기에 엄청난 정치적 타격을 받았고, CIA에 대해서는 조직 해체를 추진하려고 했을 정도로 불신하는 상황이 초래되었다.

그런 가운데 1962년 발생한 쿠바 미사일 위기 사태는 추락한 CIA에 대한 신뢰를 만회하는 계기가 되었다. CIA가 소련 정보기관 내부에 있는 미국 스파이들을 통해 입수한 정보들이 쿠바로부터 소련 미사일을 철수시키고 소련과의 대치 상황을 종결하는데 크게 기여한 것이다. 이는 CIA의 정보수집 역사에 있어 대표적인 성과 중 하나로 평가되고 있다. 하지만 대통령의 CIA 조직에 대한 불신이 완전하게 해소되지 않은 상황에서 1963년 케네디 대통령이 갑자기 암살당하면서 CIA 해체 문제는 수면 아래로 가라앉고 말았는데, 피그만 침공 실패로 인해 불거진 케네디와 CIA 간의 갈등은 케네디 암살과 관련해 CIA 배후설이 나오게 된 원인이 되기도 했다.

그 이후에도 CIA는 냉전 시기 중남미, 유럽, 아프리카 등 세계 각 지역에서 공산정권, 반미정권 수립을 막기 위해 군사 독재정권을 지원하는 등 다양한 공작을 전개했는데, 그 과정에서 많은 해당 국가 국민들이 독재자들에 의해 학살되는 등 심각한 문제가 야기되기도 했다.

1986년 폭로된 '이란-콘트라 사건'(Iran Contra affair)은 CIA의 해외공작이 법의 테두리에서 벗어나 얼마나 과감해질 수 있는지 보여주는 사례였다. 이 사건은 중미 니카라과 소모사(Somoza) 우익정권이 무너진 이후 산디니스타(Sandinista) 사회주의 정권이 들어서자 미국이 반산디니스타 우익 성향 콘트라 반군을 지원하는 과정에서 발생했다. CIA

가 미국 행정부의 콘트라 반군에 대한 지원 계획이 의회에 의해 막히자 레이건 대통령 승인하에 당시 미국의 적성 국가인 이란에 무기를 판매하고 그 자금을 콘트라 반군에 지원했다가 발각된 것이다. 의회가 금지시킨 적성국에 대한 무기 판매를 비밀리에 실행하고 거기서 나온 자금을 의회가 지원금지 대상으로 규정한 니카라과 반군에 제공하는 불법 해외 공작 활동을 전개했던 것이다.

CIA가 이런 무모한 공작을 전개한 데는 이유가 있었는데 당시 미국은 레바논에 자국민이 인질로 억류되는 사건이 발생하여 골머리를 앓고 있었고 이를 해결하기 위해 레바논에 영향력을 행사해 줄 수 있는 이란과 뒷거래를 한 것이다. 미국이 이란에 무기를 판매하는 조건으로 이란이 억류된 미국인의 석방을 위해 레바논을 설득해 주는 것으로 협의가 이루어진 것이었다. 하지만 이 사실이 레바논 언론 '알 쉬라'(Al Shiraa)에 폭로되면서 외부에 알려지게 되었는데 문제는 이것으로 끝나지 않았다. CIA가 콘트라 반군으로부터 마약 처분을 위탁받아 미국 내 마약 공급에도 관여했다는 의혹까지 나오면서 미국을 뒤흔들었다.

결국 이 사건은 레이건 행정부에 큰 타격을 주었으며 CIA의 비밀공작 활동에 대한 미국 의회의 통제가 강화되는 계기가 되었다. 1991년 정보수권법이 제정되면서 비밀공작의 개념이 더욱 구체화되고 대부분의 공작에 대해 대통령이 의회에 서면으로 사전에 보고토록 의무화하는 등 CIA에 대한 통제가 대폭 강화된 것이다.

2017년 '이란-콘트라 게이트' 사건이 배경으로 나오는 〈아메리칸 메이드〉(American Made)라는 영화가 소개되기도 했다. 이 영화는 미국 TWA(Trans World Airlines) 항공사의 유능한 파일럿이었다가 불법 폭발물 밀수 사건에 연루되어 해고된 후 콜롬비아 메데인 마약 카르텔(Medellín Cartel)과 연계해 마약 밀매업자로 활동하다 마약 카르텔에 살해당한 실존 인물 베리 씰(Barry Seal)을 소재로 한 실화 바탕 픽션이다. 베리 씰은 마약 밀수에 연루되어 체포되었다가 미국 마약단속국(DEA) 정보원이 되어 마약 카르텔의 범죄증거 수집에 협조했다.

영화에서는 그가 CIA와 연계해 니카라과 콘트라 반군에 대한 무기 지원, 니카라과 좌파 정부와 마약 카르텔 간의 연계 증거 수집 등에 관여하는 것으로 그려지고 있다. 그가 실제 CIA의 비밀공작에 어느 정도 관여했는지는 정확히 알려지지 않았지만, 마약 밀매 범죄자로 미국 정보기관의 정보원으로 활동하다가 노출되어 마약 카르텔 조직에 의해 보복 살해된 것은 분명하다.

냉전 시기 CIA의 이러한 공작 실패와 물의 야기에도 불구하고 소련의 해체와 함께 냉전을 종식시키는 데 있어 CIA가 수행한 역할과 성과를 결코 무시할 수 없는 것도 사실이다. 소련의 아프가니스탄 전쟁 실패와 공산주의 경제 붕괴, 민족주의 강화로 인한 소비에트 연방의 분리 독립 움직임 확대 등 여러 가지 원인들이 복합적으로 작용해 소련의 붕괴를 촉진했다고 할 수 있는데, 이 과정에서 CIA가 소련을 대상으로 세계 각지에서 벌인 보이지 않는 다양한 비밀공작이 큰 역할을 한 것은 확실하다.

그 가운데 소련의 아프가니스탄 전쟁 실패는 소련 붕괴에 영향을 미친 큰 요인 중 하나로 꼽히고 있다. 이와 관련해 지난 2007년에 미국의 아프가니스탄 지원 공작을 소재로 한 〈찰리 윌슨의 전쟁〉(Charlie Wilson's War)이라는 실화 기반의 픽션 영화가 소개된 바 있는데, 미국 종군 기자 조지 크릴(George Crile)이 쓴 같은 제목의 책이 원작이다.

1979년 말부터 9년 넘게 이어진 소련의 아프가니스탄 침공 전쟁 당시 막후에서 CIA와 연계하여 아프가니스탄 반군 무자헤딘(Mujahideen)에 대한 지원 공작을 성공적으로 전개함으로써 소련의 패전에 기여한 미 하원 찰리 윌슨 의원의 실제 이야기를 바탕으로 만들었다. 정통 스파이 영화는 아니지만 소련 붕괴에 영향을 미친 CIA의 비밀공작과 관련한 내용을 소재로 다루었다는 점이 다소 색다르면서도 한 국가의 성공한 비밀공작의 결과가 이후에 다시 부메랑이 되어 국가의 위협으로 되돌아오는 아이러니한 역사에 대해 생각해 보게 되는 영화이기도 하다.

당시 CIA는 암호명 '사이클론' 공작(Operation Cyclone)을 통해서 아프가니스탄 반군 무자헤딘에 구식 무기 등을 지원하고 있었으나, 전쟁에 대한 미국 정부의 기본 방침이 소극적 대응이었기 때문에 별다른 효과를 보지 못했다. 이에 윌슨 의원이 의회로부터 지원 예산을 확보해 다른 국가들로부터 은밀히 소련제 무기를 구입해 무자헤딘에 지원하면서 전세를 점차 역전시켰을 뿐만 아니라 미국의 배후 지원 사실까지 숨기는 등 전쟁 승리에 큰 영향을 미쳤다.

하지만 당시 미국의 무기와 자금 등을 지원받은 아프가니스탄 무자헤딘은 소련이 철수한 이후 무장 탈레반 세력으로 변해 알카에다 같은 테러단체를 지원했고, 결국 이들 테러단체가 미국을 대상으로 2001년 9.11 테러 등을 자행했다는 점에서 미국의 성공한 비밀공작의 결과가 미국에 대한 테러로 부메랑이 되어 되돌아왔다는 사실은 역설적이다.

진주만 공습과 함께 역사상 미국에 가장 큰 충격을 준 9.11 테러는 미국 국민들에게 정보기관의 존재 이유에 대한 의구심을 불러일으키며 CIA가 또 한 번 조직 위기에 시달리는 계기가 되었다. 그리고 2003년 미국의 이라크 침공과 관련해서도 당시에 이라크의 대량살상무기 보유 여부와 관련한 CIA의 정확한 판단 보고가 있었다는 점을 감안하더라도 정보사용자인 대통령의 오판을 막지 못한 것에 대한 비판으로부터 자유로울 수 없었다는 점에서 CIA가 많은 비판을 받기도 했다. 이러한 영욕의 세월을 거치면서 많은 부침이 있었음에도 오늘날 CIA는 여전히 미국 최고의 정보기관으로 자리를 지키고 있다.

■ 막강한 미국의 부문정보 기관

미국 정보기관은 정보공동체(Intelligence Community) 체제로 운영되고 있다. 대부분의 정보기관들이 정보공동체에 소속되어 있으며 공동체의 수장인 국가정보장(DNI, Director of National Intelligence)이 업무 조정과 정보협력 등 소속 정보기관들의 컨트롤 타워 역할을 수행하는 체계이다. 국가정보장실(Office of DNI)은 정보 실무는 수행하지 않고 정보공동체에 소속된 기관에서 생산된 보고를 종합하고 정보기관들 간에 정보공유가 원활하게 이루어지도록 감독하는 역할을 한다.

미국은 다른 어느 국가들보다도 국방부, 법무부, 국토안보부, 국무부 등과 같은 주요 부처들 산하에 다양한 임무를 수행하는 부문정보기관들을 다수 운영하고 있다. 국가정보기관이 국가의 모든 정보를 관장하는 최고 정보기구라고 한다면 부문정보기관은 그 정보기관이 속해 있는 부처 임무와 관련된 정보활동을 수행하는 기관을 말한다. 미국에는 부문정보기관들이 수적으로 많을 뿐만 아니라 위상과 능력면에서도 타의 추종을 불허할 만큼 막강하다. 가장 대표적인 부문정보기관 중 하나가 국가안보국 NSA(National Security Agency)인데, 미국 국방부 소속으로 암호 제작과 해독을 전문으로 하는 세계 최고의 신호정보(SIGINT, Signal Intelligence) 기관이다. 전 세계의 통신을 도감청하고 암호화된 통신을 해독하여 정보를 수집한다.

NSA는 세계 도처에 통신 감청 시설을 운영하고 있으며, 특히 영국을 비롯 호주, 캐나다, 뉴질랜드 4개국 신호정보 담당 정보기관들과 이른바 '파이브 아이즈'(Five Eyes)로 불리는 정보 동맹 체계를 구축하고 '에셜론'(Echelon)이라는 통신 감청망 프로그램을 운영하고 있다.

미 콜로라도 소재 NSA 암호연구센터 (출처: NSA 홈페이지)

1998년 위성과 도청 장비 등을 활용한 NSA의 무차별적인 민간인 불법 도청과 감시 활동을 그린 픽션 영화 '에너미 오브 더 스테이트'(Enemy of the State)가 소개되면서 당시 일반인들에게는 생소했던 NSA가 알려지는 계기가 되기도 했다. 이 영화는 테러 방지를 명분으로 NSA가 도감청 등 감시 권한을 대폭 확대하는 내용의 법안을 통과시키기 위해 이를 반대하는 의원을 암살하고 이를 알게 된 민간인의 암살 폭로를 막으려는 NSA의 음모를 통해 정보기관의 개인에 대한 무차별적인 감시와 사찰 위험성을 경고하는 내용이다. 비록 영화 속에서 NSA가 위성을 통해 개인을 실시간 추적하는 내용 등은 다소 현실과 괴리가 있는 부분이기는 했지만, 개인에 대한 NSA의 정보수집 활동이 얼마나 무서운 위협이 될 수 있는지를 적나라하게 보여주었다.

사실 NSA가 대외적으로 잘 알려지고 주목받게 된 결정적인 계기는 따로 있었는데, 2013년 NSA 민간 계약직 직원 스노든(Edward Joseph Snowden)에 의한 내부 기밀자료 폭로 사건(NSA Prism Leak)이다. 스노든은 NSA에서 컴퓨터 시스템 관리자로서 컴퓨터 백업 시스템 구축과 같은 기술직 업무를 수행했던 인물이었다. 그는 미국 NSA와 영국 정부 통신본부(GCHQ)와 같은 정보기관들이 전 세계 일반인의 이메일을 해킹하고 '프리즘'(Prism)으로 불리는 비밀 정보수집 프로그램을 통해서 통화 기록과 인터넷 사용 정보와 같은 개인정보들을 무차별 수집하고 사찰해 왔다고 폭로했다. 그는 내부고발자(Whistleblower)로서 정보기관의 이런 행위들에 대한 판단은 국민이 내려야 하며 결코 침묵해서는 안 된다는 생각으로 폭로하게 되었다고 이유를 밝히기도 했다.

스노든은 NSA가 '에셜론'(Echelon)으로 불리는 통신 감청 및 신호 정보 수집·분석 네트워크를 통해 입수한 백만 건 이상에 달하는 최고 수준의 기밀문서들을 소형 USB에 담아 외부로 유출했는데, A4 용지로 인쇄해 쌓으면 수 킬로미터가 넘는 높이에 달할 정도였다고 한다. 그가 유출한 기밀문서들 가운데 일부가 중국과 러시아 등으로 유출되었을 가능성까지 제기되면서 미국은 그를 간첩죄와 국가기밀 유출 혐의로 체포하려고 했지만, 그는 해외에서 폭로 기자회견을 한 후 해외에 머물며 여러 국가들에 망명을 타진하는 등 미국 정부와 대립했다. 그의 망명 시도는 미국의 대상국에 대한 압력과 저지로 무산되었는데, 결국 그는 러시아에 장기 체류하다 2022년 9월 러시아 시민권을 획득하고 현재 러시아에서 살고 있다.

스노든 폭로 사건은 영화의 소재가 되기도 했는데, 2016년 영국 신문 가디언(The Guardian)지 해외특파원 루크 하딩(Luke Harding)의 저서 〈The Snowden Files〉과 스노든을 변호했던 러시아 변호사 아나톨리 쿠체레나(Anatoly Kucherena)의 소설 〈Time of the Octopus〉를 원작으로 한 영화 〈스노든〉(Snowden)이 제작되기도 했다. 이 영화의 기본적인 토대는 사실에 기반하고 있지만, 스노든이 NSA 정규 직원이 아닌 민간 계약직 신분이었고, 컴퓨터 시스템 구축 업무 등을 담당했음에도 영화 속에서는 인물 포섭과 같은 공작활동을 수행하는 등 픽션이 상당히 가미되었다. 이에 앞서 2014년 10월에는 스노든이 직접 출연해 인터뷰 하는 내용 등을 담고 있는 〈시티즌포〉(Citizenfour)라는 제목의 다큐멘터리 영화가 공개되기도 했다.

또 하나의 대표적인 부문정보기관은 국가정찰국 NRO(National Reconnaissance Office)이다. 우주에 위성을 띄워 지구 곳곳을 정찰하는 기관으로, 첩보 정찰 위성의 개발과 발사, 운영 등 우주정찰 시스템을 총괄하는 정보기관이다. 미국 정보기관들 중 예산 규모에서 TOP 3에 들어갈 정도로 막대한 예산을 사용하며, 수집된 정보는 CIA, NSA, DIA 등 다른 정보기관들과 공유한다. CIA를 비롯한 정부기관 소속 직원들을 비롯해 정부와 함께 일하는 민간 협력업체 직원들도 상당수 파견되어 근무하고 있다.

국방부 소속의 핵심 부문정보기관으로 '하늘의 CIA'라고 불리는 국가지리정보국 NGA(National Geospatial-Intelligence Agency)도 빼놓을 수 없는 기관이다. 첩보 위성이나 드론, 항공기 등 다양한 수단을 통해서 수집한 사진이나 영상 정보를 분석, 평가하여 최종 정보사용자와 군 정보기관 등에 지원하고 있다.

NGA는 9.11 테러 주범 빈 라덴의 파키스탄 내 은신처를 포착했을 당시 위성사진 등을 통해 그 주택에 거주하고 있는 인물이 빈 라덴임을 확신하는데 크게 기여했다고 한다. NGA는 파키스탄 북동부 아보타바드(Abbottabad) 지역에 소재한 대형 주택이 빈 라덴의 은신처로 의심되는 상황에서 거주 인물 중 빈 라덴으로 추정되는 미상 인물에 대한 위성사진 판독을 통해 그가 빈 라덴과 신장이 일치한다는 사실을 확인하였다. 또한 주택 마당에 건조 중인 빨래 수량과 종류를 바탕으로 빈 라덴

부인들과 자녀들의 인원수 등과 비교, 분석하여 빈 라덴 일가의 체류 가능성을 높게 판단하는 등 주택과 내부 인물들에 대한 사진과 영상 등을 수집, 분석하여 빈 라덴의 은신 사실을 확정하는데 큰 역할을 했다. 또한 빈 라덴 제거 작전인 '넵튠 스피어 공작'(Operation Neptune Spear)[16] 추진 당시에도 성공적으로 작전이 실행될 수 있도록 필요한 영상정보를 제공하기도 했다.

그 외에도 우리에게 잘 알려진 법무부 산하 정보기관인 마약단속국 DEA(Drug Enforcement Administration)는 미국 내 마약 생산, 밀거래, 유통을 차단하기 위한 정보수집과 단속을 전담하는 기관이다. 유명한 메데인 마약 카르텔(Medellín Cartel) 설립자로서 콜롬비아의 마약왕으로 불리는 파블로 에스코바르(Pablo Emilio Escobar), 멕시코 마약 카르텔 창시자 미구엘 앙헬 가야르도(Miguel Ángel Félix Gallardo)와 엘 차포(El Chapo)로 불렸던 멕시코의 마약왕 호아킨 구스만 로에라 (Joaquín Archivaldo Guzmán Loera)등 중남미 마약 조직들과의 마약 전쟁에서 큰 역할을 했다. 이와 관련한 내용들을 소재로 많은 드라마와 영화들이 제작되기도 했다.

일반인에게 잘 알려지지 않았지만 막강한 정보력으로 '세계 금융계의 저승사자'와 같은 역할을 하는 기관이 있는데 미국 재무부 산하의 부문정보기관인 정보분석실 OIA(Office of Intelligence & Analysis)이다. OIA는 안보와 관련한 금융 관련 정보를 수집, 분석하고 테러 조직의 자금이나 범죄 조직의 불법 자금, 불량 국가의 비밀 자금과 돈세탁 등 검은 돈의 흐름에 관한 정보를 수집하고 추적, 감시하는 역할을 수행한다.

또한 9.11 테러 이후 국토안보를 위한 새로운 통합 조직으로 신설된

---

16) 넵튠(Neptune)은 로마 신화에 나오는 '바다의 신'이며, 스피어(Spear)는 '삼지창'을 의미

국토안보부 DHS(Department of Homeland Security) 산하의 정보
분석실 I&A(Office of Intelligence & Analysis) 또한 중요한 부문정
보기관의 하나이다. 국토안보부는 정부 기관과 발전소 등 국가 중요시설
보호라는 기본 임무와 함께 각종 테러, 감염병 등에 대한 정보수집과 추
적, 감시 그리고 사이버 업무까지 수행한다. 신분에 문제가 있거나 의심
가는 외국인들에 대해 비자 지원을 거부하는 권한도 갖고 있다.

이처럼 미국은 CIA와 FBI라는 쌍두마차 외에도 다양한 부문정보기관
들을 운영하면서 매우 촘촘한 정보망을 구축하고 있다. 하지만 아무리
정보의 그물망이 세밀하게 짜여 있다 하더라도 9.11 테러에서 드러났듯
이 정보기관들 간의 정보협력과 정보공유가 원활하게 이루어지지 않는
다면 그 위력은 반감될 수밖에 없으며, 이는 아무리 강조하더라도 지나
치지 않다.

■ 미국의 스파이 망을 붕괴시킨 두더지들

미국 최고의 정보기관인 CIA에서 정보실패와 함께 가장 치욕스럽고
부끄러운 역사가 바로 내부 스파이 즉, 두더지(Mole)들에 의한 정보 유
출 사건들이다. CIA 창설 이래 내부 요원이 여러 가지 동기들로 인해 외
국 스파이가 되어 국가기밀을 유출한 사건들이 많이 있어 왔는데, 그중
에서 CIA 요원 올드리치 에임스(Aldrich Ames) 사건은 CIA 최대 흑역
사로 여겨지는 간첩 사건이다.

에임스는 1985년부터 1994년 체포될 때까지 소련의 스파이로 활동
하면서 소련을 비롯해 해외에서 활동하는 미국의 귀중한 스파이망들을
소련에 제보하고, 미국의 대소련 비밀작전 정보 등 최고 수준의 고급 정
보를 넘긴 이중간첩이었다. CIA는 소련 정보기관 내부에 있는 미국 스
파이들이 노출되어 체포되고 내부 정보가 유출되는 사건이 지속 발생하

면서 이를 체계적으로 분석하고 추적했는데, 그 과정에서 항상 에임스라는 인물이 용의 선상에 올랐지만 그를 잡는 데에는 긴 시간이 걸렸다.

1983년 CIA 본부 소련 담당 부서에서 근무했던 그는 당시 콜롬비아 국적의 로사리오(María del Rosario Casas Dupuy)라는 여성과 사랑에 빠져 있었으며 부인(Nancy)과 이혼 절차를 진행하고 있던 상황이었기 때문에 재정적으로 매우 어려운 상태였다. 결국 돈이 필요했던 그는 스스로 소련 대사관에 자발적으로 찾아가 스파이가 되기를 자원했다. 그는 소련에 자신의 의지를 보여주기 위해 당시 현장에서 활동하는 십여 명에 이르는 CIA 요원 명단을 넘겼을 뿐만 아니라, 비밀문건과 컴퓨터 자료 등을 다운로드해 소련 정보기관 요원에게 직접 전달하기도 했다.

그는 정보를 팔아 돈이 생기자 고급 차량을 구입하고 집도 고급스럽게 꾸미는가 하면, 치과 치료도 하고 맞춤 정장을 입고 다니는 등 의심받을 행동을 하고 다녔다. 한 번은 에임스를 감시하는 과정에서 그가 사용하는 집 앞 쓰레기통을 바꿔치기해 쓰레기를 모두 뒤졌는데, 그가 소련 정보기관에 콜롬비아에서의 접선을 제안하는 내용과 스파이 세계에서만 주로 사용하는 용어들이 적힌 메모 등이 나왔다. 그리고 에임스가 소련 요원을 만난 날에는 항상 그의 은행 계좌에 돈이 입금되고 있는 정황도 확인되었다.

그에 대해 도청기를 설치하고 컴퓨터를 뒤진 결과, 각종 증거가 나오면서 결국 1994년 2월 체포되었다. 그는 자신이 알고 있는 모스크바에서 이루어지는 CIA의 모든 작전 내용을 소련에 유출했고, 그로 인해 최소 13명의 스파이들이 목숨을 잃었다. 에임스는 30년간 CIA 요원으로 재직하면서 9년 동안 소련 스파이로 활동을 했는데, 그 대가로 미화 240만 달러에 달하는 돈을 받은 것으로 확인되었다. 그는 현재 가석방 없는 종신형을 선고받고 교도소에서 복역 중이다. 이중간첩 에임스 사건은 미국 등에서 여러 차례 영화, TV 미니시리즈 등으로 제작되었고, 책으로 출판되기도 했다.

정보기관 내부의 이중스파이로 인한 오명의 역사에서 FBI도 자유로울 수 없다. 간첩 잡는 기관인 FBI 내부에 장기간 활동해 온 치명적인 간첩이 있었기 때문인데, 미국 정보기관 역사에 있어 가장 충격적인 간첩 사건으로 평가받고 있는 FBI 요원 로버트 핸슨(Robert Hanssen) 사건이다.

1985년 소련에서 활동하던 다수의 미국 스파이들이 노출되어 체포되면서 미국 첩보망이 붕괴되는 사태가 발생했다. 미국 정보기관들은 그 근원이 어디인지 색출에 돌입했는데 CIA와 FBI는 상호 불신 속에 서로를 의심하고 있었다. 그런 상황에서 이를 조사하는 특별 팀이 구성되고 조사 감독관으로 로버트 핸슨 FBI 요원이 임명되었는데 이는 고양이에게 생선을 맡긴 격이었다. 핸슨은 FBI 특수요원으로 들어와 오랜 기간 스파이를 잡는 방첩 임무를 수행해 온 인물로, 스파이를 어떻게 추적하는지 누구보다 잘 알고 있었기 때문에 오랫동안 이를 악용하면서 발각되지 않을 수 있었다.

그는 1979년 소련 정보총국(GRU)이 운영하는 뉴욕 맨해튼 소재 위장 무역회사에 자발적으로 찾아가 스파이를 자원했다. 그는 소련 측의 신뢰를 받기 위해 미국 스파이로 활동 중인 소련 정보총국의 내부 첩자에 관한 정보를 넘겼다. 그가 넘긴 스파이들 가운데 드미트리 폴랴코프(Dmitri Polyakov) 소령은 당시 미국이 활용 중이던 최고 스파이들 중 한 명이었는데 결국 핸슨의 정보유출로 체포되어 처형되고 말았다.

핸슨의 스파이 활동 초기에 그의 부인이 남편의 스파이 행위가 선을 넘었다며 만류하여 그는 활동을 중단하고 이후 5년간 조용히 지내기도 했다. 하지만 1985년 그는 금전적으로 어려움을 겪게 되고 승진에서도 누락되자 또다시 소련 스파이가 되기로 결심했다. 개인적으로 성공에 대한 욕구가 컸지만 뜻대로 되지 않자 조직에 대한 불만이 쌓이면서 복수심리가 발동하여 결국은 이중스파이의 길을 걷게 된 것이다.

그는 그해 10월 워싱턴 주재 소련 KGB 방첩팀장인 빅토르 체르카신(Victor Cherkashin)에게 편지를 보내며 정보 제공을 전제로 미화 10만 달러를 요구했다. 핸슨은 당시 미국의 첩자로 활동하던 세르게이 모토린(Sergei Motorin)을 비롯 발레리 마르티노프(Valery Martynov), 보리스 유진(Boris Yuzhin) 등 3명의 소련 KGB 요원 명단을 제공하면서 이중간첩으로서의 활동을 재개했다.

그는 소련 담당관을 직접 만나지 않고 상호 사전에 약정한 비밀장소에 정보와 자료를 은닉해 놓으면 소련 요원이 나중에 이를 회수해 가는 방식으로 활동했는데, 핸슨을 담당한 체르카신도 그의 정확한 신원에 대해서 알지 못한 상태로 정보를 입수했다. 핸슨은 '가르시아'라는 가명으로 간첩 활동을 했으며, 극비 문서와 스파이 명단, 핵전쟁 발발 시 미국 대통령 등 정부 고위 관료들의 대피 계획과 전쟁 시나리오 등 다수의 최고급 정보를 유출했다.

미국은 1994년까지도 내부 스파이를 찾아내는데 실패하고 있었는데 장기간의 조사 과정에서 CIA 요원 에임스가 간첩으로 체포되면서 그가 첩보망 붕괴의 주범인 것으로 판단하기도 했지만 에임스로는 전혀 설명이 되지 않는 사건들도 많아서 미궁 속에서 헤매는 상황이 지속되었다. 특히, 핸슨은 개인적으로 정체성 혼란을 겪으면서 이중스파이로 활동했는데, 가톨릭에 심취해 점심시간에는 기도를 통해 신에게 용서를 구하는 등의 이중적인 행태를 보였고, 이러한 그의 종교적 믿음이 의심을 덜 받게 만드는 요인으로 작용하기도 했다.

80년대 말 국무부 간부인 펠릭스 블로흐(Felix Bloch)라는 인물이 한때 스파이 용의 선상에 오른 적이 있었다. FBI는 그에 대한 지속적인 조사를 통해서 그가 파리에서 누군가와 접선을 한다는 사실을 파악하고 범증을 확보하려 했으나, 내부 스파이가 사전에 귀띔하는 바람에 접선이 불발되면서 이 또한 실체를 파악하는데 실패하고 말았다. 또한 1993년에는 핸슨이 FBI의 이중스파이에 관한 정보를 해킹하다 발각되는 일도 있었는데 핸슨은 내부 보안상태를 테스트하기 위한 업무의 일환이라고 변명하면서 빠져나가는가 하면, 중앙컴퓨터에 접근해 자신이 감시 대상자에 올라있는지 수시로 확인하기도 했다.

이후 핸슨은 16년 동안 간첩 활동을 지속하며 FBI 요원 명단과 미국의 러시아 대상 감시 플랫폼과 관련된 모든 기술프로그램, 그리고 미국의 정부 지속 프로그램 등을 러시아에 넘기고 미화 100만 달러 이상의 현금과 보석 등을 받았다. 핸슨은 컴퓨터 관련 최신 기술에 아주 능통하여 이를 스파이 활동에 적극 이용했는데, 그중 하나가 팜 파일럿 PDA와 컴퓨터 암호화 기술이었다. 그는 자료를 유출할 때 디스크 용량이 실제보다 훨씬 적게 보이도록 하고 남은 공간에 기밀자료를 은닉하는 방법을 활용했다.

10년간에 걸친 장기 추적에도 스파이 색출에 성과가 없던 상황에서 의외의 인물로부터 스파이 색출을 위한 단서를 확보하게 되었다. 암호명 '라몬 가르시아'(Ramon Garcia)로 불린 소련 KGB 요원 알렉산드르 스첼바코프(Alexandr Shcherbakov)가 미화 700만 달러를 요구하면서 놀라운 단서를 제공해 옴으로써 숨어 있던 스파이를 잡을 수 있었다. 그가 핸슨이 러시아에 비밀자료를 전달할 때 사용한 비닐봉지와 핸슨과 소련 요원 간의 전화 통화 내용이 담긴 녹음테이프를 제공해 온 것이다. 입수된 자료를 조사한 결과, 비닐봉지에서 핸슨의 지문이 다수 나왔고, 테이프 속 음성은 바로 핸슨의 목소리였다.

FBI는 핸슨에 대한 확실한 범증을 확보하기 위해 컴퓨터에 능통하며 스파이 사냥꾼으로 불리는 FBI 방첩요원 에릭 오닐(Eric O'Neill)이라는 인물을 핸슨의 보좌관으로 인사 배치했다. 오닐은 핸슨의 행동 특징을 찾던 중 그가 PDA를 항상 소중히 하면서 은밀하게 다룬다는 사실을 확인했다. 그래서 분기마다 실시하는 사격 실습을 핑계로 그를 사격장으로 유인해 낸 후 사무실에 두고 간 PDA를 신속하게 복사하는데 성공했는데, 그 속에서 그가 소련과 접선하는 일자, 장소 등을 확인할 수 있었다.

은퇴를 불과 5주 앞두고 있던 56세의 핸슨은 미국 버지니아주 소재 폭스톤 공원 내 나무 육교 아래의 은닉 장소에 자료를 숨기고 나오다가 체포되었다. 그는 종신형을 선고받고 복역하다 2023년 6월 교도소에서 사망하였다.

핸슨이 정보 은닉장소로 활용한 공원 내 다리 (출처: FBI 홈페이지)

미국 역사상 최악의 간첩으로 평가받고 있는 FBI 요원 로버트 핸슨 사건은 2007년 8월 〈브리치〉(Breach)라는 제목의 스파이 스릴러 영화로 만들어져 소개되기도 했다. 이 영화는 핸슨이 이중스파이가 되는 경위나 그의 스파이 활동 내용에 초점을 맞췄다기보다는, 이미 핸슨이 간첩이라는 심증을 갖고 있는 상태에서 그의 스파이 활동 증거를 확보하기 위한

FBI의 내부 수사과정에 초첨을 맞추고 있다.

특히, 핸슨이 스파이 활동을 하며 자신의 신원을 노출하지 않으면서 소련에 정보를 전달하기 위해 활용했던 비밀연락 방법인 '데드 드롭' (Dead Drop)이 영화 속에서도 실제와 같이 그려지고 있다. 이는 사전에 상호 약정한 비밀 장소에 정보나 자료 등을 은닉해 놓으면 다른 스파이가 찾아가는 스파이들의 연락기법 중 하나인데, 보안을 위해서 직접 만나지 않고 연락하는 방법이다. 정보를 숨기는 스파이가 자료를 은닉한 후에 우체통이나 전봇대 등에 특정 표시를 한다거나, 집 베란다에 화분을 내놓는 등 사전 약속된 적재 신호를 보냄으로써 자료 은닉 완료 사실을 알리면 이를 회수하는 스파이가 적재 신호를 확인하고 자료를 회수후 회수 완료 신호를 적재한 스파이에게 보내는 방식이다.

로버트 핸슨 사건이 FBI의 장기적인 수사에도 불구하고 드러나지 않으면서 오랫동안 정보유출 피해가 지속되다가 결국은 이중스파이의 제보를 통해 해결되었는데, 이것은 그만큼 내부 스파이 색출이 쉽지 않다는 것을 말해준다. 정보기관들이 언론이나 정치인 등 외부로의 비밀 누설 등과 관련해 내부 직원을 대상으로 보안 조사를 하거나 직원 개인비리 등에 대한 감찰조사를 통해 문제 요원을 적발하는 사례들은 많지만, 조직 내부에 잠복한 간첩을 색출하는 것이 어려운 이유는 그 대상이 스파이들의 방첩 기법을 잘 아는 같은 스파이들이기 때문이다.

■ 제임스 본드의 산실 MI6

영국은 세계에서 가장 오래된 정보기관의 역사를 가진 나라다. 16세기 엘리자베스 1세 이후부터 산업혁명을 거쳐 빅토리아 여왕 시기에 이르러 '해가 지지 않는 나라' 대영제국으로 불리며 세계를 주도하는 국가로 우뚝 섰는데, 이러한 국가적 번영이 다른 나라들보다 국가 차원의 정보기관이 조기에 탄생하게 된 배경이 되었다고 볼 수 있다.

영국의 정보기관은 섬나라답게 해군을 중심으로 한 군사 정보활동 전문기관에서 출발해 오늘날 우리에게 잘 알려진 MI6와 MI5로 발전했는데, 이들 기관은 명칭(Military)에서 알 수 있듯이 군 정보기관에서부터 시작되었다.

1909년 창설된 MI6는 공식 명칭이 SIS(Secret Intelligence Service, 비밀정보국)이며, CIA처럼 해외정보 수집과 비밀공작 임무를 수행하는 해외정보기관이다. CIA가 대통령 직속 기관인데 반해 MI6는 내각제 국가인 영국의 최고 책임자라고 할 수 있는 총리 직속 기관이 아니라 외교부 장관 소속 조직으로 편제되어 있는 점이 특이하다. 우리가 영국 정보기관 MI6를 다른 정보기관보다 잘 알고 친숙하게 받아들이는 것은 영국 해군 정보부대 출신 소설가 이안 플래밍(Ian Lancaster Fleming)의 소설을 원작으로 한 영화 〈제임스 본드〉 때문일 것이다. 소설과 영화 속 주인공 제임스 본드(James Bond)는 MI6 소속의 첩보요원으로 스파이들의 상징이 된 인물이다.

일반적으로 역사가 오래된 조직에는 조직 내부에 과거부터 내려오는 오래된 전통이라는 것이 하나씩 있기 마련인데, 영국 MI6에는 조직의 수장인 국장을 부르는 이름과 관련한 재미있는 전통이 있다. MI6 초대 국장이었던 맨스필드 조지 스미스 커밍(Mansfield George Smith Cumming)은 문서 등에 결재를 할 때 항상 자신의 성(姓) Cumming의 영문 이니셜을 따서 녹색잉크로 'C'라고 서명을 했다고 한다.

이후 그의 이런 관행이 후임 국장들에게 전통으로 이어져 내려오고 있는데 지금도 MI6에서는 조직 수장인 국장을 호칭할 때 'C'라고 부른다. 아마도 현재 사용하는 'C'의 의미는 초대 국장인 커밍(Cumming)을 의미하는 것이라기보다는 수장을 뜻하는 'Chief'을 의미하는 것으로 해석된다. 하지만 〈제임스 본드〉 시리즈의 저자 이안 플래밍에 의해 그의 소설에서는 'C'가 아닌 'M'으로 바뀌면서 우리에게는 'M'이 더욱 친숙하게 되었다.

영화 〈제임스 본드〉에는 'M'과 함께 'Q'라는 직책의 인물도 등장한다. 본드에게 각종 특수 스파이 장비들을 제공하는 역할을 하는데 사실 'Q'는 원작 소설에는 없는 영화를 위해 만든 가상의 요원이다. 하지만 정보기관들은 이러한 스파이 장비를 개발하고 지원하는 연구·개발 부서를 자체적으로 운영하기 때문에 정보기관에는 많은 'Q'들이 존재한다. 미국 CIA에도 이러한 스파이 장비들을 개발하는 OTS(The Office of Technical Service)라는 부서가 운영되고 있지만 대외적으로 기술 수준은 알려져 있지 않다.

정보기관에 따라 수준은 다르겠지만 영화에서 처럼 특수무기를 장착한 자동차와 같은 장비까지는 아니더라도 사진이나 영상 촬영, 음성 녹음 등을 위한 스파이용 안경, 만년필, 가방 등의 특수 장비에서부터 술에 덜 취하는 약, 컴퓨터 내부 자료 수집장비, 스파이 동전, 특수용지와 잉크, 위장 문건, 도청 장비 등 다양한 기술과 제품을 개발하여 스파이들의 활동을 지원하고 있다.

스파이 코인 (출처:pinterest.com)

MI6와 함께 영국 정보기관의 양대 축을 이루고 있는 MI5는 미국 FBI와 같이 방첩 임무를 수행하는 국내정보기관으로 내무부 소속이다. MI5의 공식명칭은 SS(Security Service, 보안국)이며, 대테러, 사이버, 스파이 색출 등의 국가안보 위협에 대응하는 국내 보안정보 활동을 전개하지만 미국 FBI와 달리 해당 업무와 관련한 수사권은 갖고 있지 않다. 현재 MI5는 영국을 비롯한 전 세계에서 수시로 발생하고 있는 테러를 예방하기 위한 대테러 활동에 가장 큰 비중을 두고 있다고 한다.

전통적 암호해독의 강자

영국 정보기관들 중 어느 다른 정보기관 보다 경쟁력에서 우위에 있는 곳이 정부통신본부로 불리는 GCHQ(Government Communications Headquarters)인데, 신호정보와 암호해독 분야에서 세계적으로 가장 유명한 정보기관이다. GCHQ는 각종 무선통신과 신호정보, 전보통신 등을 감청하고 해독하며, 정부의 통신체계에 대한 보호활동 등의 임무를 수행하고 있다. 영국의 암호해독 정보기관은 두 차례에 걸친 세계대전에서 결정적인 암호해독을 통해 독일을 패전국으로 만드는데 크게 기여했다. 시대에 따라 MI8, Room 40, 정부암호학교 GCCS(Government Code and Cypher School) 등으로 이름이 여러 차례 바뀌어 왔는데, 이들이 오늘날 GCHQ의 전신들이다.

정보기관의 암호해독과 관련해 가장 상징적인 사건 중 하나는 '치머만 전보'(Zimmermann Telegram) 사건이라 할 수 있다. 1차 세계대전 당시 독일 외무장관이었던 아르투르 치머만(Arthur Zimmermann)이 멕시코 주재 자국 대사에게 보낸 암호 전보문이 영국에 의해 해독되면서 미국의 1차 세계대전 참전을 이끄는데 결정적인 역할을 한 것이다. 이 전보문을 입수하여 해독한 곳이 바로 영국 해군 통신부의 'Room 40'이라는 암호 해독반이었는데, 그들이 근무하는 사무실이 40호실이어서 붙여진 이름이다.

이 전보문에는 독일이 멕시코에 동맹을 제안하면서 만약 전쟁에서 이기면 그 대가로 경제적인 지원과 함께 멕시코가 미국에 뺏긴 텍사스주, 뉴멕시코주, 애리조나주를 멕시코에 돌려주겠다는 내용이었다. 영국은 해독한 전문 내용을 미국 윌슨(Thomas Woodrow Wilson) 대통령에게 전달했고, 결국 이를 계기로 당시 중립을 지키고 있던 미국이 독일에게 선전포고를 하고 적극적으로 참전함으로써 연합국이 전쟁에서 승리하는 발판이 되었다.

또한 2차 세계대전 당시 독일의 암호체계 애니그마(Enigma)17)해독은 전쟁과 과학기술이 스파이 역사에 미친 영향을 보여준 대표적인 사례라고 할 수 있다. 연합군이 애니그마 해독에 어려움을 겪으면서 크게 고전하고 있을 때 영국 암호해독 기관으로 일명 '블레츨리 파크'(Bletchley Park)로 불렸던 '블레츨리 정부 암호 및 해독학교'가 비밀 프로젝트를 통해서 애니그마 해독에 성공하여 2차 세계대전 승리에 크게 기여한 바 있다. 당시 암호해독에 가장 큰 역할을 한 인물이 영국의 천재 수학자이자 컴퓨터 학자이며 현대 컴퓨터의 아버지로 불리는 앨런 튜링(Alan Turing)인데, 그의 업적이 전쟁 종식을 수년 앞당긴 것으로 평가받고 있다.

2014년 '블레츨리 암호학교'와 앨런 튜링의 독일 애니그마 해독 과정을 그린 실화 바탕의 픽션 영화가 제작되기도 했는데 〈이미테이션 게임〉(Imitation Game)이다. 영국의 수학자이자 작가인 앤드루 호지스(Andrew Hodges)가 쓴 앨런 튜링의 전기 〈Alan Turing: The Enigma〉를 각색한 영화로, 2차 세계대전 당시 영국 정보기관의 독일 암호체계

---

17) 독일이 개발한 회전판을 기반으로 만들어진 휴대용 전기기계식 암호 장비

애니그마 해독 과정을 그리고 있지만 전쟁과 암호해독을 위한 스파이 조직의 첩보활동보다는 앨런 튜링이라는 천재 과학자 개인의 삶에 더 초점을 맞춘 작품이다.

'이미테이션 게임'이란 기계가 인간과 얼마나 비슷하게 대화할 수 있는지를 기준으로 기계에 지능이 있는지 판별하는 시험인데, 앨런 튜링이 제안했다고 해서 '튜링 테스트'(Turing Test)라고도 한다. 동일한 질문에 대한 컴퓨터와 인간의 응답을 통해 컴퓨터를 구분해 내는 것으로, 질의자의 질의에 키보드로만 이루어지는 응답을 통해서 어느 쪽이 컴퓨터 인지를 판별해 내지 못하면 컴퓨터는 시험을 통과하는 것이다. 즉, 컴퓨터가 인간처럼 대화를 할 수 있다면 그 컴퓨터는 인간처럼 사고할 수 있다고 본다는 것이다.

앨런 튜링과 관련한 일화 또한 유명한데 그가 동성애자였던 것과 관련된 것이다. 당시에는 동성애자가 법적으로 처벌받는 시기였는데 그는 감옥에 가는 대신 호르몬 치료에 의한 화학적 거세를 선택했다고 한다. 하지만 그는 이런 개인적 문제로 괴로워하다 결국 1954년 자살로 생을 마감하고 말았다. 그의 자살과 관련해 시안화칼륨, 일명 청산가리가 든 사과를 먹고 자살했다고 알려지기도 했지만 실제 사망 원인에 대해서는 명확하게 확인된 바는 없다고 한다.

미국 애플(Apple)사의 '베어 먹은 사과' 로고가 사과를 먹고 자살한 튜링에 대한 존경의 의미로 그를 연상해 만든 것이라는 설이 있으나, 애플 로고 제작자인 롭 자노프(Rob Janoff)는 한 언론과의 인터뷰에서 '베어 먹은 사과' 로고와 관련해 "사람들이 그것이 체리가 아니라 사과라고 인식하게 하기 위한 상징이었다"고 언급하면서 사과 로고와 앨런 튜링과는 아무런 연관이 없는 것으로 확인되기도 했다.

애니그마 해독은 스파이 조직과 과학기술이 결합해 일궈낸 모범적인 사례라고 할 수 있다. '블레츨리 정부 암호 및 해독학교'는 종전 후 GCHQ(정부통신본부)라는 이름으로 새롭게 출범했는데, 암호해독과 감청을 전문으로 하는 정보기관으로서 오늘날 신호정보와 암호해독 분야에서 최고로 인정받고 있으며, 영국이 다른 나라에 비해 암호해독과 감청 분야에서 상대적으로 뛰어나다고 평가받는 토대가 되었다.

일명 '도넛'으로 불리는 GCHQ 청사 (출처: GCHQ 홈페이지)

현재 영국 GCHQ는 미국, 캐나다, 호주, 뉴질랜드 등 영국 연방 국가들과 함께 전 세계의 도청기지를 하나의 망으로 연결하는 도청시스템 '에셜론'(Ecelon Surveillance System)의 핵심 축으로 역할을 하고 있다. 유럽과 아프리카, 아시아 등 세계 여러 지역에 감청 기지를 운영하고 있으며, 미국 NSA와 함께 세계 양대 통신정보 전문 정보기관으로 자리매김하고 있다.

제임스 본드 명성에 먹칠한 이중스파이

오늘날 영국 정보기관이 제임스 본드 덕분에 유능하고 멋있는 이미지를 가지고 있지만 천하의 멍청한 정보기관이라는 비난과 조롱을 받을 수밖에 없는 치욕적인 흑역사도 있었다. 그것은 다름이 아니라 정보기관 내부에 있는 소련 간첩들을 수십 년간 인지하지 못하고 그들에게 농락당했기 때문이다. 이른바 '캠브리지 스파이 링'(Cambridge Spy Ring), '캠브리지 5인방'(Cambridge Five)으로 불리는 소련 간첩단 사건이다.

1930년대 캠브리지 대학에 재학 중인 엘리트 대학생들이 경제 대공황을 겪으면서 자본주의에 대한 회의를 느끼고 마르크스 사상에 심취한 시기를 이용해 소련이 캠브리지 대학교 학생 5명을 스파이로 포섭한 것이다. 이들은 대학 졸업 후 MI6를 비롯해 외교부, 정부 암호해독 기관, 재무부 등 정부 주요 기관에 근무하면서 소련에 엄청난 비밀정보들을 넘겼는데, MI6의 킴 필비(Kim Philby)와 가이 버지스(Guy Burgess), MI5의 앤서니 블런트(Anthony Blunt), 외무부의 도널드 매클린(Donald Maclean), 정부통신본부의 존 캐런크로스(John Cairncross)가 그들이다.

이들은 MI5의 미행감시 기법에서부터 미국과 영국의 2차 세계대전 이후 외교 전략, 미국-영국 합동 원자폭탄 개발 착수 정보, 독소 전쟁 관련 독일의 무기 및 군사전략 정보, 미국 CIA 관련 정보, 미국과 영국의 공산권 국가 대상 비밀공작 관련 정보, 영국의 핵 개발 및 군비확충 정보, 영국 해외공작원 명단, NATO(북대서양조약기구) 정보, 전후 독일 내 핵무기 배치 계획, 미국의 핵 보유 관련 정보 등 값으로 매길 수 없는 고급 정보들을 소련으로 넘겼다.

더욱 놀라운 것은 이들 캠브리지 5인방이 대한민국의 국가 운명에 영향을 미치는 중요 정보도 소련으로 넘겼다는 사실이다. 영국 외무부에 근무하던 도널드 매클린은 '미국의 극동방위선에 한국과 대만이 제외된다'는 미국 'NSC-48/2 보고서'를 소련에 제공하여 스탈린이 김일성의 남침을 승인하는데 역할을 한 것으로 알려졌다.

또한 그는 1950년 외무부 미국과장으로 재직 당시 한국전쟁이 발발하자 '미국 트루먼 대통령이 핵무기를 사용하지 않고 한국전쟁을 제한전으로 치를 것이며, 중국을 공격하지는 않을 것이라는 기본전략을 갖고 있다'는 사실을 소련에 보고했다. 소련은 이 정보를 중국에 알렸고 이를 토대로 중국은 자신 있게 한국전쟁에 참전할 수 있었다고 한다. MI6 킴 필비 역시 한국전쟁 당시 UN군 일원으로 참전한 영국과 영 연방국가의 정보연락관으로 근무하면서 맥아더 사령부와 미국 국방부 사이에 오가는 작전 통신문 등을 입수하여 소련에 넘겼다. 이들 스파이들이 오늘날 대한민국이 분단국가로 남아 있게 된 것에 어느 정도의 영향을 미쳤음은 분명하다고 할 수 있다.

이들 스파이들은 미국이 소련 정보기관을 대상으로 비밀리에 추진한 암호통신 해독 목적의 비밀공작 실행 과정에서 꼬리가 밟히기 시작했다. 미국은 이 공작을 통해 워싱턴 주재 영국 대사관에 근무하는 누군가가 소련에 정보를 넘기는 단서를 잡았고, 관련 내용을 전달받은 영국이 내부 간첩에 대한 추적에 나섰는데 스파이는 바로 도널드 매클린이었다. 그런데 당시 MI6에 근무하고 있던 킴 필비가 매클린의 노출 사실을 알아차리고는 가이 버지스를 통해서 매클린에게 이를 알려 주었으며, 결국 1951년 매클린은 버지스와 함께 소련으로 망명하고 말았다. 이로 인해 킴 필비 또한 강한 의심 속에 조사를 받고 MI6에서 나오게 되었지만 그가 간첩이라는 결정적 증거는 드러나지 않았다.

이후 킴 필비는 언론인으로 활동하면서 레바논 베이루트에 파견되어 언론인 겸 MI6 비공식 요원으로 활동했다. 그러나 1963년 소련 KGB 요원이 미국으로 망명하는 사건이 발생하자 자신의 스파이 신분이 노출될 위험을 감지한 킴 필비는 레바논에서 소련으로 도주해 버렸다. 5인방 가운데 소련으로 달아난 3명을 제외한 나머지 인물 앤서니 블런트와 존 캐런크로스는 영국에 남아 스파이 활동 사실을 일부 고백하기도 했으나,

오랜 시간이 경과하면서 별다른 처벌은 받지 않았다. 특히, 미술 사학자 겸 교수로 재직했던 블런트는 영국 왕실과 친척 관계에 있었기 때문에 그와 관련된 내용은 외부에 오랫동안 공개되지 않았다.

'캠브리지 스파이 링' 사건은 스파이 영화의 소재가 되기도 했는데, 2012년 〈팅커 테일러 솔저 스파이〉(Tinker Tailor Soldier Spy)라는 제목의 스릴러 스파이 픽션 영화가 그것이다. MI5와 MI6에서 근무했던 정보기관 출신 유명 스파이 소설가인 존 르카레(John le Carré)의 같은 제목 첩보 소설을 원작으로 만든 영화이다. 제목인 Tinker(땜쟁이), Tailor(재단사), Soldier(군인)는 각 스파이들에게 붙여진 암호명인데, 영국 어린이들이 자신의 미래를 예측하면서 부르는 전래 동요에서 따온 것이라고 하며, 동요의 가사에는 Sailor(선원), Rich man(부자), Poor man(가난뱅이), Beggarman(거지), Thief(도둑)와 같은 다른 직업들도 등장한다.

이 영화는 보통의 스파이 영화들과는 달리 영화 속 '서커스'(Circus)로 불리는 영국 정보기관 내부에 숨어있는 이중스파이를 추적하여 색출하는 과정을 그린 스파이 추리물에 가깝다. 그리고 영화의 결말이 실제 사건과는 다르게 그려지고 있지만, 기존의 스파이 영화와는 차별화되면서도 실제 사건을 바탕으로 만들어진 스파이 영화라는 점에서 주목받았고 완성도 또한 높다고 평가를 받으면서 영국의 아카데미 영화상 BAFTA에서 최고의 영국 영화상을 수상하기도 했다.

■ 냉전을 이끈 골리앗, 소련 KGB

러시아 정보기관 하면 아마도 많은 사람들은 냉전 시기 유명한 소련의 정보기관이었던 KGB를 먼저 떠올릴 것이다. 이는 당시 악명 높았던 KGB가 그만큼 미국과의 정보전쟁에서 성공적으로 역할을 수행했다는 방증일지도 모른다. 결국 소비에트 연방이 해체되고 러시아로 재탄생했지만 40여 년에 걸친 미국과의 냉전 시기 체제 경쟁에서 소련이 버틸 수 있었던 데는 정보기관들의 역할이 매우 컸다는 사실을 부인할 수 없다.

오늘날의 러시아 정보기관은 제정 러시아 시절 황제 보위 등 체제 수호를 위한 비밀경찰 조직에서 그 뿌리를 찾을 수 있다. 무엇보다 러시아 정보기관의 체계적인 발전에 있어서 분기점으로 작용한 것은 볼셰비키 공산혁명이었다고 할 수 있으며, 혁명 이후 반혁명 세력 색출과 처단 등 공산당 집권 세력의 체제 유지를 위한 내부 감시와 통제 기구로서 출발했다. 첫 번째 정보기관이었던 체카(Checka, 全러시아 반혁명 태업단속 비상위원회)를 시작으로 국가정치부(GPU), 국가보안국 등으로 이름이 바뀌면서 비밀경찰기구로서의 조직과 기능을 점점 확대해 나갔다. 그 이후 스탈린 시대의 공포정치 도구로 악명 높았던 내무인민위원회(NKVD) 등을 거쳐 스탈린 사후 1954년 3월 거대 정보조직인 국가보안위원회(KGB)가 탄생했다.

KGB는 해외정보 수집과 공작, 국내 방첩활동을 함께 수행하는 명실상부한 러시아 최고 정보기관으로 자리매김했으며, 미국 등 서방 국가들과의 정보 전쟁을 수행하며 역사에 남을 만한 많은 성과를 거두었다. 1991년 70년 넘게 이어져 온 소비에트 연방이 해체된 후 러시아는 옐친(Boris Yeltsin) 대통령 시기에 정보기관에 대한 대대적인 개편을 단행하여 KGB를 해외정보기관 SVR(해외정보부)과 국내 방첩기관 FSB(연방보안부)로 분리하였다. 이들은 기존의 군 정보기관인 GRU(정보총국)와 함께 오늘날 러시아 3대 핵심 정보기관으로 자리매김하고 있다.

암살 공작의 귀재들

전통적으로 러시아 정보기관은 정보원을 포섭하거나 미행, 도청 등 정보활동을 수행하는 데 있어 무모할 정도로 공격적이며, 적을 속이고 기만하거나 상대방의 약점 조성을 통한 협박과 같은 수단을 동원하는데 매우 능통하다. 특히, 그들의 비밀공작 활동 중 가장 위협적이고 두드러지는 것이 바로 암살 공작이다.

러시아는 구 소련 시절부터 자국의 이익에 장애가 되는 주요 인물이나 자국을 배신하고 스파이로 활동하다가 서방으로 망명한 인사들을 대상으로 많은 암살 공작을 진행해 왔으며, 이를 위해 다양한 암살 장비들을 사용했다. 소련 정보기관이 초기에 사용한 암살 수단 중 하나가 청산가스 암살 총이었는데 자체 개발한 장비였다. 실제 1950년대 후반 소련이 우크라이나 민족주의자들이자 반체제 인사들인 레베트(Lev Rebet)와 스테판 반데라(Stepan Bandera)를 청산가스로 암살하는 사건이 발생했었는데, 당시 암살을 실행했던 소련의 젊은 KGB 요원 보흐단 스타신스키(Bohdan Stashynsky)가 암살 도구로 사용한 것이 바로 청산가스 스프레이 총이었다. 그는 암살 총으로 청산가스를 분사하는 과정에서 자신에게도 피해가 올 것을 우려해 먼저 해독제를 먹고 암살을 실행했다고 한다.

청산가스 스프레이 총 (출처: www.huri.harvard.edu)

암살 도구로 우산 총도 이용되었는데 1969년 소련의 위성국가였던 불가리아의 반체제 언론인 게오르기 마르코프(Georgi Ivanov Markov)라는 인물이 영국으로 망명하는 사건이 있었다. 그는 망명 후 영국 BBC 방송 프로그램을 진행하며 소련과 불가리아 정부를 비난하는 등 반체제 활동을 지속했다. 그러던 1978년 9월 런던 시내 워털루 브리지 정류장에서 버스를 기다리고 있던 마르코프가 갑자기 다리에 통증을 느꼈는데, 뒤에 있던 한 남성이 길바닥에 있는 우산을 주우면서 미안하다는 말을 남기고 길을 건너 사라지는 일이 있었다. 그 일이 발생했을 당시에는 특별한 증세가 없었으나, 다음날 새벽부터 그는 고열에 시달리기 시작했고 결국은 사건 발생 4일 만에 사망하고 말았다.

Bulgarian Umbrella (출처:reefrecovery.org)

그를 부검한 결과, 몸에서 1.7mm 크기의 미세한 금속 알갱이가 나왔는데 당(糖)으로 코팅된 알갱이 안에서 리신(Ricin)이라는 독극물이 검출되었으며, 일정 시간이 지나 몸속에서 당이 녹으면서 독극물이 퍼진 것이다. 이 사건은 불가리아 비밀경찰이 소련 KGB로부터 제공받은 독극물 우산 총을 이용해 마르코프를 암살한 것으로 알려졌다. 구멍 난 미세 총알 내 독극물 리신을 넣은 총알이 장전된 특수 우산 총으로 쏘아 살해한 것이다. 그 이후 정보기관에서는 이런 우산 총을 'Bulgarian Umbrella'라고 부르고 있다.

러시아 정보기관에 의해 실행된 암살 공작 가운데 러시아 정보기관 FSB의 전직 요원이었던 리트비넨코(Alexander Litvinenko) 독살 사건은 유명하다. 그는 FSB가 자행한 자국 기업인 암살 등을 폭로하다가 2000년 영국으로 망명한 정보기관 요원이었다. 그는 망명 이후 영국에서도 반푸틴 활동을 지속했는데, 2006년 FSB의 사주를 받은 러시아 정치인이자 사업가 안드레이 루고보이(Andrey Konstantinovich Lugovoy)와 FSB 에이전트 드미트리 콥툰(Dmitry Kovtun) 등을 만나고 난 이후 갑자기 사망하고 말았다.

그가 이들과 만나면서 호텔에서 마셨던 홍차 잔에서 방사능 물질 폴로늄(Polonium-210)이 검출되었는데 당시 리트비넨코가 만난 러시아 인물들을 추적한 결과, 이들이 타고 온 영국항공의 비행기 좌석에서도 방사능 물질이 오염된 것으로 확인되었다. 폴로늄이라는 방사능 물질이 국가적 차원의 지원 없이 개인이 손에 넣기는 어려운 물질이라는 점을 감안할 때 러시아의 암살 공작이었던 것으로 결론이 날 수밖에 없었다. 이에 영국은 러시아에 암살 용의자 인도를 요청했지만 거부당했다.

이 사건 이후에도 방송 등에서 푸틴을 비난하던 리트비넨코의 친구들이 권총에 맞는 사건이 발생하는가 하면, 그의 주변 인물들이 연쇄적으로 심장마비 혹은 자살로 사망하는 등 암살이 의심되는 사건들이 지속적으로 발생하였다.

암살 공작 시도가 실패로 끝나면서 엄청난 후폭풍을 몰고 온 경우도 있었다. 전 러시아 정보총국(GRU) 소속 요원 스크리팔(Sergei Viktorovich

Skripal)은 1990년대부터 2000년대 초반까지 영국 스파이로 활동을 하다가 발각되어 투옥된 이중스파이였다. 그는 2010년 미국과 러시아 사이에 이루어진 스파이 교환 당시 미국의 도움으로 석방되어 영국으로 망명했다.

2018년 3월 러시아에 살고 있는 딸이 아버지를 만나기 위해 영국을 방문했는데 이때 러시아 정보총국이 요원들을 비밀리에 파견하여 스크리팔 부녀를 대상으로 노비촉(Novichok)이라는 신경작용제를 이용해 암살을 시도한 것이었다. 이들은 스크리팔의 집 현관문 손잡이에 노비촉을 묻혀 놓고 도주했는데, 스크리팔 부녀는 노비촉에 노출되었음에도 다행히 목숨에는 지장이 없었으나 뜻하지 않게 영국 민간인 한 명이 노비촉에 노출되어 사망했다.

러시아 정보총국이 파견한 요원들은 아나톨리 체피가(Anatoly Chepiga)와 알렉산더 미쉬킨(Alexander Mishkin)이라는 인물들이었는데, 이들은 노비촉을 사용한 후 노비촉이 담긴 작은 향수병이 증거물로 발견되지 않도록 하기 위해 스크리팔 집에서 수 마일 떨어진 곳에 버리고 도주했다. 그러나 노비촉이 담긴 병을 버리고 간 그 지역에 거주하고 있는 한 중년 남성이 우연히 향수병을 발견하여 자신의 여자 친구에게 주운 향수병을 주었다. 이로 인해 그의 여자 친구가 노비촉에 심하게 오염되어 치료를 받다가 사망하고 말았으며, 남성은 다행히 목숨을 건졌다. 이 사건으로 영국은 서방 국가들과 협력하여 러시아 외교관 153명을 추방하는 등 제재 조치를 단행하였고, 러시아도 이에 반발해 서방의 외교관들을 맞추방하는 등 후폭풍이 거셌다.

러시아의 노비촉에 의한 암살 시도는 2020년에도 있었다. 푸틴 대통령의 정적인 러시아 정치가 알렉세이 나발니(Alexei Navalny)가 공항 카페에서 차를 마신 뒤 탑승한 비행기 안에서 이상 증세를 보여 긴급히 병원으로 호송되는 사건이 발생했다. 결국 그는 독일로 후송되어 치료를 받았는데 독일 군 연구소는 그가 노비촉에 오염된 것이 확실시된다고 발표했으나 이에 대해 러시아는 부인했다. 이후 나발니는 러시아에서 반푸틴 활동을 전개하다 투옥되었으며, 2024년 2월 감옥에서 의문사했다.

또한 러시아는 지난 2010년 미국으로 망명한 러시아 해외정보부(SVR) 고위 간부 출신의 이중스파이 알렉산드르 포테예프(Alexandre Poteyev)에 대해서도 암살을 시도하려다가 실패한 바 있다. 2020년 러시아 정보기관이 멕시코 과학자를 에이전트로 고용해 미국 마이애미에 은신해 지내던 포테예프의 주소지와 자동차 등에 대한 정보를 수집한 정황이 포착되었고, 이에 FBI가 멕시코 과학자를 체포하면서 암살 계획이 무산되었다.

이처럼 러시아는 정보기관들을 이용해 수단과 방법을 가리지 않고 다양한 방법으로 내부 정적이나 서방으로 망명한 스파이들에 대한 암살 공작을 꾸준히 실행해 오고 있다. 러시아는 배신자들에 대해서는 끝까지 처벌을 하겠다는 의지를 공공연하게 표명하고 있는데, 이는 푸틴이 정보기관 KGB 출신의 대통령이라는 사실과 무관하지 않다고 할 수 있으며, 결국은 암살 공작이 푸틴 대통령의 의지라고 볼 수 있다.

■ 스파이계의 신흥 강자, 중국

러시아가 스파이 세계에서 '전통의 강자'라고 한다면 중국은 '떠오르는 신흥강자'로 부를 수 있을 것 같다. 중국의 국가정보조직은 1911년 공산혁명 이후 중앙사회부와 같은 당내 정보조직에서 출발해 1949년 중화인민공화국 건국과 함께 중앙조사부와 총참모부 등 당과 군에 정보조직을 설립하여 운영하면서 점차 체계를 갖추기 시작했다. 이후 문화대혁명 시기를 거치면서 기존의 정보조직들이 일시적으로 와해되었다가 70년대 후반 개혁·개방 정책 추진과 함께 대외 정보환경이 변화하면서 이에 대응한 정보활동 강화를 위해 1983년 국무원 산하에 지금의 국가 최고 정보기구인 국가안전부(MSS, Ministry of State Security)를 설립하고 오늘에 이르고 있다.

국가안전부는 해외정보와 국내 방첩업무를 함께 수행하는 통합형 정보기관인데, 현재 국가안전부를 중심으로 군 정보기관인 인민해방군 총참모부, 당 산하 대외연락부 등 당, 정, 군에 강력한 정보조직 체계를 구축하고 있다. 오늘날 중국의 최우선 정보목표는 미국이라고 할 수 있는데, 미국을 대상으로 한 중국의 스파이 활동은 전방위적이며 휴민트는 물론 테킨트 등 다양한 수단이 동원되고 있다.

2015년 발생한 중국의 사이버 공격에 의한 정보탈취 사건은 미국에 엄청난 충격을 주었는데, 미국 인사 담당부서 OPM(Office of Personnel Management)을 해킹한 사이버 공작이었다. OPM은 국가의 인사정보를 담당하는 중요한 기관인데, 중국이 멀웨어(Malware)를 활용해 신원조사를 담당하는 OPM 계약직 직원의 노트북에서 신용증명 정보를 훔쳐 OPM에 등록된 2,200만 명의 인물에 대한 상세 정보를 빼내 간 것이다. 여기에는 미국 정부의 배경 심사를 통과한 다시 말해 신원이 검증된 인사들의 신상정보가 모두 포함되어 있었다.

이러한 인적 정보는 중국 정보기관이 정보적으로 활용할 가치가 있는 인물들을 선별, 평가하고 이들에게 접근하여 약점을 공략하는데 매우 유익한 기초 자료로 활용될 수 있는 유용한 정보 자료들이다. 스파이들에게 인물 정보는 정보수집 활동에 있어 가장 기본이면서 최우선으로 수집해야 되는 목표라고 할 만큼 중요하다는 점에서 인물정보의 유출은 그 의미가 컸다.

사이버 수단뿐만 아니라 휴민트를 활용한 미국 내 정보망 구축을 시도한 사례도 지속 발생하였다. 2017년 중국 정보기관 요원 마이클 양

(Michael Yang)은 중국의 싱크탱크 연구원으로 위장해 인터넷 비즈니스 사이트인 '링크드인'(Linkedin)을 통해 전직 CIA 요원 케빈 멜로리(Kevin Mallory)라는 인물에게 접근, 자금 지원을 전제로 정보제공 의사를 타진하였다. 케빈은 그가 중국 정보기관 요원인 것을 곧바로 알아차렸음에도 당시에 금전적으로 많은 빚을 지고 있어 돈이 필요했기 때문에 그의 제의를 수락하고 말았다.

그는 중국으로 가서 중국 정보기관으로부터 향후 연락 수단으로 사용할 비화 휴대폰을 제공받는 등 본격적인 스파이 활동을 위한 준비에 착수했다. 그러나 자신이 노출된 것 같다는 낌새를 알아채고 CIA에 "중국에서 나를 매수하려고 접근했다. 지난번 중국에 갔을 때 내게 휴대폰을 주면서 보안연락이 가능하다고 했는데 이를 역으로 잘 이용하면 좋을 것 같다"고 하면서 자발적으로 휴대폰을 제공했다. 그는 자신이 중국 스파이와 통신한 내용이 모두 지워져 휴대폰에 남아있지 않을 것이라고 판단하고 휴대폰을 제출한 것이었지만 FBI가 포렌식을 실시한 결과, 중국 스파이와의 대화 내용이 모두 복원되었고 그것이 간첩활동 증거가 되었다. 결국 은폐통신 내용이 발각되어 체포되었는데, 이렇듯 스파이들에게 지원하는 장비가 오히려 스파이 활동의 결정적인 물증이 되기도 한다.

중국의 대외 정보활동의 특징 중 하나가 바로 국영통신회사인 신화사가 정보기관 2중대 역할을 수행하고 있다는 것이다. 정상적인 언론사로서의 역할도 하지만, 전 세계 주요 지역에 지사를 두고 이를 이용해 각국의 주요 정보를 수집하여 정보기관에 보고한다. 특히 언론인 신분이 스파이로서 정보활동을 하기에 최적의 수단이라는 점을 이용해 국가안전부 요원들이 신화사 기자 신분으로 위장하여 많은 국가들에 파견되기도 한다.

지난 2022년 중국이 해외에서 활동하는 반체제 인사에 대한 정보를 수집하고 탄압하기 위해 해외에 많은 '비밀경찰서'를 운영한다는 의혹이 해외 언론 등을 통해 제기된 바 있다. 이와 관련해 국내에서도 중국인이 운영하는 대형 식당이 비밀경찰서 거점으로 알려지면서 식당이 폐업하는 사건이 있었다. 이는 중국이 해외에서 얼마나 공격적이고 적극적이며 광범위한 정보수집 활동을 전개하고 있는지 보여주는 좋은 사례라고 할 수 있다. 중국은 인구수만큼 정보기관과 연계된 공작원이나 협조자도 많을 수밖에 없다. 스파이들은 '중국에서는 택시 안에서 지극히 말조심해야 하고 기차역이나 버스터미널 앞에 앉아 있는 할아버지조차도 정보기관의 협조자라고 생각하고 행동해야 한다'고 인식하고 있다.

또한 중국은 정보활동에 첨단 기술도 적극 활용하고 있는데 안면인식 기술에 기반해 지난 2015년부터 스카이넷(Sky Net), 톈왕(天王)으로 명명된 프로그램을 도입하여 운영하고 있다. 이 프로그램은 중국의 도시 지역들에 설치된 2,000만 대 이상의 초정밀 감시 카메라를 활용해 범죄수사나 방첩활동 등을 수행하기 위한 것이다. 이처럼 이제 중국은 스파이계의 신흥 강자일 뿐만 아니라 '골리앗'으로 변신하고 있다고 해도 과언이 아니다.

■ 스파이들의 우상, 이스라엘 모사드

이스라엘 정보기관 모사드는 세계 모든 정보기관의 모델로 여겨질 만큼 최고의 정보기관으로 인정받고 있다. 이스라엘 정보기관이 이렇게 최고의 정보기관으로 자리매김하게 된 것은 이스라엘이라는 국가의 건국 과정과 건국 이후 주변 아랍국가들과의 계속된 전쟁 등 치열한 국가생존 투쟁에서 비롯된 것이라고 볼 수 있다. 그만큼 절박한 환경이 오늘날 모사드라는 정보기관을 만들었으며, 여기에 무엇보다도 정보기관의 체계를 세우고 올바른 전통을 확립한 국가 지도자와 리더들의 역할도 매우 컸다고 할 수 있다.

이스라엘 정보조직의 시초이자 건국 이전 비밀군사조직이었던 '하가나'(Haganah)는 시오니즘(Zionism)[18] 바탕 위에 1920년대초부터 1948년까지 이스라엘 건국을 위해 정보활동을 수행했던 준군사조직이다. '하가나'가 토대가 되어 1948년 5월 건국 이후에 국내정보를 담당하는 신베트(Shin Bet, Shabak), 해외정보를 담당하는 모사드(Mossad), 군 정보부 아만(Aman) 등을 순차적으로 설립하면서 국가정보체계를 구축하였다. 특히, 이스라엘은 전 세계 약 3만 5천 명 규모로 추정되는 '사야님'(Sayanim)으로 불리는 유대인 협조자들이 애국심을 바탕으로 각지에서 국가의 정보활동을 간접적으로 돕는 등 이스라엘의 강력한 정보력 구축에 일조하고 있다.

이스라엘을 대표하는 정보기관 모사드(Mossad)는 총리 직속의 해외담당 정보기관으로, 정식 명칭은 ISIS(Israeli Secret Intelligence Service, 비밀정보부)이다. 초기에는 외무부 소속이었으며, 나치 학살 등 유럽과 세계 각 지역에서 자행된 학살로부터 생존한 유대인들을 팔레스타인으로 이주시키는 공작이 핵심 임무였다. 모사드가 실행한 성공적인 공작 사례는 오늘날 모든 정보기관의 모범이 되고 있는데, 전설적인 스파이 엘리 코헨의 시리아 침투 공작, 유대인 학살범 아이히만 체포와 호송 공작, 아프리카 유대인 비밀호송 공작 등 대외적으로 알려진 모사드의 비밀공작 성공 사례는 매우 많다. 그래서 오늘날 모사드는 특수 임무 및 비밀공작 수행에 있어 세계 최고의 역량을 보유하고 있는 것으로 인정받고 있다.

모사드가 정보기관으로서 세계적으로 인정받고 존경과 경외심의 대상

---

18) 세계 곳곳에 흩어져 살던 유대인들이 조상의 땅이었던 팔레스타인 지방에 유대인 민족국가를 건설하는 것을 목표로 하였던 민족주의 운동

이 되는 이유는 그들의 뛰어난 정보활동 능력과 이룩한 업적 때문이기도 하지만 무엇보다도 국가를 위해 스파이 활동을 한 공작원에 대한 그들의 인식이 많은 스파이들에게 감동을 주기 때문이기도 하다. 시리아에서 스파이 활동을 하다가 처형된 엘리 코헨에 대한 이스라엘의 대응은 그들이 자국 스파이에 대해 어떤 인식을 갖고 있는지를 잘 보여주는 사례라고 할 수 있다.

이스라엘은 1965년 시리아에서 엘리 코헨이 체포되자 그를 구출하기 위해 이스라엘에 잡혀 있는 다수의 시리아 포로 석방은 물론, 추가로 물자 지원까지 해주는 조건을 제시하며 시리아에 스파이 교환을 제시했다. 이뿐만 아니라 미국과 교황 등 영향력 있는 모든 라인을 동원하여 구출 협상을 시도하는 등 자국 공작원 한 명을 구하기 위하여 그들이 할 수 있는 모든 노력을 기울였다. 비록 시리아의 거부로 구출 협상이 실패로 돌아갔지만 이스라엘이 보여준 대응은 모든 스파이들에게 큰 귀감이 되었다. 엘리 코헨이 공개 처형된 지 50년이 지난 지금까지도 이스라엘은 그의 유해를 송환해 오기 위해 정보활동 등 모든 노력을 다하고 있는 가운데 그를 국가 영웅으로 추앙하고 있다.

오만과 방심이 초래한 정보 참사

세계 모든 정보기관의 모범으로 여겨지고 있는 이스라엘 정보기관도 오래전 정보실패의 아픔을 겪기도 했다. 제4차 중동전쟁으로 불리는 '욤 키푸르'(Yom Kippur) 전쟁 발발 당시 정보기관으로서 가장 중요한 임무라고 할 수 있는 조기경보(Early Warning) 기능을 전혀 수행하지 못했던 것이다. '욤 키푸르'는 히브리어로 '날'(日)을 의미하는 '욤'과, '속죄'를 뜻하는 '키푸르'가 합쳐진 '속죄일'을 말하는데, 이날 하루 동안은 어떤 일도 하지 않으면서 물을 포함한 어떤 음식도 먹지 않고 단식을 해야 하는 날이다. 이집트와 시리아 등 아랍 연합세력이 1973년 10월 6일 유대인 속죄일에 맞춰서 기습 공격을 감행함으로써 방심한 이스라엘의 허를 찌른 것이었다.

이스라엘은 유대교 속죄일이었을 뿐만 아니라 이슬람의 라마단 기간이었기 때문에 방어 태세가 이완되어 있었고, 기습공격에 대한 대비가 전혀 이루어지지 않은 상황이었다. 당시 아랍의 공격설과 관련한 다수의 첩보들이 지속 입수되고 있었을 뿐만 아니라, 이집트의 군사훈련이 이전보다도 더 활발하게 진행되고 있었음에도 이스라엘 군 정보기관 아만(Aman)은 아랍 세력의 공격 가능성을 낮게 판단했다. 더욱이 공격 가능성에 대비해야 한다는 입장을 보였던 모사드의 의견도 완전히 무시해 버리는 등 정보기관 간에도 정보공유는 물론 협력 체계가 전혀 작동하지 않았다.

결국 이스라엘은 아랍 연합의 기습공격으로 전쟁 초기에 큰 패배를 당했는데, 이러한 정보실패는 앞선 세 차례에 걸친 아랍 세력과의 전쟁에서 승리했던 이스라엘의 자만심과 오만, 그리고 정보기관의 정보 오판, 정책결정권자의 정보사용 실패 등 여러 요인들이 복합적으로 작용한데 기인한 것으로 볼 수 있다. 정보를 수집하고 분석하는 정보기관뿐만 아니라 정보를 사용하는 최종 결정권자의 판단도 매우 중요한데, 여러 곳에서 문제가 발생하면서 결국 국가 정보체계가 정상적으로 작동하지 못하고 국가의 위기로 이어진 사례라고 할 수 있다.

하지만 이러한 정보실패를 경험했음에도 불구하고 이스라엘 정보기관은 상대만 달랐을 뿐 똑같은 실수를 반복했다. '욤 키푸르' 전쟁이 발발한 지 정확히 50년이 되는 지난 2023년 10월 7일 팔레스타인 무장 투쟁조직인 하마스(Hamas)가 이스라엘에 대한 기습공격을 감행했는데 '욤 키푸르' 전쟁 당시와 매우 흡사하게 무방비 상태에서 당하고 말았다.

이를 두고 '제2의 진주만 공습', '제2의 9.11'이라고 부르는 등 또 다른 정보실패 사례로 평가하고 있는데, 이스라엘은 물론 미국 조차도 사전에 관련 정보 수집이 전혀 이루어지지 않았던 것이다. 이처럼 정보기관의 정보실패는 단순한 국가정책의 실패로 끝나는 사안이 아니라 국가의 존망 자체를 위협할 수 있다는 점에서 그 무게감은 다르다고 할 수 있다.

■ 스파이들의 정보협력

국가 정보협력은 국가 간 필요에 의해서 정보를 공유하며 협력하는 것을 말하는데, 이는 국가 간 상호 이해관계가 맞아떨어질 때 가능하다. 한 국가가 갖고 있지 못하거나 부족한 정보를 다른 국가가 갖고 있을 때 서로의 부족한 부분을 채우기 위해 정보협력을 하게 된다. 오늘날 테러, 사이버 공격, 국제범죄, 마약 등 많은 국가안보 위협 요인들이 한 나라에 국한된 것이 아니라 2개국 이상의 국가에서 발생하거나 연관되어 있기 때문에 국가 간 정보협력은 더욱 중요해지고 있다.

대한민국 정보기관과 가장 긴밀히 정보협력을 하고 있는 국가는 미국이라고 할 수 있는데, 국가정보원은 CIA, FBI 등 미국의 정보기관들과 각 분야별로 정례적인 정보협력 회의 등을 통해 정보를 공유하기도 하고 필요에 따라서는 합동으로 공작을 추진하기도 한다. 아무래도 CIA의 정보협력 최대 관심 분야 중 하나는 대한민국 휴민트 자산을 통해 수집된 대북정보라고 할 수 있는데, 우리의 휴민트 수집 능력에 대한 미국의 평가는 상당히 높다. 미국의 테킨트에 의한 대북정보 수집 능력은 타의 추종을 불허하지만 상대적으로 대북 휴민트 역량에서는 대한민국에 비해 떨어질 수밖에 없다. 이에 반해 대한민국은 테킨트 역량이 상대적으로 부족할 수밖에 없기 때문에 양국 간 부족한 부분을 상호 보완해 줄 수 있다는 점에서 대북정보에서의 협력은 각별하다고 할 수 있다.

스파이들의 정보협력 역사는 아무래도 전쟁에서 찾을 수밖에 없는데 1차 세계대전은 국가 간 정보협력의 본격적인 시발점이 되었다고 할 수 있다. 당시 영국, 프랑스, 러시아 등으로 이루어진 연합국 세력과 독일, 오스트리아-헝가리 제국, 이탈리아 왕국 등의 동맹국 세력은 적국에 관한 각종 정보들을 같은 세력 내 국가들과 공유하는 등 초보적 정보협력 관계를 유지했다. 1차 세계대전 당시 이러한 정보협력이 전쟁 승리에 중요한 역할을 한 사례 중 하나가 바로 '마그데부르크(Magdeburg)호' 사건이라고 할 수 있다.

1914년 8월 러시아 군의 발트해 진입을 차단하기 위해 독일 경순양함 마그데부르크호가 발트해로 출동해 러시아에 대한 포격 작전을 펼치다가 러시아 군사 지역인 오덴스홀름(Odensholm)이라는 섬에 좌초되어 러시아 군에 노획되고 말았다. 이에 러시아는 수개월간 마그데부르크호를 조사했고, 그 과정에서 독일이 소각하지 못하고 두고 간 2건의 암호책 원본을 발견하였다.

러시아는 이 암호책을 정보협력 차원에서 암호해독 강국이었던 동맹국 영국에 제공했고, 당시 영국 해군성 장관이었던 윈스턴 처칠(Winston Churchill)은 이를 해군 암호해독반 '40호실'(Room 40)에 넘겨 독일 군 암호해독에 성공하였다. 독일은 마그데부르크호에서 암호책이 유출된 사실조차 전혀 알지 못하고 있다가 한참이 지난 후 처칠의 회고록을 통해 알게 되었다고 한다. 영국에 의한 독일군 암호해독 성공은 러시아와 영국 간의 정보협력 결과였지만 그 성과는 연합국 세력의 전쟁 승리로 이어지는데 크게 기여했다.

독일 암호체계 애니그마(Enigma) 해독 과정도 또 다른 역사적 정보협력 사례라고 할 수 있다. 1932년 폴란드는 프랑스가 체포한 독일군 스파이로부터 독일의 암호체계 애니그마 해독을 위한 단초를 입수했으며, 이를 통해서 최초로 애니그마 해독에 성공하였다. 이후 폴란드는 2차 세계대전이 발발하기 직전 관련 정보를 영국 등 동맹국들과 공유함으로써 이후 업그레이드 된 애니그마를 해독할 수 있는 토대를 제공하였고, 결국 이것이 전쟁 승리에도 크게 기여했다는 점에서 세계사를 바꾼 정보협력이 되었다고 할 수 있다.

단순한 정보공유 수준을 넘어 준군사작전에 준하는 합동공작 형태의 정보 협력도 있었는데 그 대표적 사례가 '거너사이드'(Gunnerside) 공작이다. 이 공작은 독일의 핵무기 개발을 차단하기 위한 목적이었는데, 독일이 핵무기 개발에 필요한 중수(重水)를 획득하지 못하도록 독일이 점령한 노르웨이 베모르크(Vemork) 수력발전소를 파괴하려는 준군사작전이었다.

1942년 영국 특수작전 수행대(SOE, Special Operations Executive)는 노르웨이의 민간 레지스탕스 요원들을 정찰대로 파견하고 연이어 낙하산으로 영국군을 침투시켜 발전소 파괴를 시도했지만 실패했다. 하지만 특수작전 수행대는 1943년 2월 훈련받은 노르웨이 요원들을 재침투시켜 결국 발전소 중수 시설을 파괴하는 데 성공했고, 이후 연합군의 추가 폭격으로 독일의 중수 공장 가동을 완전히 중단시켰다. 또한 독일이 자국으로 운반해 가려던 중수마저도 운반선을 수장시켜 완전히 봉쇄해 버렸다. 1965년 영국에서 '거너사이드 공작'을 배경으로 한 전쟁 영화가 〈텔레마크 요새의 영웅들〉(The Heroes of Telemark)이라는 제목으로 제작되어 상영되기도 했다.

2차 세계대전 종전 이후 미국과 소련 간 냉전 시기에 접어들면서 서방 국가와 소련 간의 정보전쟁이 본격적으로 시작되었다. 이전까지는 동맹 국가 간 전쟁 관련 군사정보 중심의 정보협력 수준이었다면 냉전 시대에 접어들어서는 스파이 포섭에서부터 스파이를 활용한 정보수집과 공유 등 국가 정보기관 차원에서의 정보협력이 활발하게 이루어지기 시작했다. 그중에서도 미국과 영국 간의 정보협력은 그 빈도나 협력 수준에서 가장 긴밀했다.

미국 CIA와 영국 MI6가 2차 세계대전 이후 베를린에서 진행한 '골드공작'(Operation Gold)은 1950년대에 정보기관 간에 진행했던 정보협력 가운데 대표적인 사례라고 할 수 있다. 양국이 소련이 점령 중이던 동베를린으로 통하는 지하터널을 건설하고 이를 이용하여 소련군 본부에 대한 유선통신 도청을 실시하는 합동공작이었다. 이 공작은 당시 소련의 기본 통신수단이 무선통신에서 유선통신으로 전환되면서 미국의 많은 도청 정보출처가 소실된데 따른 대응 계획의 일환이었는데, 소련의 원자폭탄에 이은 수소폭탄 실험 등으로 인해 정보수집에 대한 수요가 폭발적으로 늘어난 것도 골드공작을 추진해야 하는 명분이 되었다.

하지만 이 공작은 영국 MI6 요원이면서 소련의 스파이였던 조지 블레이크(George Blake)에 의해 터널공사 사실과 도청장비 운용 계획 등 관련 정보들이 소련에 유출되면서 성공하지 못했다. 다만 소련이 스파이 보호를 위해 내부적으로도 터널의 존재와 서방의 공작추진 사실을 철저히 비밀로 하면서 도청을 원천적으로 차단하지 않았다. 이로 인해 골드공작은 나중에 소련이 폭로하기 전까지는 계획대로 운영되면서 일정 부분 성과가 있었다는 평가도 있지만 이와 관련한 정확한 실상은 외부에 밝혀지지 않았다.

미국과 영국 간에 단순한 정보공유 차원이 아닌 정보자산인 스파이를 공유하고 함께 활용한 사례도 있다. CIA와 MI6는 냉전 시기 미국 스파이가 되겠다며 모스크바 주재 미국 대사관을 통해 몰래 연락해 온 소련 정보총국 팬콥스키(Oleg Penkovsky) 대령을 대상으로 합동공작을 추진하여 소련의 핵무기 보유 능력 등 고급 정보를 수집하는 성과를 거두었다.

베를린 터널 (출처: CIA 홈페이지)

　하지만 양국 간의 정보협력이 긍정적인 면만 있었던 것은 아니었는데 정보 공유로 인해 귀중한 스파이가 노출되는 경우도 있었다. 영국 MI6는 장기간 최고 정보자산으로 활용해 오던 소련 KGB 간부 고르디엡스키(Gordievsky)로부터 입수한 고급 정보를 정보협력 차원에서 미국 CIA와 공유하기도 했다. 하지만 이 과정에서 소련 스파이였던 CIA 요원 에임스(Ames)가 영국이 제공해 오는 고급 정보의 출처로 고르디엡스키를 의심하고 이를 소련에 보고한 것이다. 영국은 동맹국 미국과의 정보협력 과정에서 동맹국 내부 스파이로 인해 자국의 귀중한 정보자산을 잃고 말았다.

　과거 냉전시기에는 정보공유뿐만 아니라 정보자산인 스파이를 공유하는 경우도 가끔 있었는데, 아무리 동맹국이라고 하더라도 스파이로부터 입수한 정보를 공유하는 경우는 흔하지만 스파이 즉, 정보자산 자체를 공유하는 경우는 드문 것이 현실이다. 어느 정보기관도 자신들의 귀중한 정보 자산을 다른 정보기관과 공유하기를 원하지 않기 때문이다.

북한에서 고위급 인사가 대한민국에 망명해 오는 경우 미국 등 우방국 정보기관에 정보수집을 위한 면담을 주선하기도 하는데, 이 또한 정보협력의 일환이라고 할 수 있다. 그러나 간혹 미국 CIA 등 우방국 정보기관이 중요한 정보출처로 활용 중인 에이전트에 대해 궁금해하면서 면담을 요청하는 경우도 있지만 거부되기도 한다.

1948년 시작된 '파이브 아이즈'(Five Eyes)로 불리는 미국, 영국 등 5개국이 운영 중인 국제 감청시스템 에셜론(Echelon)은 신호정보 협력체계로서, 다자간 정보협력의 대표적 사례라고 할 수 있다. 국제 감청시스템을 만들어 무선통신, 라디오 전파, 전화, 팩스, 이메일, 문자 메시지 등을 공유하는 것으로, 120개가 넘는 인공위성과 슈퍼컴퓨터를 동원해 하루에 30억 건 이상의 통화를 감청하고 있다. 북대서양조약기구(NATO)가 군사분야의 국가 간 안보협력 체계라고 한다면 에셜론은 정보기관의 다자간 정보협력체계라고 할 수 있다.

오늘날 서방 정보기관들 간에 정보협력이 가장 활발하게 이루어지고 있는 분야 중 하나는 테러 분야이다. 특히, 미국 NSA가 테러 관련 인물이나 단체들이 주고받는 이메일 등 통신을 감청하여 입수한 테러 첩보를 영국, 독일 등 관련 당사국 정보기관에 지원하여 테러를 차단한 사례들이 상당히 많다.

2006년 영국 런던에서 알카에다 추종자들에 의해 '제2의 9.11'로 불릴 만한 항공기 대형 테러 음모가 발각된 적이 있었는데, 미국 NSA의 정보수집과 이를 토대로 한 영국 MI5 등 정보기관의 합동 감시와 수사 등 양국 정보기관의 정보협력을 통해서 차단된 바 있다. 2007년 적발된 독일 지하디스트(Jihadist) 조직의 테러 음모와 2022년 12월 정부 전복을 노린 러시아 연계 독일 극우 테러단체 조직원 적발 등도 미국과 독일 양국 정보기관 간 정보협력에 의해 차단된 사례들이다.

이렇듯 정보기관들 간의 테러 관련 첩보공유는 다른 어떤 분야보다 원활하게 이루어지고 있다. 9.11 이후 '테러와의 전쟁' 일환으로 미국 주도로 테러 관련 다자간 정보협력시스템인 대테러 정보센터 CTIC (Counterterrorist Intelligence Center)가 설립되어 테러 분야 최대 정보협력기구로서 역할을 하고 있는데, 현재 유럽, 아시아, 중동 등 20 여 개국 이상이 참여하고 있다.

■ 스파이 조직의 여성 수장들

남성 중심의 스파이 조직에서 여성 요원의 비율이 점점 확대되고 있고 그에 따른 조직 내 여성 간부의 증가로 이어지는 추세에 있다. 정보기관의 여성 간부를 말할 때 아마도 가장 먼저 떠올리게 되는 인물은 영화 〈제임스 본드〉 시리즈에서 본드에게 임무를 부여하고 그를 조종하는 MI6 여성 간부 'M'일 것이다. 영국의 유명 여배우 주디 덴치(Judi Dench)가 그 역할을 오랫동안 연기해 왔다.

원래 〈제임스 본드〉 영화에서 'M'은 남자 배우가 맡아오다가 1995년 개봉한 시리즈 17번째 작품 〈007 골든아이〉(Golden Eye)에서부터 'M' 이 여배우 주디 덴치로 교체되었다. 이후 그녀는 2012년 개봉된 시리즈 23번째 작품이자 극 중에서 사망하게 되는 〈007 스카이폴〉(Skyfall)까지 총 7편에서 'M'으로 출연했다. 그래서 여성 스파이 간부하면 〈제임스 본드〉 시리즈에서 'M'으로 나왔던 그녀가 상징적인 인물이 된 것 같다.

그러면 왜 1995년 〈제임스 본드〉 영화에서 'M'이 갑자기 남성에서 여성으로 교체된 것일까? 아마도 1992년 영국 정보기관 MI5 수장에 스텔라 리밍턴(Stella Rimington)이라는 여성이 최초로 임명된 것과 전혀 무관하지 않은 것 같다. 그녀의 임명 발표 이전까지만 해도 영국은 MI5 의 존재 자체에 대해서도 공식적으로 밝히지 않았는데, 그녀의 임명을 발표하며 처음으로 조직의 존재를 공식화한 것이다.

그녀의 임명은 여러 가지 기록들을 만들었는데, 그녀는 MI5 최초의 여성 수장이었고 임명과 함께 대외적으로 이름이 공개된 최초의 MI5 수장이 되었다. 또한 그녀는 1993년 MI5가 발간한 책자를 통해 MI5의 활동, 운영, 의무 등에 대한 세부 사항들을 최초 소개하면서 자신의 신원과 사진도 처음으로 공개하기도 했다.

리밍턴은 남편이 인도에 근무하게 되어 함께 나갔을 때 MI5의 현지 계약직 직원으로 2년 가까이 일한 것이 정보기관과의 첫 인연이었다고 한다. 이를 계기로 그녀는 1969년 MI5 정규직원 선발에 응시해 임용된 이후 전문요원으로 다양한 경력을 쌓았고, 결국은 MI5 최고책임자 자리까지 오르게 되는 입지전적인 여성 스파이가 되었다. 4년 동안 조직의 수장으로 근무하다 은퇴한 리밍턴은 2001년 〈Open Secret〉이라는 제목의 개인 회고록을 출간한데 이어, 2004년에는 MI5 여성 요원의 테러조직 색출 활약상을 그린 첫 번째 소설 〈At Risk〉를 출간하기도 했다.

정보기관 수장으로 여성이 오른 경우는 영국에 이어 미국에서도 나왔다. 2018년 트럼프 대통령은 지나 해스펠(Gina Cheri Walker Haspel)이라는 대테러 분야 전문가 출신의 여성 간부를 CIA 국장에 임명했는데 CIA 최초 여성 국장이었다. 그녀는 1985년 CIA에 임용되어 많은 기간 중앙아시아, 아프리카, 유럽 등 해외에서 활동한 전형적인 '제인 본드'(Jane Bond)의 상징이었다.

해스펠 국장은 임명 당시 미국 의회 인준 과정에서 테러 용의자들에 대해 물고문을 하고 이와 관련한 증거를 파기했다는 의혹을 받으면서 논란이 되기도 했다. 미국은 9.11 테러 이후 알카에다 조직원 억류와 심문을 위해 세계 각지에 비밀수용소(Black Site)를 운용했다. 2002년 암호명 '캐츠 아이'(Cat's Eye)로 불린 태국의 비밀수용시설 책임자였던 해스펠

이 당시 그곳에 수용된 알카에다 조직원들에 대한 물고문에 직접 관여했고 이후 관련 비디오테이프 파기를 지시했다는 의혹이 강하게 제기된 것인데, 이러한 논란에도 불구하고 그녀의 임명은 의회에서 인준되었다.

해스펠은 2년 6개월여간 CIA 국장으로 재임했으며, 2018년 평창올림픽 개최 시기에 즈음하여 비공개리에 대한민국을 방문해 정보기관 관계자 등을 접촉하기도 했다.

제4장

스파이
기술

■ 스파이들의 비밀활동 기술

스파이들은 상대 국가 방첩기관에 노출되지 않고 성공적으로 임무를 수행하기 위해 다양한 스파이 기술(Tradecraft)을 사용한다. 스파이 기술은 에이전트를 포섭(Recruitment)하고 조종(Handling)하는 기술에서부터 스파이들 간 비밀통신(Clandestine Communication)과 비밀접선(Clandestine Contact), 은닉(Concealment), 미행(Tail), 감시(Surveillance), 신문(Interrogation) 등 다양한 분야에 걸쳐 있다.

포섭이라는 것은 우호적 혹은 강압적 수단을 통해서 필요한 대상자를 에이전트로 만들어 스파이 활동에 참여시키는 것이다. 정보기관은 에이전트를 포섭하기 위해 금전과 같은 물질적 보상이나 대상자가 필요로 하는 것을 충족시켜 주기도 하고 장래에 대한 보장을 담보하기도 한다. 에이전트 대상자가 거절할 수 없는 수준의 친분을 조성한 후 포섭을 제안하기도 하며, 대상자가 자국민이라면 애국심에 호소하기도 하는 등 대상자의 특성에 맞춰 다양한 방법을 동원한다.

만약 우호적 방법에 의한 포섭이 어려운 경우, 약점을 조성해 강압적 포섭을 시도할 수도 있지만 그다지 바람직하지 않아 선호하지 않는다. 왜냐하면 정보활동은 목숨을 걸어야 할 정도로 위험이 수반되어 정보기관과 에이전트 간 상호 신뢰가 매우 중요하기 때문에 협박과 같은 강압적인 수단보다는 우호적이고 자발적 협력 유도에 의한 방법이 우선시 되어야 한다. 우리에게 잘 알려진 미인계(Honey Trap)라는 것도 이러한 포섭 수법 중 하나라고 할 수 있다.

에이전트 조종은 그가 노출되지 않고 능력을 잘 발휘해 임무를 성공적으로 완수할 수 있도록 정보기관이 관리하는 기술이다. 정보기관은 에이전트에 대해 활용기간 동안 정보활동에 필요한 교육을 실시하고 활동 의욕 저하 혹은 배신 등의 위험성도 지속적으로 점검해야 하지만, 한편으로는 당근과 채찍을 적절하게 사용해 정보기관에 대한 에이전트의 충성심을 이끌어내고 스파이 활동에 대한 긍지를 갖고 임하도록 만들어야 한다. 이를 위해서는 에이전트를 직접 조종하는 정보기관 담당관의 자질과 능력, 조종 기술이 매우 중요하다고 할 수 있다.

스파이들의 정보활동에서 가장 중요하고 비중이 큰 스파이 기술 중 하나는 비밀연락 수단이다. 비밀연락은 스파이들 간의 안전한 통신을 담보함으로써 정보활동이 원활하게 이루어지도록 하는데 필수요소일 뿐만 아니라, 스파이들의 신변안전과 정보활동에 대한 보안유지를 위해서 가장 중요한 역할을 한다. 스파이들 간의 연락 수단이 노출된다면 스파이 노출과 함께 임무 실패와 직결되기 때문이다.

스파이 기술의 발전이 곧 비밀연락 수단의 발전이라고 말할 수 있을 만큼 스파이들에게는 중요하며, 비노출 정보활동을 위해 해결해야 할 과제이기도 하다. 스파이들은 각자의 활동 상황에 적합한 비밀 연락수단이 필요하며, 정보기관의 주요 목표 중 하나가 에이전트들에게 최적의 연락 수단을 제공해 그들이 입수한 정보를 안전하게 넘겨받을 수 있도록 돕는 것이다.

과거 냉전 시대 미국 CIA나 소련 KGB는 자신들의 스파이들과 비밀통신을 위해 많은 스파이 장비들을 자체 개발해 활용했다. 1970년대 미국 CIA는 소련 정보총국 장군으로 미국 스파이였던 드미트리 폴랴코프(Dmitri Polyakov)와의 비밀통신을 위해 낚싯대로 위장한 통신 장비를 자체 개발해 큰 성공을 거둔 바 있다. 그 원리는 낚싯대가 비밀신호를 잡아내는 안테나 선과 같은 역할을 하는 것인데, 낚싯대를 물에 담그면 수백 미터 거리에 위치한 다른 사람이 보내는 음향 신호를 잡아낼 수 있어

둘이 낚시를 하는 것으로 위장하면서 낚싯대를 통해 대화할 수 있도록 만든 것이었다.

CIA의 스파이 장비 개발 부서인 OTS(The Office of Technology Service)가 제작한 이 연락 장비는 '버스터'(Buster)라고 불렸는데 특별히 폴랴코프만을 위해 제작된 것이었다. 이 작은 기기에는 키릴 문자[19] 키보드가 있어 메시지를 타이핑하면 메시지가 내부에 입력되고 3초 남짓한 시간에 메시지가 전송되면서 본부에서 답신을 보내는 방식이었다. 당시 CIA가 첨단기술을 총동원해 개발한 연락 수단이었고, 폴랴코프도 크게 만족해했다고 한다. '버스터' 개발 이전에 폴랴코프에게 지원된 비밀 통신 장비들에서는 일부 문제가 발생해 그가 상당한 불만을 표출했다고 하는데, 자칫 부실한 장비 문제로 인해 스파이들의 활동이 노출되어 목숨을 잃을 수도 있기 때문에 당연히 민감할 수밖에 없다.

이처럼 안전한 비밀연락 수단 확보는 스파이 활동에서 원활한 의사 소통과 정보전달을 위해 반드시 해결되어야 하는 필수 요소로써, 폴랴코프 사례처럼 에이전트가 심리적인 불안감 없이 활동할 수 있도록 해 주기 때문에 매우 중요하다.

스파이들이 비밀통신과 함께 빈번히 사용하는 스파이 기술이 음어다. 음어는 일종의 위장 언어라고 할 수 있는데, 스파이들이 지금도 많이 사용하고 있고 스파이뿐만 아니라 경찰과 같은 수사기관이나 범죄조직의 범죄자 등도 통신 내용의 노출을 막기 위해 음어를 사용하는 경우가 많다. 음어를 사용함으로써 방첩기관이나 다른 누군가가 전화 통화나 대화 내용 등을 듣게 되더라도 숨겨진 본래의 의미를 알지 못하도록 위장하는 것이다.

---

19) 러시아 등 슬라브권과 중앙아시아 국가에서 쓰는 문자

음어는 스파이들 간의 정보활동 과정에서 필요한 단어나 상황들에 대한 상호 약정을 통해 정해진다. 예를 들어 음어로 '두통'은 '미행'을 뜻하고, '쇼핑'이라는 음어는 '접선'을 의미하는 것으로 약정했다고 가정하자. 만약 정보기관 요원이나 에이전트가 활동 중에 미행을 감지하여 이를 알리고 예정된 접선을 중단해야 하는 상황이라면 약정된 음어를 사용해 '두통이 심해서 쇼핑을 미루어야 할 것 같다'라고 말하면 숨은 뜻은 '미행이 붙은 것 같아 접선을 미루어야겠다'는 의미인 것이다. 숫자도 본래의 숫자에 일정한 숫자를 더하거나 빼는 등의 방법으로 위장한다. 정보기관 요원들은 에이전트들과 통신을 할 때 보안을 위해서 반드시 음어를 사용하기 때문에 스파이와 에이전트 모두가 상호 약정한 음어를 암기하고 있어야 한다.

스파이들의 은폐 기술 중 중요한 또 하나가 가장(Cover)이다. 가장은 스파이 활동에 있어 사람이나 시설, 물자, 활동 등 각 요소의 정체가 외부에 노출되지 않도록 외적인 것뿐만 아니라 내적인 것까지 신분에 맞게 위장하는 것을 말한다. 겉모습만 거짓으로 바꾸는 변장과는 구별된다. 예를 들어 스파이가 의류회사 직원 신분으로 가장한다고 했을 때, 일반 직장인 같은 차림새와 말투, 명함 등 외적인 위장도 필요하지만 의류 분야와 관련한 전문지식과 경력 등에 대한 충분한 학습이 이루어져 실제 의류 분야 종사자들과 어느 정도 대화가 가능한 수준이 되어야 한다는 것이다. 스파이 활동을 위해 위장 사무실을 운영하더라도 사무실 간판만 달고 있는 것이 아니라 실제 위장 사무실의 성격에 맞게 인원 구성과 실제 사업활동을 해야 한다는 의미이다.

가장은 스파이들에게 충분조건이 아닌 필요조건이며, 스파이들과는 불가분의 관계라고 할 수 있다. 임무의 성격과 중요도 등에 따라 가장을 하는 수준은 달라질 수 있으며, 자칫 가장을 소홀히 했다가는 금방 의심받고 노출될 수 있기 때문에 스파이들이 가장 신경 쓰고 조심해야 하는 부분이다.

이처럼 스파이들이 임무를 성공적으로 수행하기 위해서는 에이전트 포섭과 조종, 비밀연락 등 정보활동 전 과정에서 다양한 스파이 기술이 요구되는데, 스파이 장비 개발 등 과학기술은 물론 인간 심리를 활용하는 기술도 포함된다.

스파이들의 비밀연락

오늘날 스파이들은 직접 접촉이나 암호통신, 무인포스트, 수수소, 전화, 문자, 스테가노그라피(Steganography), SNS(Social Network Service) 등 다양한 수단을 활용하여 비밀연락을 취한다. 사실 스파이와 에이전트가 비밀리에 직접 접촉하는 인원회합 방식은 정확한 보고와 지시 등 효과적인 소통을 할 수 있을 뿐만 아니라, 에이전트들을 만나 배신 징후 등 특이한 점은 없는지 확인하고 필요시 에이전트 교육, 격려 등에도 효과적이라는 점에서 가장 좋은 연락 수단이라 할 수 있다.

하지만 직접 접촉은 비접촉 연락 수단에 비해서 상대적으로 노출 위험성이 높기 때문에 스파이들은 가능하면 직접 접촉을 최소화하려고 한다. 특히 인원 회합은 스파이의 안전을 위해 미행 여부 등을 감시하기 위한 별도의 인력 투입 등과 같은 추가적인 보안조치들이 필요한 경우가 있기 때문에 시간과 자금이 더 소요되기도 한다. 만약 에이전트가 배신했을 경우에는 정보기관 요원까지 상대의 함정에 빠질 수도 있기 때문에 직접 접촉은 꼭 필요하거나 불가피한 경우에 한해 보안 원칙을 철저히 준수하며 실시하고 그 빈도도 조절한다.

비밀연락 기술은 역사적으로 오래전부터 있어 왔는데, 고대 그리스의 밀레토스(Miletus)의 통치자 히스티아이오스(Histiaeus)는 노예의 머리카락을 밀어 버리고 메시지를 머리에 문신으로 새긴 후 메시지가 보이지 않을 만큼 머리카락이 자라면 그를 목표지역에 파견하는 방법으로 비밀연락을 취했다고 한다.

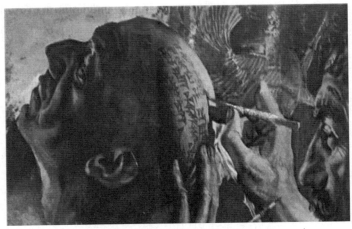

노예 머리 문신을 활용한 비밀연락 (출처:tattoolife.com)

또한 고대 그리스 스파르타는 전쟁 시 비밀연락 수단으로 '스키테일' (Skytale)[20]이라는 일종의 암호 도구를 사용하였으며, 로마 장군 카이사르(Caesar)는 전쟁에서 동맹군과 소통을 위해 알파벳 치환 방식의 '카이사르 암호'(Caesar cipher)[21]체계를 만들어 사용했다고 전해진다. 이와 같이 비밀통신의 중요성은 이미 역사적으로 증명되어 왔다고 할 수 있다.

---

20) 일정 너비의 양피지 리본을 원통에 겹치지 않게 감아 세로로 통신문을 적은 후 리본을 풀면 무슨 내용인 지 알 수 없고, 같은 모양과 굵기의 약정된 원통에 다시 감아야 내용을 확인할 수 있도록 하는 연락 방법
21) 암호화하고자 하는 내용을 알파벳별로 일정한 거리만큼 밀어서 다른 알파벳으로 치환하는 암호 방식

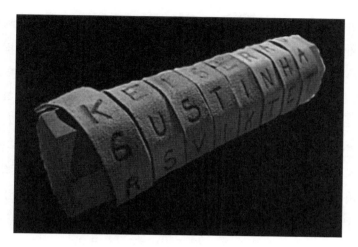

스키테일 (출처: Wikipedia)

　역사적으로 두 차례에 걸친 세계대전에서 독일 암호해독에 성공한 것이 전쟁 판도를 바꾸는 중요한 계기가 된 것처럼 비밀 암호체계와 해독 기술은 전쟁 승패를 좌우할 만큼 큰 위력을 발휘해 왔다. 근대 시기에 암호와 함께 사용된 비밀연락 수단 가운데 하나가 '마이크로 닷(Micro Dot)'이라는 비밀연락 기술이다. 이 기술은 사진이나 문서를 최소 100 거듭제곱 대 1의 비율로 축소하는 수법으로, 1800년대 중반에 처음 등장하여 1900년대에 이르러 거의 예술의 경지에 올랐다. 2차 세계대전 시기 독일은 각종 비밀통신문을 문장 끝에 찍는 마침표인 점 크기로 작게 줄여서 손가락이나 발톱 아래에 숨겨서 요원들에게 보낸 후 고성능 현미경 등으로 이를 해독하는 연락방식을 적극 활용했다.

　스파이들의 고전적 비밀연락 수단으로 사용되었던 또 다른 하나는 비밀서법(Secret Writing)이다. 비밀서법은 열이나 화학약품 처리 등을 통해 글씨가 드러나는 특수 잉크를 사용하거나 특수 코팅된 종이 등을 이용하는 것이다. 비밀서법은 암호와 같이 메시지 의미를 숨기는 것이 아니라 실제 메시지 자체를 숨기는 기법으로, 메시지를 받은 스파이가 메시지 확인을 위해 열이나 화학적 조치를 취해야 한다. 과거 아랍인으로 위장한 북한 직파 간첩으로 국내 침투하여 대학교수로 활동하다 체포된 '무하마드 깐수'(본명: 정수일)가 이러한 비밀서법을 활용해 북한에 보고문을 보낸 것으로 알려졌다. '마이크로 닷'이나 '비밀서법'과 같은 비밀연락 수단들은 현재는 스파이들이 거의 사용하지 않는 기술이 되었다.

스파이들이 활용하는 비대면 비밀연락 수단 가운데 가장 대표적이고 전통적인 것이 '무인포스트'이다. '무인포스트'는 '드보크(Dvoke)'라고도 불리는 '비밀 매설지'를 말하는데, 특정 장소에 서신이나 장비, 무기, 자금 등을 숨겨 놓으면 나중에 이를 찾아가는 수법이다. 드보크는 참나무를 의미하는 러시아어 '두프'(дубок)에서 파생된 단어인데 냉전 시대에 스파이들이 자주 사용했던 비밀연락 방식이다. 과거에는 산속이나 인적이 드문 특정 장소 등을 드보크로 많이 이용했으나, 시대가 변화하면서 터미널이나 기차역과 같은 공공장소에 있는 물품보관함 등이 무인포스트로 이용되기도 한다.

스파이 세계에서 스파이와 에이전트가 직접 접촉하지 않고 상호 약정된 비밀 장소를 활용해 정보나 자료 등을 넘기는 방법을 '데드 드롭'(Dead Drop)이라고 한다. 예를 들면 에이전트가 자신이 입수한 정보를 담은 SD 카드를 비닐 등에 싸서 미리 약정된 장소, 예를 들어 약정된 공원 내 특정 장소에 은닉하고 가면 스파이가 이를 회수해 가는 방식이다.

숨기는 장소는 큰 나무의 구멍 속처럼 자연물을 이용하거나, 건물 내 특정 장소 혹은 공원과 같은 야외 특정 장소나 시설물 내부, 도서관의 특정 서적, 구멍을 낸 벽돌이나 돌 등 다양한 장소와 물건을 활용할 수 있다. 과거 CIA는 동물의 사체를 은닉처로 사용하기도 했는데, 죽은 비둘기와 쥐를 많이 이용했다고 한다. 동물 사체의 내장을 파내서 처리하고 가슴이나 배 부분 안에 공간을 만들었으며, 일부 동물은 냉동 건조되거나 통조림 통에 진공 포장되어 부패에 따른 악취 문제 등을 해결하기도 했는데, 스파이 장비, 돈, 문서 등을 알루미늄 포일로 포장한 후 동물 배 속에 넣고 꿰맨 후 자연스럽게 도로변에 놓아두는 방식이었다. 어떤 경우는 동물로부터 새어 나온 고무로 만든 가짜 내장까지 만들기도 했다고 한다.

'Dead Drop'에 사용된 벽돌 (출처: reddit.com)

'Dead Drop' 활용 시 숨기는 장소를 정할 때는 비나 바람과 같은 날씨에 숨기는 물건이 훼손될 가능성은 없는지, 다른 사람들 눈에 쉽게 띄지는 않는지, 은닉물에 접근할 때 다른 사람들로부터 의심받지 않고 자연스럽게 보이는 장소인지, 찾기가 너무 어려운 곳은 아닌지 등을 고려해서 정하게 된다. 러시아 KGB 스파이였던 미국 FBI 요원 로버트 핸슨(Robert Hanssen)은 버지니아주에 있는 공원 안에 'Dead Drop' 장소를 정하고 러시아에 정보를 제공해 오다 결국은 정보를 숨기고 나오는 현장에서 체포되었는데, 'Dead Drop' 장소에 숨겨진 자료들이 확실한 물증이 되었다.

이처럼 'Dead Drop'은 비대면 연락으로 노출 위험을 줄여주는 장점은 있으나, 은닉 장소가 노출될 경우에는 스파이도 함께 노출되고 물증까지 남기게 되는 단점이 있다.

오늘날에는 이와 같은 고전적 방식이 아니라 디지털 기술의 발달로 'Digital Dead Drop'을 활용할 수 있게 되었다. 예를 들어 스파이가 속이 빈 돌과 같은 자연물 속에 디지털 장치를 숨겨 넣은 후 그 돌을 공원 같은 곳에 자연스럽게 갖다 놓으면, 에이전트가 그 옆을 지나면서 휴대폰 전송 버튼을 눌러 블루투스를 통해서 수 미터의 가까운 거리에 있는 그 돌까지 정보를 무선으로 전송시키는 것이다. 그러면 돌 속에 있는 디지털 장치가 그 정보를 받아 업로드를 마친 뒤 완료 메시지를 전송하거나 새로운 지시를 보내게 되고, 다음날 정보기관 요원이 공원 산책을 가장하여 자연스럽게 돌 앞을 지나가면서 돌에 저장되어 있는 에이전트가 보낸 데이터를 휴대폰으로 받고 새로운 임무와 지시를 하달하는 방식이다. 공원을 거닐면서 휴대폰 전송 버튼을 누르기만 하면 만나지 않고 비밀 통신이 은밀히 이루어지는 시스템이라 상대 방첩기관에서 이를 알아채기는 쉽지 않다.

최근에는 더욱 발전해 사이버 시대에 맞게 오프라인(Off-line)이 아닌 온라인(On-line)상에서 사이버 드보크(Cyber Dvoke)를 만들어 통신하는 수준에 이르렀다. 사이버 드보크는 전자우편 아이디(ID)와 비밀번호를 공유해 지령을 교신하는 방식으로, 스파이들은 만일에 대비해 자국 운영 이메일 계정보다는 추적이 어려운 외국 이메일 계정을 개설하여 이를 사이버 드보크로 활용한다. 최근 국내에서 적발된 간첩 사건에서 북한 공작기관 요원과의 비밀교신에 외국 이메일 계정을 활용한 사이버 드보크가 이용된 것으로 확인되기도 했다.

현대 스파이들이 가장 많이 사용하는 비밀통신 수단들 중 하나는 바로 '스테가노그라피'(Steganography)이다. 이는 데이터 은폐 기술의 일종으로, 기밀정보를 이미지(jpg), 오디오(mp3), 비디오(mp4), 텍스트(txt) 등 이른바 '커버'(Cover)라 부르는 다른 미디어에 숨겨서 전송하는 암호화 기법이다. 스파이가 작성한 문서를 사진이나 동영상, 음성 등 다른 파일에 숨기는 방식으로, 겉으로 보기에는 평범한 사진이나 동영상 등을 주고 받는 것으로 위장하는 것이다. 전통적인 암호(cryptography) 송수신 방식이 통신 내용을 확인할 수 없게 하는 수단인데 반해, 스테가노그라피는 비밀 메시지 내용을 숨기는 것은 물론 비밀 메시지 전송 사실 자체를 알지 못하게 하는 것이다. 9.11 테러 주범 오사마 빈 라덴이 테러를 준비하며 알카에다 조직원들과 비밀통신을 할 때 '스테가노그라피'를 활용했던 것으로 알려져 있다.

　2010년 미국에서 체포된 러시아 여자 스파이 안나 채프만(Anna Chapman)은 러시아 해외정보부(SVR)가 제공해 준 노트북에 설치된 특별한 프로그램으로 비밀통신을 했다. 채프만이 카페 등에서 창문에 앉아 노트북 운영 체계인 윈도우에 설치된 무선 네트워크를 켜기만 하면 되는 방식이었는데, 이것은 과거 마이크로소프트(Microsoft)에서 계획했던 시스템이었다. 한집에 사는 두 사람이 각자 다른 방에서 같은 게임을 하고 싶어 한다고 가정할 때 인터넷을 활용하는 것이 아니라 인트라넷을 만드는 것인데, 인터넷 개발 이전에 나온 기술로 무선 기능을 이용해 두 사람 사이에 인트라넷을 만드는 것이다.

　인터넷을 켤 필요가 없이 채프만이 그 기능만 켜면 카페 주차장이나 가까운 곳에 있는 러시아 요원의 차량과 무선으로 동기화가 되는 것이었는데, 직접 접촉할 필요 없이 컴퓨터를 열고 파일만 활성화하면 되는 것이었다. 그녀가 링크의 폴더로 드래그 한 폴더는 자동으로 암호화되어 역시 암호화 된 무선통신을 통해 차량으로 보내지는데, 사실상 탐지가 불가능하고 탐지하더라도 암호화되어 있어 해독이 쉽지 않았다. 공교롭게도 그녀가 백화점에서 이 프로그램을 이용해 정보를 보내면서 노트북을 들고 통신이 되었는지 확인하는 이상한 모습이 포착되었는데 이것이 비밀통신 추적 단서가 되기도 했다.

오늘날 스파이들의 비밀연락 수단은 DNA 한 가닥을 조작해 메시지를 담는 일이 가능해졌을 만큼 고도화되었고, 소셜미디어 등의 발전으로 기밀 메시지 송수신 방법이 무궁무진해지고 있다. 디지털 게임을 이용해 은밀한 대화를 주고받는 것이 손쉽게 가능할 뿐만 아니라, 해커, 마약상, 테러 조직 등이 활용하는 토어(Tor)와 같은 익명성이 보장된 네트워크를 통해 소통하기도 한다. 테러조직 ISIS는 2016년 파리 테러 당시 토어와 소셜미디어로 소통하며 비밀리에 테러를 계획한 것으로 확인되기도 했다.

도청에서 생체인식 기술까지

스파이들에게 있어 목표로 하는 상대방의 행동이나 속마음 등을 알아내기 위한 가장 좋은 방법은 몰래 엿듣는 것이다. 테킨트 수단 중 역사적으로 가장 오래된 수단은 음성정보 수집 즉, 도청이라고 할 수 있다. 이는 감청 도구 또는 도청기로 알려진 전자기기를 이용해 목표인물의 대화 내용을 비밀리에 듣는 것이다. 이를 위해 스파이 조직들은 항상 그 시대의 최첨단 기술에 의존해 정보수집과 감시 활동을 수행해 왔다.

정보기관 등에서 도청기를 일반적으로 사용하기 시작한 것은 2차 세계대전 이후인 1950년대부터 1960년대 시기라고 할 수 있는데, 보통은 소형 라디오 송신기와 배터리로 작동하는 마이크를 이용하는 방식으로, 송신기가 작아서 다양한 종류의 물건들에 몰래 은닉하는 형태였다. 1차 세계대전 당시에는 거대한 마이크를 활용해 수 킬로미터 밖의 비행기 소리를 수집하는 가장 초보적인 도청 수준이었으나, 도청 기술의 발달로 현재는 도청장치 없이 멀리 있는 건물을 도청할 수 있는 레이저 스파이 장비가 개발되는 수준에 도달했다. 방 바깥으로 나있는 유리창에 적외선 광선을 정확히 조준해서 쏘기만 하면 400미터 정도 떨어진 건물 방안의 음성 진동을 모두 수집할 수 있는 첨단 장비이다.

도청만큼이나 오랜 역사를 갖고 중요한 정보수집 수단으로 인식되고 있는 것이 바로 사진이나 영상과 같은 시각정보 수집 활동이다. 위성이나 드론 등을 활용한 사진, 동영상 촬영 등의 영상정보 수집은 현재 가장 중요한 최고의 테킨트 수단이다. 1960년대부터 미국과 러시아 간 위성 발사 전쟁이 시작되면서 위성을 활용한 하늘에서의 정보수집 활동이 본격화되었다. 위성을 통해 입수되는 사진 정보는 특히 군사 분야에서 매우 중요한 역할을 해 왔지만 앞으로는 테킨트 정보활동에서 드론이 위성의 단점을 보완하고 대체해 나갈 것이 확실하다. 드론은 40-42시간 비행이 가능한 데다 한 곳에서 정지 비행을 할 수 있는 공중감시 장비로, 원하는 곳으로 어디든지 보낼 수 있는 동시에 인간 조종사의 목숨을 걸 필요가 없는 전술적 상황에서 가장 이상적인 공중감시 장비이기 때문이다.

현재 다양한 형태와 크기의 드론이 개발 중에 있는데 미국의 '고르곤 스테어 시스템'(Gorgon Stare System)은 최고의 공중감시 장비 중 하나로 미화 약 1,500만 달러에 달하는 군용 장비이다. 테러공격 예방 등에 사용되며 지상 영상의 특정 부분을 확대함과 동시에 나머지 부분도 계속적으로 촬영을 진행할 수 있고, 화질 또한 아이폰보다도 150배나 강력한 화소를 자랑할 만큼 우수하다. 미국 '국방첨단과학기술연구소'(Defence Advanced Research Project Agency)는 새끼손가락 손톱만 한 크기의 드론까지 개발했는데, 이 장비는 이동형 정보수집 기기로

TV 카메라를 설치할 수 있고 방으로 날려 보내거나 창턱에 내려 앉힐 수도 있을 만큼의 소형 장비이다.

드론은 아니지만 2023년 2월 중국의 정찰용 무인 풍선(Spy Balloon) 기구가 미국 상공에서 발견되어 격추되면서 이슈가 된 바 있는데, 풍선에는 통신 수집 위치 파악용 다중 안테나와 태양관 전지판 등이 탑재된 것으로 확인되었다. 이처럼 정보기관들은 정보 환경에 맞춰서 다양하고 새로운 테킨트 기술을 지속 개발 중인데 스파이 풍선으로 불리는 기구도 그중 하나로, 국경 지역이나 분쟁 지역으로 보내져 마약 밀수업자나 불법 이민자 등을 색출하기 위한 감시 장비로 활용되고 있다. 앞으로 드론은 더욱 정교하고 소형화되어 엄청난 위력을 가진 테킨트 수집 장비로서뿐만 아니라 공격용 무기로서도 지속 발전할 것이 명확해 보인다.

드론 외에도 인공지능과 데이터 마이닝 등의 최신 기술도 스파이 활동에 활발하게 응용되고 있다. 특히 중국은 이러한 응용 기술이 적용된 감시활동 기술장비를 활용해 국민 전체를 대상으로 상세 정보를 수집하는 국가로서, 감시기술을 이용해 국민 개개인에 대한 사회 신용점수 시스템을 구축하고 있다. 한 개인이 어떤 사람이고 누구를 만나며, 특정 사안에 대해 어떤 의견을 갖고 있고, 블로그에는 무슨 내용을 올리며, 무엇을 검색하는지, 무엇을 좋아하고 싫어하는지 등을 파악해 신용 점수화해서 차별화하는 것이다. 이는 마치 조지 오웰(George Orwell)의 소설 〈1984〉에 나오는 통제사회를 연상케 한다.

오늘날 개인에 대한 신상 정보를 포함한 디지털 기기 내 모든 정보는 테킨트 수단에 의해 은밀하게 수집될 수 있다. 우리가 어느 특정 국가에 여행을 가서 공항으로 입국하게 될 때, 만약 그 국가의 정보기관이 공항 내 라운지 등에 1-2개의 소형 통신기지국을 설치를 했다고 가정해 보자. 공항에 입국해 휴대폰을 켜는 순간 가장 가까운 주기지국과 연결되는 것이 아니라 정보기관이 통제하는 공항 내 소형 기지국과 먼저 연결된 후에 주 기지국과 연결되기 때문에 중간에서 소형 기지국이 우리의 휴대폰 속 모든 자료를 다운로드하거나 바이러스 등을 심을 수도 있다는 것이다. 이러한 수집 시도를 여행객은 절대로 알아차릴 수가 없는데, 이를 '중간자 공격기술'이라고 한다. 그만큼 휴대폰이 갖고 있는 잠재적 위험성이 크다는 것이다.

사실 오늘날 휴대폰이나 컴퓨터와 같이 과학문명의 발전으로 누리는 문명 이기들이 우리 생활의 모든 정보를 기록하는 추적 장치가 되고 있다고 해도 과언이 아닌데, 실질적으로 모두가 이런 추적 장치를 들고 다니는 사회에 살고 있다고 할 수 있다.

과거에 없던 전혀 새로운 기술도 스파이 활동에 도입되고 있는데 바로 생체인식 기술이다. 이는 개인의 신체 특성 등을 자동으로 측정하는 기술로, 얼굴 인식 소프트웨어 등을 활용할 경우 앞으로 위장술이나 신분 세탁 등과 같은 첩보활동 수단을 무력화시킬 수 있는 뛰어난 방첩기술이 될 수 있다. 따라서 앞으로 이러한 과학기술의 발달은 첩보활동과 방첩활동 즉, 침투해서 뺏어오려는 활동과 이를 막으려는 활동 모두에 적용될 수밖에 없는데, 과연 어느 쪽에 더 유리하게 작용할지 궁금해지는 부분이기도 하다.

스파이 고래의 출현

오늘날과 같이 통신 수단이 발달하기 전에는 평시에는 물론 전쟁 중 전령으로 비둘기와 같은 동물들이 활용되었다는 것은 익히 알려진 사실이다. 하지만 과학기술이 발달한 오늘날에도 정보활동을 위해 여전히 동물이 이용되고 있다는 사실을 알려준 사건이 있었다.

2019년 4월 노르웨이 북부 함메르페스트(Hammerfest) 인근 해안에서 한 어부가 특이한 수컷 벨루가(Beluga) 고래를 포획했는데, 고래의 몸통에 카메라가 장착된 벨트가 채워져 있었다. 그런데 고래가 찬 벨트에서 러시아 도시 페테르부르크를 의미하는 'Equipment St.Petersburg'라는 글귀가 확인되면서 러시아가 해양 정찰을 위해 고래를 스파이로 이용하려 한 것이라는 의혹이 강력하게 제기되었다.

스파이 고래 '흐발디미르' (출처: todayinscience.com)

특히 고래가 발견된 지역에서 멀지 않은 곳이 바로 러시아 해군 기지가 있는 무르만스크(Murmansk) 항구였기 때문에 그런 의혹은 더욱 탄력을 받을 수밖에 없었다. 고래 조련사도 포획된 벨루가 고래가 손동작에 반응하는 것으로 보아 사전에 훈련을 받은 것 같다고 평가하기도 했다.

하지만 러시아 국방부는 벨트에 적혀있는 'St.Petersburg' 글자를 근거로 러시아를 의심하는 것에 대해 '스파이 활동을 하면서 전화를 달라는 메시지와 함께 전화번호를 남기는 것과 같은데, 어떤 스파이가 그런 바보 같은 증거를 남기겠는가'라며 부인하면서도 고래가 러시아 해군 기지로부터 탈출했을 가능성에 대해서는 부인하지 않았다. 고래 출처가 러시아임은 인정하되 스파이 활동을 한 것은 아니라는 기조의 대응이었다.

당시 고래의 출처도 관심의 대상이었지만 포획된 고래 이름을 짓는 것이 대중들에게 많은 주목을 받았다. 노르웨이의 한 언론이 포획된 벨루가 고래의 이름을 짓기 위해 대중들을 대상으로 투표를 했는데, 노르웨이어로 고래를 뜻하는 '흐발'(hval)과 러시아 대통령 '블라디미르 푸틴'(Vladimir Putin)의 합성어인 '흐발디미르'(Hvaldimir)가 1위를 차지해 그 고래의 이름이 되었다. 당시 투표 결과에서는 고래를 발견한 어부의 이름 'Joar'가 2위를 차지했고, 스파이를 상징하는 '제임스 본드'에서 유래한 'Agent James Beluga'가 3위를 했다. 현재 흐발디미르(Hvaldimir)는 자유로운 몸이 되어 북유럽 해안에서 생활하고 있는 것으로 알려져 있다.

■ 감시자를 속여라

정보기관 스파이들은 정보수집 등 임무 수행을 위해 수시로 해외출장을 가게 된다. 공작원이나 협조자 등 에이전트를 해외에 파견하기도 하지만 직접 출장하는 경우도 많다. 상대국 정보기관의 방첩활동에 포착되지 않고 은밀하게 임무를 마치고 복귀해야 하기 때문에 비행기가 이륙하는 순간부터 한시도 긴장을 늦출 수 없으며, 해외에서의 임무 수행에 따른 압박감이나 스트레스는 일반인들이 생각하는 것 이상이다. 임무 완수에 대한 부담감도 있지만 현지에서 활동하다 스파이 혐의로 체포되는 최악의 상황이 언제든 발생할 수 있기 때문에 그에 따른 불안감에서 오는 스트레스라 할 수 있다.

정보기관 요원이 해외에서 활동하다 노출되어 체포되는 원인으로 여러 가지가 있겠지만, 언제 어떤 상황이 벌어질지 모른다는 점에서 스파이들의 해외 정보활동은 교도소 담장 위를 걷는 것에 비유될 만큼 위험이 수반되는 활동이다. 그래서 스파이들은 해외에서 정보활동을 하면서 상대국 정보기관의 방첩활동에 걸리지 않기 위해서 많은 시간과 돈, 노력을 투입한다.

영화에서 스파이들이 자신의 이름과 다른 가명여권을 가지고 사용하는 모습들이 많이 나오는데 이것도 결국은 자신을 노출하지 않기 위한 수단이다. 실제 정보기관 요원들은 정보활동 수행을 위해 해외로 갈 때 가명 여권을 사용하는 경우가 많이 있지만 영화에서처럼 여러 개의 다른 국가 여권을 만들어 사용하는 경우는 현실적으로 어려우며, 가명 여권을 스파이들이 개인적으로 보관하는 경우도 규정상 불가능하다. 만약 국적 세탁을 하거나 불법적으로 현지인 명의를 빌려 실제 외국 여권을 만들 수는 있겠지만, 영화에서 처럼 스파이들이 여러 국가들의 여권을 소지하는 경우는 거의 없다.

각 국가의 정보기관마다 관련 규정이 다르겠지만, 보통 정보기관 요원들의 여권은 실명 여권이든 가명 여권이든 규정에 따라 평소에는 소속 기관에서 보관, 관리하고 해외에 나갈 때만 갖고 나가기 때문에 영화에서 처럼 개인이 여러 개의 가명 여권을 은행 비밀금고에 보관한다거나 사적으로 보관하면서 가지고 다니는 것은 현실과는 다르다. 이렇게 관리하는 것은 아마도 국가 기밀을 다루는 정보기관 요원이 불법행위를 하고 불시에 해외로 도주한다거나, 사적으로 무분별하게 해외를 출입하지 못하게 하기 위한 일종의 통제장치라고 볼 수 있다.

스파이가 다른 나라 여권을 사용하는 경우는 위조 여권이거나 스파이 활동을 위해 실제 그 나라 국적을 취득해서 정식 여권을 발급받은 경우라고 볼 수 있는데, 현실에서 스파이들이 정보활동을 위해 위조 여권을 사용하는 경우는 거의 없으며, 바로 발각될 수 있기 때문에 오히려 더 위험하다고 볼 수 있다.

그리고 스파이들이 스파이 활동을 위해 다른 나라 국적을 취득하는 경우는 많이 있다. 적대국이나 특정 국가에 침투하기 위한 수단으로 국적을 세탁하는 것인데, 지금도 돈만 내면 쉽게 국적을 취득할 수 있는 나라도 일부 있는 것으로 알려져 있다. 과거 북한 남파 간첩 정수일은 두 차례에 걸친 국적 세탁 과정을 통해 필리핀인 아버지와 레바논인 어머니 사이에서 태어난 '무하마드 깐수'라는 인물로 신분을 세탁한 후 국내에 입국하여 간첩 활동을 한 바 있다. 그리고 2010년 미국에서 체포된 러시아 블랙요원 간첩단들도 대부분 미국이나 제3 국적으로 신분을 세탁한 스파이들이었다. 이처럼 북한이나 러시아 같은 공산국가들은 여전히 스파이들을 침투시키기 위해 국가 차원에서 국적 세탁을 적극 활용하고 있다.

하지만 이제는 스파이들의 가명 여권을 통한 해외 입국도 지문인식 기술과 안면인식 기술 등의 발달로 상당한 제약이 따른다. 가명 여권으로 특정 국가에 입국할 경우 지문 등이 등록되기 때문에 나중에 지문을 바꾸지 않는 한 실명이나 다른 가명으로는 입국하기가 어렵게 되었다. 만약 정보기관 요원이 정보활동을 위해 지문이나 안면인식 시스템이 구축된 국가에 가명여권으로 입국했다면 그는 더 이상 당시 사용한 가명 외 다른 이름으로는 그 국가에 입국할 수 없게 된다. 이처럼 생체인식 기술의 발달은 스파이의 침투를 막아야 하는 방첩활동에 크게 기여하는 반면, 정보수집이나 공작활동을 위해 신분을 속이고 수시로 해외에 드나들어야 하는 정보요원들에게는 더욱 어려운 정보활동 환경이 조성되고 있다는 의미가 된다.

정보기관 요원들이 해외에서 미션을 수행할 때 한 명의 요원이 단독으로 출장하는 경우도 있지만 복수의 인원으로 출장팀이 구성되는 경우도 많다. 임무의 중요도와 출장 국가의 방첩환경 등에 따라 정보수집 등 본 임무를 수행하는 요원과 대상국 방첩기관의 미행 등 감시 여부를 점검하기 위한 안전 지원 요원이 동행하기도 하는데, 각자 임무에 맞춰 시차를 두고 출장하고 현지에서 상호 접촉 없이 각자 맡은 임무를 수행하고 복귀한다. 지원 임무를 수행하는 요원들은 본 임무 수행 요원들에 대한 현지 방첩기관의 미행 등 특이 징후는 없는지 은밀하게 점검하고, 미행이 확인될 경우 이를 본 임무 수행요원들에게 알려 일체의 정보활동 중단 등 비상상황에 대비할 수 있도록 하는데 본 임무를 수행하는 요원들만큼 매우 중요한 역할을 한다.

이처럼 각국 정보기관들은 자국의 정보활동이 상대국 방첩기관에 노출되지 않기 위해 그리고 자국 내에서 상대국의 정보활동을 차단하기 위해 서로 간에 피 말리는 머리싸움을 하고 있다.

방첩기관의 방첩활동에 있어 주요 체크포인트 중 하나는 호텔과 같은 숙박업소들이다. 스파이를 포함한 외국인들이 입국하면 체류하는 곳이 호텔이기 때문에 투숙객들에 대한 정보수집은 기본이다. 우리가 해외 호텔에 투숙하면 체크인 할 때 프런트 데스크에서 여권을 복사하거나 여권 정보를 컴퓨터에 입력하는데 이는 언제든 현지 방첩기관의 기본 정보로 활용될 수 있다. 특히 중국, 러시아 등과 같은 공산권 국가의 호텔들은 투숙객 정보를 자국 정보기관에 거의 100% 제공한다고 봐야 한다.

그래서 스파이들은 해외 출장 시 가능하면 같은 호텔이라도 현지 국가 자본의 호텔보다는 다른 외국계 호텔에 투숙하는 방법을 선호한다. 왜냐하면 외국계 호텔은 소유주가 외국인이라 상대적으로 현지 국가 자본의 호텔보다는 그 나라 방첩기관에 대한 협조도가 아무래도 약할 수밖에 없기 때문이다. 만약 방첩기관에서 스파이 의심 인물을 감시하기 위해 호텔 객실에 도청 장치나 카메라를 설치하려 한다고 가정할 때 상대적으로 외국계 호텔보다 자국의 호텔로부터 협조받기가 더 용이할 수밖에 없다. 외국계 호텔에 이런 협조 요청을 하기는 쉽지 않고 협조를 해주지 않을 가능성이 매우 높기 때문에 스파이들은 위험을 조금이라도 줄이는 차원에서 호텔을 선정하는 데에도 항상 신경을 쓸 수밖에 없다.

또한 호텔 예약에 있어서도 스파이 본인 명의로 예약하기보다는 가능하면 현지인 명의로 예약하는 방법이 우선시된다. 이는 스파이 명의로 호텔을 예약하면 대상국 방첩기관에 입국 사실을 미리 알려주게 되는 상황이 될 수 있고, 예약한 호텔에 감시 장비 등을 설치하거나 준비할 수 있는 환경을 호텔이 제공해 줄 수 있기 때문에 설령 나중에 투숙 사실을 알게 되더라도 미리 노출시킬 필요는 없는 것이다. 스파이는 자신의 동선을 최대한 드러내지 않아야 하고 상대국 방첩기관이 예측할 수 없도록 움직여야 한다.

방첩회피 기술의 하나로 스파이 영화에 자주 나오는 장면이지만 호텔 객실에 들어가서는 반드시 도청장치 설치 여부를 점검하며, 객실이나 사무실과 같은 실내에서 대화를 할 때는 도청을 방해하기 위해 TV 볼륨을 높인 후 대화하는 것이 기본이다. 또한 외출 시에는 외부인의 침입 여부를 확인하기 위해 머리카락을 객실 내 특정 지점에 놓고 변화 여부를 확인하거나, 특정 물건의 위치나 상태 변화를 확인하는 방법 등을 사용한다. 설령 현지 방첩기관이 도청 장비나 카메라를 설치하지 않더라도 요원이 객실에 몰래 들어와 소지품 등을 뒤질 가능성도 있기 때문에 짐 가방이나 서류 가방을 본인만 알 정도로 미세하게 열어 놓고 복귀 후 변화 여부를 통해 가방을 열어 본 흔적을 확인하는 방법 등을 사용하기도 한다.

스파이들은 택시를 탈 때도 방첩기관이 감시하고 있다는 전제하에 예측이 가능한 방식으로 택시를 타지 않는다. 예를 들면 호텔을 나와 택시를 탈 때 호텔 입구에 대기 중인 택시는 가급적 타지 않는데, 방첩기관과 연계된 택시일 수 있다는 위험성 때문에 일정 거리 다른 곳으로 이동해 타든지 의도적으로 1-2대의 택시를 보내고 뒤에 있는 택시를 타는 방법 등으로 위험을 줄이기 위한 감시회피 활동을 한다.

또한 스파이들은 해외에서 정보활동을 할 때 위장한 신분에 맞게 활동하는 것이 매우 중요하다. 비즈니스맨으로 위장했다면 실제로 시장조사도 하고, 가능하면 그 국가의 바이어나 사업가와도 면담할 수 있는 여건을 사전에 만드는 등 위장신분에 맞게 행동해야 현지 방첩기관으로부터 의심을 받지 않게 된다. 스파이들의 해외 활동에서 방첩기관의 감시를 회피하기 위한 가장 중요한 요소 중 하나이다.

정보기관 요원들은 자국의 방첩기관 요원들로부터 어떤 방식으로 스파이들을 감시하고 추적하는지 교육과 실습을 통해 배우기도 한다. 방첩기관이 어떤 기법으로 방첩활동을 하는지 알아야 그에 대비한 회피 활동을 할 수 있기 때문이다. 축구 경기에서 수비를 뚫기 위해서는 어떤 전략이나 전술로 수비를 펼치는지 알아야 수비에 막히지 않고 공격하여 골을 넣을 수 있는 방법을 찾을 수 있는 것과 같다고 할 수 있다.

■ 미모는 나의 무기, 미인계와 미남계

스파이들은 정보를 수집하기 위해 온갖 수단을 동원하는데 이런 수단들 가운데 가장 오랜 역사를 가진 것이 미인계(Honey Trap)라고 할 수 있다. 역사적으로 이미 오래전부터 전쟁 승리를 위해 미인계를 활용했던 사례들이 많은데 스파이 역사와 함께 해 왔다고 해도 과언이 아니다. 스파이 세계에서 미인계는 정보기관이 정보를 얻거나 특정 인물에게 함정을 놓고 평판에 타격을 주기 위해 자주 사용되는 수법이다.

스파이 세계에서 미인계의 상징으로 가장 먼저 떠올리게 되는 인물은 1차 세계대전 당시 스파이로 활약했던 마타하리(Mata Hari)라고 할 수 있다. 그녀는 네덜란드 출신의 고급 매춘부로, 본명이 마르하레타 젤러(Margaretha Geertruida Zelle)이다. 그런데 사실 마타하리는 외부에 알려진 명성만큼이나 그렇게 비중 있는 스파이 활동을 하지는 않았다.

프랑스 사교계에서 고위층들과 친분이 있고 인기가 있었던 마타하리에게 독일이 먼저 접근해 그녀를 스파이로 포섭했다. 하지만 프랑스가 이를 알아차리고 그녀를 역으로 이용하려 했지만, 이 또한 독일에게 포착되면서 그녀는 독일과 프랑스 양국으로부터 버림받은 비운의 스파이였다고 할 수 있다.

마타하리는 독일이 제공한 역정보를 프랑스에 흘리다 결국 프랑스에 잡혀 처형되었는데, 두 나라가 그녀를 서로 상대국 스파이로 인식하게 되면서 스파이로서의 가치를 상실하고 말았다. 이처럼 스파이로서 마타하리라는 여성이 다소 과대평가가 되고 있는 것은 아마도 스파이가 되기 전부터 그녀가 댄서로서 유명세를 많이 탄 것이 어느 정도는 영향을 미친 것으로 보인다.

사실 미인계를 활용한 공작은 대외적으로 드러나는 경우가 그렇게 많지 않은데, 이는 상대국의 미인계에 걸린 사실조차 모르는 경우도 있을 것이고 알게 되더라도 약점이 잡혀서 철저하게 숨길 수밖에 없기 때문인데, 실제 외부에 알려지지 않은 사례들은 훨씬 많다고 볼 수 있다.

냉전 시기에 중국과 프랑스 간에 아주 특이한 미인계 스파이 사건이 있었다. 중국 베이징 주재 프랑스 대사관에서 회계사로 근무하던 베르나르 부르시코(Bernard Boursicot)는 1964년 베이징에서 작가이자 경극 배우인 스 페이 푸(Shi Pei Pu)라는 중국 여성을 만나서 사랑에 빠지게 되었다. 이에 중국 정보기관에서 이를 포착하고 베르나르에게 프랑스 기밀정보를 주지 않으면 폭로하겠다고 협박해 그를 포섭하는 데 성공했고, 1969년-1979년간 500건 이상의 비밀자료 등을 그로부터 제공받았다.

하지만 1983년 베르나르의 간첩 활동이 프랑스 정보당국에 포착되어 체포되었는데, 놀라운 사실은 '푸'가 여자가 아니라 남자였다는 것이다.

그가 여장 남자였다는 사실이 알려지면서 양성애자였던 베르나르가 '푸'가 남자였음을 알고 만났는지는 확인되지 않았다. '푸'는 가짜 자식까지 만들어 베르나르의 자식인 양 속이면서 결혼 생활과 스파이 활동을 병행했던 것으로 드러났다.

21세기 들어서도 종종 미인계를 활용한 스파이 사건이 발생하고 있는데 대표적인 사례가 러시아 스파이 마리아 부티나(Maria Butina) 사건이다. 2018년 러시아의 마리아 부티나라는 여성이 미국의 총기협회(NRA)와 공화당 인사들에게 접근하여 스파이 활동을 벌이다 체포된 바 있다. 그녀의 배후에는 러시아 유력 정치인이자 신흥 재벌이며, 푸틴 대통령의 최측근 인물로 중앙은행 부총재를 역임한 알렉산드르 토르신(Aleksandr Torshin)이 있었는데, 부티나는 토르신의 특별보좌관 출신이었다.

부티나는 자신을 '총기 소유권 지지자', '러시아 출신 사냥꾼'이라고 소개하면서 '전미 총기협회' 사람들과 친밀한 관계를 유지하고 발전시키는데 주력했다. 그녀는 협회 인맥을 통해서 공화당 등 보수 쪽 정계 인사들을 소개받아 성관계를 갖는 등으로 친분을 구축했다. 그녀는 은밀히 활동하는 것이 아니라 대놓고 성적으로 어필하는 사진을 올리는 등 노골적으로 성을 무기로 한 섹스피오나지(Sexpionage)[22]를 전개했다.

그녀는 학생 비자로 10년 간 미국을 오가며 수집한 정보를 암호화된 사생활 보호 앱(App)을 통해서 수시로 러시아에 전송한 것으로 확인되었다. FBI의 방첩수사로 체포된 그녀는 러시아의 미등록 해외요원 즉, 블랙요원으로 활동했다는 혐의를 인정하는 조건으로 단지 18개월의 실형 선고를 받고 복역 후 러시아로 추방되었다. 그녀는 러시아로 복귀한

---

22) Sex(性)와 Espionage(첩보 활동) 합성어

후 2021년 러시아 하원의원(두마)에 당선되어 스파이에서 정치인으로 변신하기도 했다.

정보기관이 정적이나 공인을 매장시키거나 망신을 주기 위해 비밀리에 확보하거나 때로는 조작해서 만들기도 하는 협박용 자료를 '콤프로마트' (Kompromat)라고 하는데, 러시아는 이런 콤프로마트를 활용한 비밀 공작의 대가이다.

2009년 러시아 주재 영국 영사관 부영사 제임스 허드슨(James Hudson)은 러시아가 쳐 놓은 미인계 덫에 걸려 희생된 대표 사례 중 한 명이다. 러시아 정보기관이 허드슨 부영사가 두 명의 매춘부와 성행위를 하는 장면을 호텔 방에 설치한 몰래카메라로 촬영한 것이다. 러시아는 이를 매개로 그에게 스파이 활동을 요구하며 협박했지만 실패하자 결국 지역 신문 웹사이트에 영상을 올려 그를 사임하게 만들었다.

2009년 비슷한 사례가 또 있었다. 루마니아의 웹 사이트에 짧은 영상 하나가 올라왔는데, 다름 아닌 몰도바 주재 루마니아 영사가 영사관 여직원과 잠자리를 하는 영상이었다. 결국 이 영상이 콤프로마트가 되어 루마니아 영사는 본국으로 송환되고 정치인으로서 야망이 있었지만 매장되고 말았다.

이와 같은 콤프로마트로 인한 피해를 방지하기 위해서만이 아니라 스파이의 노출을 차단하기 위해 스파이들은 보통 해외출장을 가서 현지 호텔 투숙 시 객실 내 상대 정보기관이 비밀리 설치해 놓은 몰래카메라나 도청장치가 있는지 반드시 점검을 한다. 정보기관이 호텔 협조를 받아 공작 장비들을 설치한 특정 방에 배정하도록 조치할 가능성이 얼마든지 있기 때문이다.

스파이 세계에서 미인계만 있는 것이 아니라 미남계도 있다. 냉전 시기에 동독 정보기관이었던 슈타지 산하 대외정찰총국의 마르쿠스 볼프

(Markus Johannes Wolf) 국장은 섹스를 스파이 활동에 가장 성공적으로 활용한 최고 전문가로 평가받고 있다. 그는 동독의 젊은 남자 요원들을 활용해 서방 국가 대사관 등에 근무하는 여비서 등을 유혹하여 고급 첩보를 입수하는 일명 '로미오 스파이'(Romeo Spy)들을 성공적으로 양성하고 활용한 인물이다.

그는 1970년 나토 등 정부 기구에서 근무하는 여비서들이 출입하는 클럽 등에 슈타지 소속 미남 요원들을 투입하여 미남계 작전으로 40명이 넘는 여성들을 포섭하였다. 서독 정부기관에서 일하던 여성 중 한 명은 결혼도 하지 않고 남자도 없이 공허한 생활을 하고 있었는데, 이를 포착한 동독 요원이 접근해 그녀가 사랑에 빠지게 만든 후 서독의 고급 정보를 빼냈다. 그들은 여성이 동독 요원에게 먼저 접근하도록 유인한 후 점점 깊은 관계로 발전시키는 전략을 구사했는데, 나중에 여성에게 자신이 스파이임을 밝히는 대신 동독이나 소련이 아닌 캐나다 등 서방 국가의 스파이로 속여 상대 여성의 죄책감을 약화시키는 수법을 사용했다. 또한 그들은 성직자인 신부로 위장한 동독 요원의 주례로 결혼식까지 올리는 등 조직적으로 속이면서 정보를 빼내 갔다.

가브리엘레 클림(Gabriele Kliem)이라는 여성은 서독 주재 미국 대사관에 근무하는 비서였다. 그녀는 대사관 기밀서류에 대한 접근권을 가지고 있어 동독의 좋은 먹잇감이 되었는데, 프랭크 디첼(Frank Dietzel)이라는 동독 슈타지 요원이 그녀에게 접근해 사랑에 빠지도록 만들었다. 그 후 디첼 요원은 자신이 정보를 입수하지 못하면 본국으로 송환된다고 속이면서 그녀에게 정보 제공을 요구하였고, 이에 사랑을 잃을까 두려워한 그녀는 대사관 내 비밀자료 등을 그에게 제공하고 말았다. 1991년 가브리엘레의 간첩 행위는 결국 발각되고 말았는데, 그녀가 공산권에 넘긴 자료가 1,500건이 넘었던 것으로 확인되었다. 그녀는 지금까지도 자신이 동독이 아닌 서방 국가의 스파이에게 자료를 제공한 것으로 알고 있다고 한다.

스파이 세계에서 미인계나 미남계가 스파이들의 목적을 달성하기 위한 수단으로 얼마나 효과가 있는지는 굳이 언급할 필요가 없다. 스파이들의 정보활동에서 섹스는 부가적인 요소가 아닌 기본적인 요소라고 할 수 있을 만큼 비중이 크다. 〈제임스 본드〉 영화에 항상 본드 걸(Bond Girl)이 매번 나오는 것도 이와 무관하지 않다고 할 수 있다. 섹스와 스파이의 관계는 섹스와 연인 관계만큼 끈끈하다.

지난 2018년 스파이들의 섹스피오나지(Sexpionage)를 소재로 한 〈레드 스패로〉(Red Sparrow)라는 스파이 영화가 소개된 바 있는데, 전직 CIA 요원 출신인 제이슨 매튜(Jason Matthews)가 쓴 같은 제목의 원작 소설을 영화로 만든 것이다. 이 영화는 러시아 정보기관 SVR 산하의 요원 훈련소인 '제4 국립학교'에서 양성하는 '레드 스패로'로 불리는 요원들의 스파이 활동에 관한 내용으로, '레드 스패로'는 육체적, 정신적 극한 상태에서도 섹스와 심리 등을 이용해 목표인물을 포섭하여 조종할 수 있도록 전문 훈련을 받은 젊은 남녀 스파이들을 부르는 말이다.

정보기관 간부인 삼촌의 주선으로 '레드 스패로'에 차출된 전직 발레리나 여성이 극한 훈련을 견디고 최고의 요원으로 태어나 러시아 정보기관 내부에 있는 CIA 첩자를 찾아내기 위해 미국과의 스파이 전쟁에 뛰어들지만, CIA 요원을 유혹하다 사랑에 빠지고 결국 삼촌과 러시아에 복수하는 내용의 스파이 영화이다. 러시아 정보기관의 미인계 공작과 스파이 양성 방법, 정보기관의 공작 기법 등이 매우 사실적으로 그려졌는데, 스파이 영화로서는 완성도와 흥미를 모두 잡은 영화로 평가받았다.

■ 스파이들이 노출되는 여러 이유들

스파이들이 정보활동을 통해 목표로 하는 정보수집이나 특정 임무를 매번 영화 속 제임스 본드처럼 수행해 낼 수는 없다. 임무 자체의 난이도가 높아 달성하지 못하는 경우도 있지만, 정보활동을 수행하는 과정에서 스파이가 노출되거나 임무와 관련한 보안 등이 누설되면서 정보활동 실패로 이어지는 경우도 많다. 스파이들이 가장 두려워하는 것은 신분이 노출되는 것인데, 이는 스파이로서의 수명이 끝나는 결과를 초래하기 때문이다.

스파이들이 노출되는 경로는 다양한데 그중 첫 손에 꼽을 수 있는 것은 바로 자국 정보기관 요원으로 상대국에 포섭된 이중스파이에 의한 노출인데, 이러한 스파이들을 '두더지'(Mole)라고 한다. 이들 두더지들은 자국 정보기관 내부 정보를 빼내 상대국에 전달하는데 특히, 자국 정보기관이 운영 중인 스파이 관련 정보를 입수하여 제보하는 경우가 많았고, 이로 인해 상대국 정보기관에 근무하거나 해외에서 활동하는 자국 스파이들이 노출되어 일망타진되는 사례가 빈번했다. 특히, 과거 냉전 시기에 미국과 소련은 상대국 정보기관 내부에 많은 이중스파이들을 운영하고 있었는데, 이들 중 상당수는 상대국 스파이로 활동하던 자국 정보기관 내 두더지에게 포착되어 노출되는 경우가 많았으며 정보기관에게는 엄청난 타격과 충격을 주었다.

스파이들이 노출되는 또 다른 경로는 정보활동에 투입된 에이전트의 배신으로 인해 정보기관 요원이 위험에 빠지는 경우이다. 정보기관 요원이 이들의 배신 사실을 모르고 해외에서 접선을 추진하다 현지 국가의 방첩 기관에 체포되는 사고가 발생하기도 한다. 특히, 에이전트가 외국 국적자인 경우에는 이러한 배신 가능성이 항상 존재하기 때문에 정보기관은 이들을 활용하는 동안 지속적으로 교육도 하고 검증하지만, 배신 사실을 사전에 알아채기는 쉽지 않기 때문에 큰 사고로 이어지는 경우들이 있다.

에이전트들의 배신 사유는 금전 문제일 수도 있고 외국 국적의 에이전트가 자국 정보기관으로부터 의심받고 있다는 사실을 알고 스스로 미리 자백하거나 또는 그들에게 약점이 잡혀 어쩔 수 없이 노출하게 되는 경우 등 다양하다. 또한 에이전트들이 정보활동과는 무관하게 밀수나 마약 등과 같은 다른 불법행위 등에 연루되어 경찰 등의 감시를 받는 과정에서 그가 정보기관과 연루된 정황 등이 드러나는 경우도 있는데, 만약 그가 외국 국적의 에이전트라면 정보기관 요원이 이를 모르고 접촉하다가 위험에 빠지기도 한다.

스파이가 노출되는 또 하나의 사유는 해외에서의 정보활동 과정에서 보안활동 원칙을 무시하거나 실수를 저지르는 등 미숙한 정보활동으로 인해 상대국 방첩기관에 노출되는 경우이다. 이는 정보기관 요원뿐만 아니라 에이전트들에게도 똑같이 해당되는데 그들도 보안활동 원칙을 철저히 준수해야 한다는 것이다. 그래서 정보기관 요원들은 그들의 에이전트들에 대해서도 활동 요령은 물론 보안 교육을 지속적으로 실시한다. 상대 국가의 방첩기관으로부터 의심을 받아 타깃이 되는 순간 실질적으로 그 국가에서의 스파이 활동은 더 이상은 불가능해지기 때문이다.

스파이들이 해외에서 활동할 때 확실한 미행 점검은 물론 도감청에 대비한 대응책 이행, 증거물이 될 만한 문건이나 서류 등 휴대 금지, 위장 신분에 맞는 완벽한 위장활동 수행 등의 보안 대책을 철저히 마련하고 이행해야 하는 이유이다. 자칫 순간의 방심으로 상대국 방첩기관에 의심받거나 노출되면 그 국가에서의 스파이 활동이 제약받거나 완전 불가능해지고 경우에 따라서는 정보기관 요원과 에이전트 모두 스파이 혐의로 체포되는 최악의 상황을 초래하기 때문에 그만큼 중요한 것이 스파이들에게는 신분보안이다.

그 외 정보기관 요원과 에이전트 간의 불화로 인한 보안노출 사건이 발생하기도 하는데 정보기관에서는 가끔씩 일어나는 사례 중 하나이다. 불화의 원인이 금전 문제일 수도 있고, 업무와 관련한 정보기관 요원과 에이전트 간의 의견 대립 혹은 갈등, 또는 에이전트 해고에 대한 불만 등 여러 원인이 있다. 어떤 에이전트들은 국가기관인 정보기관이 언론 등 외부로 잡음이 새어 나가는 것을 매우 꺼려한다는 점을 악용해 돈을 요구하며 정보활동 관련 보안 내용을 폭로하겠다고 협박하는 경우도 있다. 그래서 정보기관 요원들 사이에서는 '좋은 에이전트를 만나는 것도 정보기관 요원 개인의 복'이라는 말을 하기도 한다.

대한민국에서는 이와는 전혀 색다른 형태로 스파이가 외부에 노출된 사례들도 있었다. 1998년 당시 대한민국 정보기관이었던 국가안전기획부(약칭 안기부, 현 국가정보원)의 대북공작 부서 공작원으로 '흑금성'이라는 암호명으로 활동했던 박채서라는 인물이 정보기관 내부 첩보보고서가 외부 정치인에게 유출되면서 언론에까지 공개된 적이 있었는데, 정보기관에서 있어서는 안 될 일이 발생한 것이다. 코드네임 '흑금성'으로 알려진 박채서는 대북첩보 수집 임무를 수행한 국군정보사 출신의 안기부 에이전트였다.

1997년 15대 대통령 선거 과정에서 안기부에 의해 벌어진 이른바 북풍사건23)을 수사하는 과정에서 내부 간부에 의해 대북부서의 첩보보고서가 외부에 유출되어 언론을 통해 보도되었고, 보고서를 통해 첩보 내용은 물론 첩보 출처가 공작원 '흑금성'이라는 사실이 알려지면서 공작원이 유명세를 타게 되었다.

---

23) 1997년 대한민국 정보기관 안기부가 대통령 선거에 영향을 미치기 위해 북한과 김대중 후보의 연계 의혹을 폭로한 사건

정보기관의 정치개입 사건으로 인해 의도하지 않게 공작원이 노출되는 사건이었는데, '정보기관에 의해 이렇게 에이전트의 신상이 노출된다면 과연 누가 국가를 위해 정보기관 에이전트로 정보활동을 수행하려고 하겠는가'라는 비판이 나올 수밖에 없었고, 이로 인해 정보기관의 대북 휴민트 활동에도 상당한 타격을 입었다.

　　공작원 '흑금성'과 관련한 내용은 국내에서 2018년 〈공작〉이라는 제목의 스파이 영화로 만들어져 소개되기도 했는데, 대한민국 정보기관 안기부의 이른바 대통령 선거 개입을 위한 북풍사건과 그에 휘말린 대북 공작원 흑금성을 소재로 만든 실화 바탕의 픽션 영화였다. 그런데 흑금성 노출 사건으로 북한 공작기관 요원이 외부에 노출되는 계기가 되기도 했는데 바로 '리호남'이라는 인물이다. 영화 〈공작〉에서는 무역업자로 위장한 안기부 공작원의 북측 파트너인 대외경제위원회 처장 '리명운'으로 등장하는데, 실제 리호남은 중국에 파견되어 대북사업이나 대북접촉을 추진하는 국내 인사들의 대북접촉 통로 역할을 하면서 남측에 역정보를 흘리는 등의 대남공작 활동을 수행했는데, 대한민국 정보기관에도 너무나 잘 알려진 북한 공작기관 요원이다.

　　이뿐 아니라 정보기관이 성과 홍보를 위해 요원을 언론에 노출시키는 일도 있었다. 2007년 7월 경기도 성남 소재 분당 샘물교회 교인들이 해외 선교 활동을 갔다가 아프가니스탄 탈레반 세력에 의해 교인과 현지 인솔자 등 총 23명이 인질로 피랍되는 사건이 발생했다. 피랍자 가운데 목사 등 2명이 피살되는 등 국가적으로 엄청나게 이슈가 되었던 사건이었는데, 국가정보원이 탈레반과의 협상을 통해서 몸값을 주고 인질들을 국내로 무사히 송환해 왔다. 그런데 당시 김만복 국가정보원장이 함께 현지에 출장했던 국정원 직원을 대동하고 언론에 모습을 드러냈는데 그 직원이 얼굴을 가리기 위해 선글라스를 착용하고 나와 일명 '선글라스

맨'으로 불리며 화제가 되었다.

국정원에서 신분을 대외적으로 공개할 수 있는 직원은 원장을 비롯한 정무직 간부들뿐이며, 일반 직원들은 신분을 외부에 노출할 수 없다. 그런 측면에서 당시 직원들 사이에서는 개인이나 조직의 성과 홍보를 위해서 정보기관 직원을 대외 노출시키는 것은 바람직하지 않다는 많은 비판이 일기도 했다.

■ 프로답지 못한 스파이들의 황당한 실수

대한민국 스파이들의 아마추어 같은 정보활동이 노출되어 언론 등의 비판을 받은 사건이 있었다. 2011년 2월 미상의 국내인들이 방한한 인도네시아 대통령 특사단이 묵던 호텔 방에 들어가 대표단 컴퓨터 내부 자료를 수집하려다 발각된 것이다. 청와대 예방을 위해 호텔 방을 나섰던 대표단 중 한 명이 두고 온 물건을 가지러 객실로 갑자기 되돌아오면서 노출되고 말았다.

당시 인도네시아 특사단은 한국산 고등훈련기 T-50 수입 문제를 논의하기 위해 방한했던 것인데, 문제는 이들의 발각 과정과 이후 대처 방법이 정보기관의 소행이라고 판단하기에는 매우 허술했다는 것이다. 좀도둑들조차도 도둑질을 할 때 역할 분담을 해서 누가 오는지 망을 보는데 전혀 그런 비상조치가 없었고, 대표단원이 객실로 되돌아오면서 발각되자 객실에서 도망 나와 숨어 있다가 신고를 받은 호텔 직원에게 또다시 노출되면서 노트북을 돌려주고 가버린 것이다.

그들이 대한민국 정보기관의 훈련받은 요원들이라고 추정하기에는 너무나도 어이없는 모습이었다. 사건 당사자로 의심받았던 국가정보원이 정보기관의 속성상 어떠한 확인도 해주지 않으면서 사건은 종결되고 말았는데, 만약 정보기관이 실행한 작전이라고 한다면 아마도 해외가 아닌

내 집 앞마당에서 수행하는 정보활동이라는 데서 오는 방심의 결과로 밖에는 달리 실패 원인을 찾을 수가 없었다.

스파이들은 정보활동을 수행하기 전 항상 비상 상황에 대비해 최소한 플랜 B, 플랜 C까지 만들고 철저하게 준비를 해야 함에도 불구하고 국내에서 실행하는 공작이라고 가볍게 생각하고 준비를 소홀하게 했던 것이다. 사실 어느 국가 정보기관이든 모두 성공적인 정보활동만 하는 것은 아니며 외부에는 알려지지 않았지만 많은 실패와 웃지 못할 사연들이 있다.

2018년 4월 해외정보부(SVR), 연방보안부(FSB)와 함께 러시아 3대 정보기관으로 꼽히는 군 정보기관 정보총국(GRU) 소속 요원들인 알렉세이 모레네츠(Aleksei Morenets)와 예브게니 세레브리아코프(Evgenii Serebriakov), 올레그 소트니코프(Oleg Sotnikov), 알렉세이 미닌(Alexey Minin) 등 4명이 네덜란드 헤이그에서 화학무기금지기구인 OPCW(The Organization For The Prohibition of Chemical Weapons)를 대상으로 사이버 해킹 공작을 추진하다가 네덜란드 방첩기관(Dutch Security Service)의 감시에 걸려 추방당하는 사건이 있었다.

이들 요원들은 가명으로 된 일반 여권이 아니라 실명으로 된 외교관 여권을 소지하고 입국하는 등 당당하게 신분을 노출하는 행태를 보이면서 보통의 스파이들과는 다르게 움직였다. 이들은 'Close Access Hack'이라 불리는 해킹 기법으로 화학무기금지기구 본부 건물에 대한 사이버 공격을 시도하려고 했으며, 본부 공격 이후에는 곧바로 스위스에 있는 화학무기금지기구 산하의 연구소를 대상으로 2차 해킹 공격을 실행하려고 했던 것으로 확인되었다.

네덜란드 방첩기관은 그들을 체포하면서 노트북을 비롯해 러시아 택시 영수증, 스위스행 기차표 등을 압수했다. 택시 영수증은 러시아 정보총국 건물이 위치한 곳에서 모스크바 셰레메티에보(Sheremetyevo International Airport) 공항까지 탑승하고 받은 영수증이었는데, 이는 이들이 정보총국 소속 요원들임을 말해주는 증빙 자료가 되었다. 또한 스위스행 열차표는 스위스 Spiez에 있는 화학무기금지기구 산하 연구소에 대한 사이버 공격을 실행하기 위해 미리 예약한 것임을 말해주는 증거였다.

이들이 화학무기금지기구에 대한 사이버 공격을 기도한 이유는 그들에게서 압수한 노트북에 저장된 자료를 통해 확인할 수 있었다. 당시 화학무기금지기구는 러시아 정보총국이 영국 스파이로 활동하다 망명한 전직 요원을 암살하려 한 사건과 관련해 조사를 진행하고 있었다. 망명한 요원은 러시아 정보총국 출신 세르게이 스크리팔(Sergei Skripal)로, 영국을 위한 이중스파이로 활동하다 2004년 러시아에 발각되어 수감되었다가 2010년 미국과 러시아 간에 이루어진 스파이 교환으로 풀려나 영국으로 망명한 인물이다.

러시아가 2018년 정보총국 요원들을 영국에 보내 신경작용제 노비촉(Novichok)으로 스크리팔을 암살하려다 실패하고 영국의 민간 여성 한 명이 사망했는데, 화학무기금지기구에서 당시 사용되었던 노비촉 샘플에 대한 조사를 진행하고 있었던 것이다. 또한 러시아 지지를 등에 업은 시리아 정부가 반군과의 전투에서 화학무기를 사용한 정황에 대한 조사도 함께 진행하고 있었다. 화학무기금지기구에서 화학물질을 사용한 암살 시도 사건과 시리아의 금지 화학무기 사용 의혹과 관련한 러시아의 연관성을 조사 중이었다는 점에서 이를 방해하고 무력화하기 위해 사이버 공격을 시도하려고 한 것이었다.

특히, 체포된 스파이들은 이미 2016년 러시아 운동선수들의 도핑 금지약물 위반과 관련하여 출전 제한 등의 징계를 주장했던 국제올림픽위원회(IOC)와 소속 위원들을 대상으로 악성 멀웨어(Malware)로 공격한 사건에 관여했을 뿐만 아니라, 2014년 우크라이나와 러시아 국경 지역에서 격추된 말레이시아 항공 여객기(MH17) 사고를 조사하던 말레이시아 조사기관을 대상으로 한 사이버 공격에도 관여했던 인물들이었다.

이 같은 사실은 이들을 체포할 당시 각종 해킹 장비들과 함께 압수된 요원의 노트북에 저장된 관련 자료들을 통해 확인할 수 있었다. 이들은 정보총국 내 사이버전 담당 요원들이었는데 'APT 28'로도 알려진 「GRU's Unit 26165」 소속으로, 체포된 4명 중 2명은 사이버 전문가들이고 2명은 지원조였다. 이들은 자신들이 영국과 네덜란드 정보기관의 방첩활동에 포착된 지 조차 모르고 있다가 발각되어 추방되었다.

하지만 이들이 추방된 이후 이들을 추적하는 과정에서 우연히 확인된 내용이 많은 사람들을 놀라게 했는데, 러시아 최고 정보기관 중 하나인 정보총국이 과연 명성에 걸맞은 정보기관인지를 의심할 수밖에 없는 상황들이 벌어진 것이다.

이들 러시아 스파이들이 추방된 이후 '벨링캣'(Bellingcat)이라는 네덜란드 민간 조사기관이 이들을 추적하는 과정에서 일반인도 쉽게 접근할 수 있는 러시아 교통 관련 데이터 베이스(Russian traffic-records database) 프로그램에 들어가 추방된 4명의 스파이들 이름을 검색하여 그들의 여권과 기본 신상 관련 정보들을 확인할 수 있었다. 그런데 문제는 여기에서 확인된 스파이들의 주소지가 모두 동일한 주소지로 등재되어 있었는데 다름 아닌 정보총국 소재지 주소였던 것이다. 그래서 이 조사기관이 데이터베이스에 동일한 주소지로 등록된 차량들을 검색해 본 결과, 총 305명이나 되는 인물들이 검색되었고 이들은 27세에서 53세 범위의 다양한 연령대였는데 모두 정보총국 요원들이었다.

신분보안을 유지해야 할 정보기관 요원들이 일반인들도 접근할 수 있는 공개적인 교통 정보 관련 데이터베이스에 왜 이렇게 등록되어 있었던 것일까? 그 이유는 단지 정보기관 소재지로 주소를 등록해 놓음으로써 음주운전이나 교통법규 위반 등 범법 행위를 하더라도 경찰이 차량 검색을 통해 정보기관 직원 차량임을 알 수 있도록 하여 단속을 받지 않도록 하려는 매우 단순한 목적이었던 것이다. 쉽게 말해 권력기관 직원 신분을 이용해 교통단속으로부터 자유로워지기 위한 것이었다.

냉전 시기 서방 국가들을 대상으로 눈부신 스파이 활동을 벌여 명성을 쌓은 러시아의 대표 정보기관이 이 정도 수준인가라는 비난과 함께 조롱이 쏟아졌다. 일각에서는 러시아가 의도적으로 역공작을 한 것일 수도 있다는 의견도 있었지만 그렇지는 않은 것으로 보였다.

이들 러시아 요원 추방 사건에서 스파이 활동의 기본 원칙에서 벗어난 그들의 행동은 또 하나 있는데 바로 러시아 택시 영수증이다. 스파이들이 해외 활동을 할 때는 체포나 불시 조사 등에 대비해 신분을 유추하거나 증명할 수 있는 문건이나 물품 등을 절대 소지해서는 안된다는 원칙이 있는데 이를 어긴 것이다. 그들이 택시 영수증을 갖고 있었던 사유는 확인되지 않았으나, 만약 정보총국 내부적으로 교통비 정산을 위한 증빙자료로 보관했던 것이라면 그것은 더 큰 문제이다. 보안이 최우선 되어야 할 정보활동에서 직원의 출장경비 처리와 관련한 행정 절차를 지키기 위해서 보안의 기본 원칙을 위배해야 한다면 더 큰 사고로 이어질 수 있기 때문이다.

또한 러시아 정보총국 요원들처럼 해외에서 특수 임무를 수행하는 스파이들이 실명으로 된 외교관 여권을 가지고 출국하는 경우도 전혀 상식적이지 않은 것이다. 비밀공작 활동이라는 것이 누가 했는지 몰라야 하고, 최악의 경우 실패한다고 해도 국가 차원에서는 전혀 모르는 것으로 해야 하기 때문에 실명 외교관 여권을 사용하는 것은 정보활동의 기본 원칙에 맞지 않다. 그들이 작전실패로 인한 피포 등 문제가 되더라도 처벌을 피하기 위해 외교관 여권을 사용한 것이라면 임무 수행보다는 신변 안전을 우선시했다는 것인데, 이는 중요한 임무가 아니어서 실패해도 상관없다는 인식하에 작전에 임한 것으로 볼 수밖에 없다. 만약 그런 것이 아니라면 스파이 활동을 수행하는 데 있어 주목의 대상이 되고 감시를 유발하는 외교관 여권의 위험성을 전혀 고려하지 않은 이해하기 힘든 활동 행태라고 할 수 있다. 러시아 정보기관이 어떤 자신감에서 이렇게 대담하게 활동을 했는지는 여전히 미스터리다.

이처럼 프로다워야 할 스파이들이 아마추어 같은 활동으로 웃음거리가 되는 경우가 비단 이러한 사례들 외에도 많이 있을 것이지만 대외적으로 드러나지 않을 뿐이다.

제5장

스파이 활동의 꽃,
비밀공작

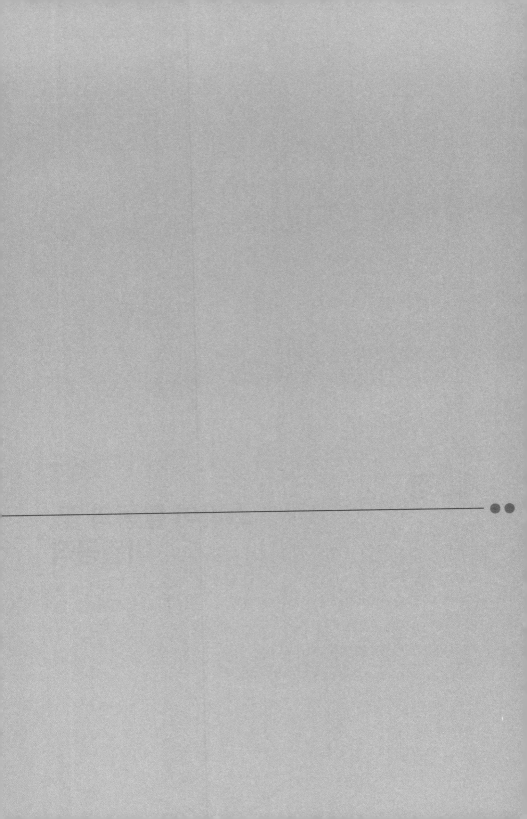

제5장 ──────────────── 스파이 활동의 꽃, 비밀공작

■ 정보기관의 시그니처, 비밀공작

일반적으로 정보기관에서 근무하는 직원들은 정보관(Intelligence Officer)이라는 이름으로 가장 많이 불린다. 하지만 정보기관 요원들도 조직 내에서 어떤 업무를 담당하느냐에 따라 불리는 호칭이 다양한데, 담당 업무의 성격에 따라 정보관 외에도 공작관, 방첩관, 분석관, 물색관 등과 같이 직무와 관련한 다양한 호칭들이 사용되고 있다. 이들 중 가장 비밀스럽고 제임스 본드와 같은 스파이 신분으로 비밀 첩보활동을 수행하는 요원들이 바로 공작관이다. 정보기관에서는 공작 부서에 근무하면서 공작 업무를 수행하는 요원을 공작관 또는 C/O(Case Officer)라고 부른다.

사실 '공작'이라는 용어는 일반인들에게 그렇게 좋은 느낌을 주는 단어는 아니다. 이는 아마도 오래전부터 '공작'하면 선거 낙선공작, 모략공작, 정치공작 등과 같이 비밀리에 불법적이고 정당하지 못한 방법으로 특정 대상을 모략하거나 음해하는 그런 음침하고 계획된 행위라는 이미지가 먼저 떠오르기 때문일 것이다.

하지만 스파이 세계에서의 공작(Operation)은 국가의 이익이나 안보와 직결된 특정한 임무를 달성하기 위해 정보기관이 비밀리에 수행하는 비공식 활동을 말한다. 국가의 정상적인 외교 경로를 통해서 그 목적을 달성하기 어렵고, 그렇다고 군사적 수단을 동원해서 해결하기에는 전쟁 유발 우려 등의 위험성으로 인해 실행할 수 없는 사안에 대해 정보기관이 국가의 개입을 숨기고 비밀리에 수행하는 특수활동을 일컫는다. 예를 들어 만약 고급 정보를 가지고 중국으로 탈북한 북한 장교가 중국에 은신해 있는데 대한민국으로의 귀순을 희망하고 있다고 가정해 보자. 현실적으로 우리가 중국에 외교적으로 요청해 탈북 장교를 인도주의적으로 데려오는 것은 중국과 북한 관계 등을 고려할 때 사실상 쉽지 않다. 그렇다고 군사작전을 통해 데려올 수도 없기 때문에 결국 유일한 방법으로 비밀리에 호송공작을 통해 몰래 데려올 수밖에 없는데 이러한 정보기관의 비밀활동이 바로 공작이다.

공작은 '국가정보활동의 꽃'으로 불릴 만큼 정보기관만이 할 수 있는 활동이다. 공작은 가장 기본적이라고 할 수 있는 정보수집 임무를 수행하기 위해 실행하기도 하지만, 국가의 특수 목적을 달성하기 위해 영향력을 행사하는 비밀활동에서부터 자국의 이익에 부합하기 위해 암살과 같은 극단적인 수단을 동원하는 비밀활동까지도 포함한다. 공작은 당연히 상대 국가에서 모르게 추진해야 하며, 이를 추진하는 공작기관 내부에서조차도 반드시 알 필요가 있는 소수 인원 외에는 추진 사실 자체를 몰라야 한다. 왜냐하면 공작의 생명은 보안이기 때문이다.

공작의 가장 큰 특징은 비밀성과 비합법성이라고 할 수 있다. 공작은 추진하는 사실 자체도 비밀이어야 하고 공작을 추진하는 공작관과 승인, 결재, 지원 등을 위해 공작에 관여하게 되는 소수 인원만 인지해야 할 정도로 철저히 비밀리에 진행되어야 한다. 그리고 공작은 추진하는 과정에서 비합법적 수단이 동원될 수도 있는데, 문서나 서류를 위조하는 것에서부터 암살에 이르기까지 다양한 불법행위가 동원될 수도 있는 것이 공작이다. 공작은 성공하면 문제가 되지 않지만 자칫 실패할 경우 국가 개입이 드러나면서 국가들 간에 외교적 문제가 발생하고 전쟁까지도 일어날 수 있다. 그래서 공작은 철저한 위장 활동을 통해 설령 상대국에 노출된다고 하더라도 국가적으로는 '그럴싸한 부인'(Plausible Deniability)을 할 수 있어야 한다.

미국 배우 톰 크루즈(Tom Cruise) 주연 스파이 영화 〈미션 임파서블〉

(Mission Impossible)에는 항상 영화 초입부에 다양한 방법으로 임무를 하달하는 장면이 나온다. 녹음테이프 등을 통해 임무가 전달되고 몇 초 내 테이프는 타서 없어지는데, 임무를 설명하고 항상 마지막에는 "작전이 실패해 요원이 잡히거나 죽더라도 정부는 당신들의 존재를 부인할 것이다"라는 언급이 나온다. 이것이 바로 작전 실패 시 국가 개입을 부인하겠다는 내용이라 할 수 있다. 또한 공작은 목표 달성을 위해 불법적이고 비법적인 수단이 동원될 수도 있는 정보활동이기 때문에 실패 시 요원이 외교적 추방에서부터 간첩죄 혹은 반역죄 같은 중대한 범죄 혐의로 상대국에 의해 사법처리까지 될 수 있는 등 위험을 감수해야 한다.

정보기관이 추진하는 공작은 보통 네 가지로 분류된다. 첩보수집을 목적으로 하는 수집공작은 정보기관에서 추진하는 공작 중 가장 많은 비율을 차지하는 공작이다. 일반적으로 특정 정보를 수집하기 위해서 추진하는 경우도 있지만 어떤 특정 분야나 대상에 국한하지 않고 대상 목표와 관련한 다양하고 폭넓은 정보수집을 목적으로 추진하는 경우가 더 많다. 북한의 미사일이나 핵과 같은 특정 목표에 대한 정보수집을 위해 공작을 추진할 수도 있지만, 북한이라는 기본 목표를 대상으로 한 폭넓은 정보수집 공작을 추진하는 경우가 많다는 말이다.

다음은 고첩공작으로, 대상 국가에 잠복해 있는 고정간첩을 의미하는 고첩을 통해 첩보 수집이나 특정 임무를 수행하는 공작인데, 장기간에 걸쳐 추진되는 경우가 많으며 고첩의 기본 임무가 대부분은 정보수집이라는 점에서 수집공작과 성격이 겹치는 부분이 있다. 고첩공작은 공작원이 외부에서 접근하기 어려운 국가나 지역에 잠복해 있는 경우 공작관과 공작원 간의 대면 접촉이 수년에서부터 10년 넘게까지 이루어지지 않는 경우도 있다. 북한과 같은 경우에는 내부에 고첩 공작원이 있다고 해도 해외로 자유롭게 나올 수 없는 환경이다 보니 공작관과의 접선 자체가 어려울 수밖에 없어 공작 추진이 원활히 이루어지기가 쉽지 않다. 그래서 공작관과 공작원 간의 연락선 구축이 매우 중요한 요소가 되는데, 위성전화, 인터넷 등 통신 수단이 아무리 발달했다고 해도 실질적으로 북한의 방첩활동을 피해 상호 원활하게 연락을 한다는 것은 현실적으로 제약이 많기 때문에 북한을 대상으로 한 고첩공작은 장기간의 인내를 요구하는 공작이라고 할 수 있다.

다음은 역용공작인데, 대상 국가의 공작기관 요원을 포섭, 역이용해 첩보를 수집하거나 간첩망을 색출하는 공작으로 와해공작으로도 불린다. 이중스파이를 활용한 공작이라는 점에서 리스크가 상대적으로 크지만 성공적으로 공작이 운영될 경우 기대되는 성과가 매우 크다.

마지막으로 특수공작은 공작관 등이 위장신분으로 특정 지역에 파견되어 첩보 수집과 함께 특정 임무를 수행하거나 위장업체를 설립, 운영하면서 임무를 수행하는 공작으로, 공작 중에서 가장 난이도가 높은 공작이다. 위장신분을 바탕으로 공작관이 직접 일선에서 공작활동을 수행하는 경우가 많다는 점이 일반 공작과는 차별된다. 이렇게 신분을 위장하여 정보활동을 수행하는 공작관을 블랙(Black)요원, 또는 흑색요원이라고 부르는데 대한민국 정보기관에서는 과거에 '까마귀'라는 별칭으로 불리기도 했다. 이는 외교관 신분으로 공식적으로 해외에서 활동하는 화이트(White)요원 즉, 백색요원으로 불리는 정보요원과 대비되는 명칭이다. 블랙요원은 말 그대로 신분보장이 되지 않고 공작 추진과정에서 발각될 경우 현지 국가의 법에 따라 간첩죄 등으로 처벌을 받을 수 있는 위험을 감수해야 한다. 이에 반해 백색요원은 외교관 신분이기 때문에 정보활동을 하다가 문제가 되더라도 치외법권에 따라 주재국 법에 따라 처벌을 받지 않고 PNG(Persona Non Grata) 즉, 외교적 기피인물로 추방되는 것으로 끝난다. 그래서 잘못될 경우 일반인과 똑같이 사법처리를 받게 되는 블랙요원은 말 그대로 목숨을 걸고 활동하는 것이다.

이러한 공작 분류는 사실 큰 의미는 없는데, 왜냐하면 수집공작이 아닌 다른 형태의 공작들도 첩보수집이 중요한 기본 임무이며, 역용공작의 경우에는 대다수가 고첩공작인 경우도 많은 등 임무나 공작의 특징으로 명확하게 구분 짓기가 어렵기 때문이다.

공작을 추진하는 수위는 국가마다 다르다고 할 수 있는데, 러시아나 북한 등과 같은 일부 국가에서는 정보기관에 의한 암살, 테러 등 다양한 형태의 비밀공작이 여전히 이루어지고 있다. 이에 반해 미국은 정보기관의 비밀 공작활동에 대해 의회와 대통령의 승인을 받아 시행하도록 하는 통제 장치가 마련되어 있으며, CIA를 비롯한 선진 정보기관의 경우에 자국민을 대상으로 하는 비밀 공작활동을 엄격히 제한하기도 한다. 하지만 많은 국가들이 자국의 이익 달성을 위해 비밀 공작활동을 지속적으로 수행하는 이유는 전쟁이나 군사작전과 같은 수단에 비해서 국가 목표와 이익을 달성하는 데 있어 훨씬 효율적이기 때문이다.

■ 공작관과 공작원, 위험한 동거

공작은 대통령 등 국가의 최종 정보사용자로부터 공작 임무가 하달되면 정보기관의 공작 부서에서 이를 수행할 담당 공작관을 정하고, 담당 공작관은 임무 수행을 위한 공작 추진계획을 수립하는 것으로 시작된다. 공작관은 공작계획에 따라서 공작목표를 분석하고, 분석 결과를 토대로 목표를 성공적으로 수행할 수 있는 최적의 에이전트 즉, 공작원을 물색하게 된다. 그리고 물색된 공작원 대상자가 공작에 참여토록 포섭한 후 교육하고 임무를 부여해서 목표 지역에 파견하게 되는데, 이것이 공작의 기본적인 흐름이다.

하지만 정보기관에서 수행하는 공작은 정보사용자에 의해 하달된 특정한 임무를 수행하기 위해 추진되는 경우도 있지만, 역으로 정보기관이 정보활동 과정에서 공작원이 먼저 물색되어 확보되면서 그가 보유한 능력과 접근 가능한 공작목표에 맞춰 실행 가능한 공작을 추진하는 경우가 오히려 더 많다. 그러나 공작이 추진되는 과정이 어떠하든 중요한 것은 공작목표를 얼마나 잘 달성하느냐는 것이다.

공작관이 공작 임무를 성공적으로 달성하기 위해서는 관련된 모든 요소들 중 어느 하나 중요하지 않은 것이 없지만 그래도 공작의 성패를 좌우하는 가장 중요한 요소는 얼마나 우수하고 신뢰할 수 있는 공작원을 물색해서 확보하느냐에 달려있다고 할 수 있다. 에이전트 물색 기준 즉, 우수한 에이전트의 기준은 공작목표에 대한 접근성이 얼마나 좋으냐는 것이다. 아무리 개인적으로 유능하고 성실하며 신뢰성이 뛰어나다고 해도 수행해야 하는 임무인 공작목표에 대한 접근성이 없다면 공작 추진이 사실상 쉽지 않기 때문이다.

예를 들어 공작목표가 러시아 푸틴 대통령의 건강과 관련한 정보수집이라고 할 때 푸틴 대통령의 건강을 담당하는 주치의 또는 그의 가족이나 주변 인물, 그리고 그의 건강 상태를 알 수 있는 측근 인사들에 직접 혹은 간접적으로 접근할 수 있는 여건을 보유한 인물이 최적의 에이전트 후보가 될 수 있다는 말이다.

에이전트를 운영하는 공작관은 오케스트라의 지휘자에 비유되기도 하는데, 공작임무 달성을 위해 공작을 운영하고 조율하며 에이전트 물색에서부터 포섭, 교육, 조종 등 공작의 모든 부분에 관여하고 책임지는 사람이기 때문이다. 공작을 운영하게 되면 공작관과 에이전트는 한 몸이 되어 움직여야 하는데, 공작이 실패하게 되면 사람의 목숨을 잃을 수도 있고 국가적으로도 피해가 불가피하기 때문에 공작관과 에이전트 간 팀워크는 공작실패 확률을 최소화하기 위한 전제조건이라고 할 수 있다.

하지만 공작이 장기적으로 운영되다 보면 공작관과 에이전트가 말 그대로 피를 나눈 형제처럼 친분이 깊어지는 경우가 많다. 문제는 이러한 굳건한 친분이 공작 운영에는 오히려 걸림돌이 될 수도 있는데, 에이전트에 대한 공작관의 과도한 신뢰로 인해서 공작관의 판단력이 흐려져 에이전트의 활동에 대한 검증자, 비판자로서의 역할이 무뎌지게 되는 것이다. 이 문제는 공작을 운영하는 과정에서 빈번히 발생하는 상황으로, 공작을 운영하는 공작관뿐만 아니라 첩보원이나 협조자를 운영하는 모든 스파이들이 가장 경계해야 하는 부분이다. 왜냐하면 이로 인해 단순히 공작실패로 끝날 수도 있지만 공작 구성원 피포와 같은 큰 공작사고로 이어질 수 있고 자칫 사람의 목숨까지도 위험해질 수 있기 때문이다.

공작관과 에이전트는 애증의 관계라는 말로도 표현할 수 있다. 공작 추진을 위해 에이전트는 공작관의 지시를 받고 손발이 되어 움직이는 관계이지만 말 그대로 목숨이 위험할 수도 있는 임무를 함께 수행하면서 동지 이상의 유대감을 갖고 서로를 아끼고 위하는 관계이기도 하다. 그러나 그 원인이 정보기관 소속인 공작관에 있든 아니면 에이전트에 있든 양측의 사이가 틀어져 서로를 비난하고 더 이상 공작 추진이 불가능한 상황이 발생하는 경우도 있다. 이러한 상황이 발생하게 되는 데에는 에이전트에 대한 지원 자금 등 금전적인 문제가 원인이 되기도 하고, 공작 운영과 관련한 의견 대립 등이 원인이 되는 경우도 있다.

결국 정보기관의 비밀공작이라는 것도 사람이 하는 일이다 보니 여러 가지 변수가 있을 수밖에 없다. 그래서 공작관과 공작원의 관계는 촌수가 없는 부부 사이에 비유할 수도 있는데, 목숨을 걸고 함께 임무를 수행하는 관계이기도 하지만 자칫 어긋나면 완전한 남남으로 갈라서는 그런 관계이기 때문이다.

정보기관의 에이전트는 자국민이 될 수도 있지만 적국 또는 우방국 등

제3 국적 외국인이 될 수도 있다. 그리고 그들의 성격이나 특성 또한 각양각색이기 때문에 에이전트를 통제하고 조종하는 일은 고난도 작업이라고 할 수 있다. 특히 에이전트가 내국인이 아니라 해외에 체류하는 외국 국적자인 경우 평시에는 정보기관의 통제 범위에서 벗어나 있기 때문에 언제 어떤 상황에서 문제가 발생할지 알 수 없다.

외국 국적 에이전트가 공작활동 과정에서 자국에 노출되거나 특정 이유로 인해 공작관을 배신하는 경우가 발생하기도 한다. 그리고 에이전트가 공작활동과는 무관한 불법 행위를 하다 문제가 되어 공작 추진이 불가능하게 되기도 하는데, 공작과 무관한 개인의 불법 행위로 인해 자국의 수사기관으로부터 주시나 감시를 받는 과정에서 공작활동이 노출되어 의도치 않게 공작관까지 위험에 빠뜨리는 경우도 발생한다.

무엇보다 에이전트마다 성격이나 성향이 달라 공작관의 통제나 지시에 잘 따르는 에이전트도 있지만 그렇지 않아 공작관이 애를 먹는 경우도 많다. 이러한 다양한 변수들을 잘 통제하고 관리해야 한다는 점 때문에 공작을 '스파이 활동의 종합예술'이라고 부르는 이유이기도 하다.

■ 가장 비밀스러운 스파이, 블랙요원

국가정보활동의 꽃이 공작활동이라면 공작활동의 꽃은 단연 특수공작이라 할 수 있다. 특수공작은 정보기관이 어떤 특별한 임무를 수행하기 위해서 시행하는 비밀공작의 한 유형이다. 무역회사나 여행사, 식당 등 임무 수행에 필요하고 적합한 위장업체를 운용하거나, 외부업체에 편승해 해외 지사원 등의 민간인 신분으로 위장해 임무를 수행하는 공작 등을 말한다. 특수임무 수행을 위해 단기간에 일회성으로 실행하는 특수공작도 있지만 보통은 장기적으로 추진하는 경우가 더 많다.

특수공작은 필요한 경우에는 위장업체를 설립해야 하는 등 많은 자금이 투입될 수도 있고, 무엇보다 최고의 보안이 요구되는 공작이기도 하다. 그리고 공작에 투입되는 요원의 위장신분이 완벽하게 뒷받침되지 않는다면 공작 추진 자체가 불가능하다. 이와 같이 특수공작은 비밀공작 활동의 종합세트라고 할 수 있다.

특수공작에 투입되는 정보기관 요원을 특수공작관 또는 흑색공작관, 블랙요원 등으로 부른다. 블랙요원은 외교관 신분인 백색요원과 달리 신변이 전혀 보장되지 않는 민간인 신분으로 위장하여 활동하기 때문에 노출 시 주재국 법에 따라 언제든 처벌받을 수 있다. 그래서 블랙요원이 투입되는 특수공작의 경우 요원의 위장신분이 완벽하게 유지되는 것이 가장 중요한데 그 이유는 임무 수행을 위한 것이기도 하지만 그에 앞서 블랙요원의 신변 안전과 직결되기 때문이다.

블랙요원이 해외에 파견되어 활동할 때 위장신분을 의심받지 않고 유지하는 것이 사실 쉬운 일이 아니다. 만약 대한민국 정보기관 블랙요원이 특수공작 수행을 위해 위장신분으로 해외에 나간다고 가정해 보자. 일반적으로 해외 교민사회라는 곳이 한 사람만 건너도 누가 어느 학교 출신이고, 고향이 어디이며, 어떤 성향의 사람인지 단시간에 파악이 가능할 만큼 좁다. 그래서 자칫 블랙요원이 어설프게 신분을 위장해서 나갔다가는 아마 몇 개월도 못 가서 정보기관 직원 신분이 노출되고 말 것이다. 특히 학연, 지연 등을 많이 따지는 한국인 사회에서 신분을 속이는 것은 결코 그리 쉬운 일이 아니다.

그래서 정보기관들은 보다 완벽한 위장을 위해 블랙요원들에 대해서는 선발 단계에서부터 일반 요원들과 분리해서 채용하기도 한다. 이처럼 신분 보안이 완벽하게 유지될 수 있는 조건을 만들기 위해 동료 직원이나 주변 지인들에게도 대응책을 마련해야 하는 것이 바로 블랙요원이다.

영화에서 조직 폭력배나 마약 조직과 같은 범죄 집단에 경찰이 신분을 속이고 조직원으로 위장 침투하는 내용을 다루기도 하는데 이러한 정보활동의 형태도 블랙요원을 활용한 특수공작이라 할 수 있다. 경찰이라는 신분을 감추고 범죄 조직의 조직원으로 생활하는 주인공에 대해 경찰 조직 내부에도 철저히 보안을 유지하고 대면접선도 아주 제한적이며 비밀리에 이루어지는 그런 영화 속 상황이 실제 정보기관의 블랙요원의 활동들과 크게 다르지 않다.

모든 스파이들이 위험에 노출될 수밖에 없는 위험한 환경에서 활동하지만 일반 정보요원들에 비해 블랙요원은 훨씬 더 긴장된 생활을 할 수밖에 없다. 대다수의 블랙요원들은 해외에서 위장신분으로 활동하기 때문에 무엇보다 위장신분이 노출되지 않도록 항상 신경을 쓰고 그에 맞게 행동해야 한다. 모든 국가의 정보기관들은 자국에 체류하는 외국인들에 대해 스파이 활동을 할 수 있다는 전제하에 항상 의심하고 감시를 하게 되는데 그것은 어느 나라나 마찬가지이다. 그래서 블랙요원들은 주재국 방첩기관으로부터 위장신분이 의심받지 않도록 사업가라면 사업가처럼, 학생이면 학생처럼 위장신분에 맞게 완벽하게 생활하고 행동해야 한다. 특히, 대상국가에 파견된 지 얼마 되지 않은 초기에는 더욱더 위장신분에만 충실한 활동을 해야 하며, 경우에 따라서는 최소 1-2년간은 정보활동을 철저히 배제한 채 주재국 방첩기관의 의심에서 완전히 벗어나기 위한 위장 활동에만 전념하기도 한다.

또한 블랙요원은 무엇보다도 위장신분으로 본부와 수시로 연락하거나 접촉할 수 있는 환경이 아니기 때문에 자기 관리는 물론 업무와 관련한 판단도 독자적으로 혼자서 결정해야 하는 경우가 많다. 그래서 자신을 외딴섬에 홀로 버려진 사람처럼 느낄 수도 있고, 과연 자신이 정보기관 소속 요원이 맞는지 정체성 혼란을 겪는 경우도 있다. 왜냐하면 본부와는 철저하게 단절되어 있고 블랙요원을 담당하는 본부 담당관과만 소통해야 하기 때문이다. 그래서 블랙요원은 다른 요원들보다도 정보 감각이 뛰어나야 하고 곁에서 지시나 조언을 해주는 상사나 동료들이 항상 함께 있는 것이 아니기 때문에 스스로 자기 관리와 자기 절제를 잘하며 정신적으로도 강한 인물이 선발되어야 한다.

놀라운 10인의 블랙요원

소련이 해체되면서 냉전이 종식된 이후에도 러시아가 여전히 스파이 활동에 있어 적극성을 상실하지 않고 있음을 보여준 사례가 바로 일명 '러시아 텐'(Russia Ten)으로 알려진 미국 내 10명의 러시아 블랙요원 침투 공작인데. 미 법무부는 이 사건을 'Illegals Program'으로 명명했다.

2010년 6월 위장신분으로 미국에 체류하면서 정계, 경제계 등 주요 인물들에게 접근해 정보활동을 하던 러시아 스파이 10여 명이 체포되었다. 이들은 4쌍의 부부와 2명의 남녀로 이루어진 간첩단이었는데, 미국 유명 대학에서 학위를 받은 엘리트와 미국 내 여행사, 회계사무소, 싱크탱크에서 근무하는 직원 등으로 신분을 위장하고 활동했으며, 캐나다와 페루 등 다른 국가 출신으로 국적을 세탁하는 등 전형적인 블랙요원들의 침투 수법을 사용하였다.

이들 중에는 1990년대 중반 미국으로 잠입해 뉴저지주 몽클레어 (Montclair, New Jersey)라는 곳에 정착한 위장 부부간첩이 있었다. 부인은 신시아(Cynthia Murphy)라는 이름으로, 남편은 리처드 머피 (Richard Murphy)라는 이름으로 부부 행세를 하면서 스파이 활동을 했는데, 이들은 실제 러시아 해외정보부(SVR) 소속 부부 공작조로 파견된 리디아(Lidiya Guryeva)와 구리예프(Vladimir Guryev)라는 블랙요원들이었다.

이들은 미국에 정착해 이웃들로부터 전혀 의심을 받지 않았는데, 부인은 회계사무소에서 근무하고 남편인 리처드가 집안일과 두 딸을 양육하면서 위장신분을 확고히 구축했으며, 스파이 활동을 위해서 장기간에 걸쳐 미국 사회에 천천히 녹아들어 갔다. 이들의 기본 임무는 미국 내 각종 사교 단체, 정치조직, 과학협회, 그리고 유명하고 영향력 있는 인물들과 친분을 구축하고 이들로부터 고급 정보를 수집하는 것이었다. 부인인 신시아 머피는 회계사무소에 취업해 일하면서 유력한 고객들에 대한 정보에 접근해 이를 활용하기도 했으며, 그중에는 당시 대통령 선거 출마를 고민 중이던 클린턴 전 대통령의 부인 힐러리(Hillary Clinton)와 친분이 매우 깊은 그녀의 후원자 앨런 패트리코프(Alan Patricof)라는 인물도 있었는데 이들은 앨런에게 접근하고 있었다.

이들 부부공작조 외에도 가장 먼저 체포된 안나 채프만(Anna Chapman)이라는 미인계를 활용한 여성 스파이도 있었다. 그녀는 러시아 전직 KGB 장군의 딸이었는데, 2009년 뉴욕 맨해튼에 정착해 부동산 회사 대표로 일하면서 영국인과 결혼했다. 그녀는 결혼 후 얻은 남편 성(姓)으로 활동했는데 자신을 전혀 숨기지 않으면서 뉴욕 사교계 침투를 추진하였다.

이들은 2010년 러시아 해외정보부 차장인 알렉산드르 포테예프(Aleksandr Nikolayevich Poteyev)가 미국으로 망명하여 관련 정보를 제공해 오면서 그 전모가 드러났는데, 이들 10명의 러시아 블랙요원 간첩단은 10여 년간 미국 전역에 침투해 스파이 활동을 벌여 온 것으로 확인되었다.

러시아는 해외정보부(SVR) 내 '양성소'로 불리는 '대외첩보학교'에서 우수한 학생을 선발, 스파이로 교육 후 외교관이나 기자 등의 위장신분으로 해외에 파견해 왔으며, 블랙요원에 대해서는 특별 프로그램을 통해 말과 행동, 의식까지 철저하게 미국 사람이 되도록 교육해 왔다고 한다.

FBI는 '유령 이야기'(Operation Ghost Stories)라는 작전명 아래 이

들 블랙요원들에 대한 광범위한 수사에 착수하여 2010년 6월 조직의 우두머리 격인 리처드 머피를 비롯한 스파이 조직원들을 일망타진하였다. 그리고 이들 블랙요원들을 체포하기에 앞서 이들에 대한 정보를 제공해온 러시아 해외정보부 차장 포테예프를 먼저 러시아에서 탈출시켜 안전하게 독일로 빼내오는 공작을 성공적으로 실행했다.

당시 미국 오바마(Barack Obama) 대통령과 러시아 메드베데프(Dmitry Anatolyevich Medvedev) 대통령이 체코 프라하에서 만나 새로운 핵무기 감축 협정에 서명하는 등 양국 간에 화해 무드가 조성되고 있던 상황이었기 때문에 대규모 블랙요원 간첩단 사건이 뜨거운 감자가 될 수 있었다. 하지만 양국이 정치적인 상황을 고려해 스파이 교환이라는 해결책을 선택하면서 이들 러시아 블랙요원 10명은 결국 러시아로 돌려 보내졌다.

가장신분과 위장업체

블랙요원들은 민간 개인회사 등의 협조를 받아 직원이나 지사장 등으로 위장신분을 얻기도 하지만, 블랙요원이 직접 사업체를 설립하여 활동 기반을 조성하기도 한다. 이것이 바로 가장업체 즉, 위장업체이다. 블랙요원이 직접 운영하기도 하지만 공작에 참여하는 하부 공작원이나 협조자와 같은 에이전트를 내세워 운영하기도 한다.

기본적으로 가장업체는 돈을 벌기 위한 목적이 아니기 때문에 사업성보다 공작 임무를 수행하기 위해 얼마나 활용도가 높고 적합한지를 평가해서 정하게 된다. 블랙요원이 가장업체를 통해 위장신분을 구축하기에 적합한지, 해당 업종에 대한 기본적인 경험이나 전문지식 등이 있는지, 공작 목표에 접근하기 유리한 업종인지 등을 종합적으로 고려해 결정하게 된다.

가장업체는 업종을 결정했다 해도 운영 과정에서 추가적으로 고려해야 할 사항들이 많다. 만약 공작에 참여하지 않는 순수 외부인을 가장업체 직원으로 채용해야 할 경우 결코 의심을 받지 않도록 해야 한다. 해외에서 운영하는 가장업체에 불가피하게 채용하는 현지 고용인들은 주재국 정보기관 협조자일 가능성을 배제할 수 없는데, 일반적으로 정보기관들은 자국 내 외국 대사관이나 외국인 운영 업체 등에 근무하는 자국민들을 협조자로 많이 활용하기 때문이다. 그래서 가능하면 보안을 위해 가장업체에 현지인 직원을 채용하지 않는 것이 가장 좋지만 불가피하게 활용해야 한다면 그 직원으로부터 의심을 살 만한 어떤 움직임도 보여서는 안 된다는 것이다.

그리고 고려해야 할 또 다른 주요 요소 중 하나는 수익과 관련한 문제다. 장기간에 걸쳐 지속적으로 적자가 나는데도 가장업체가 문제없이 지속 운영된다면 주재국 방첩당국은 물론, 업체 내 현지인 직원이나 주변 인물들로부터 의심받을 수 있다는 것이다. 그래서 가장업체도 현상 유지 내지는 최소한의 이익이 뒷받침되어야만 지속적으로 위장업체가 의심받지 않고 유지될 수 있기 때문에 최초 업종을 선정할 때 이러한 점도 충분히 고려해야 한다. 규모가 크든 작든 사업체 운영 경험이 있는 일반사람들에게도 사업체를 운영하는 것이 그리 만만한 일이 아닌데 하물며 사업 경험이 전혀 없는 정보기관 요원이 가장사업체를 운영하기란 더욱 쉽지 않다.

블랙요원이나 위장업체를 이용한 특수공작은 이렇듯 추진 과정에서 고려해야 할 요소들이 너무 많기 때문에 가장 어렵고 힘든 스파이 활동이라고 할 수 있다. 하지만 접근이 어렵고 난해한 공작목표일수록 블랙요원이나 가장업체와 같은 비밀수단을 활용하여 스파이 활동을 추진하는 것이 최선이고 최고의 방법이기 때문에 정보기관에서는 이런 특수공작을 확대하고 발전시키기 위해 노력하고 있다. 기본적인 공작 원칙이 지켜지고 보안유지하에 추진된다는 전제하에서 블랙요원이나 가장업체를 통한 공작 추진은 비록 많은 시간과 노력이 투입되는 어려운 활동이지만 공작임무 수행을 위한 최고의 접근법임에는 틀림없으며 특히, 난이도가 높거나 장기간 소요되는 임무에 대해서는 더욱 그렇다.

블랙요원과 관련해서 웃지 못할 일도 생긴다. 해외에서 활동하는 블랙요원이 현지 교민사회와 단절하고 지낸다는 것이 사실상 어렵기 때문에 불가피하게 종교 활동이나 자녀 학교 등을 매개로 교민들과 자연스럽게 관계를 가질 수밖에 없다. 그러다 보니 현지 대사관에 파견된 외교관 신분의 백색요원들 혹은 그 가족들과도 연계를 가지게 되는 경우도 발생하는데 백색요원들은 대부분 교민사회에 정보기관 소속이라는 사실이 알려져 있다. 그래서 블랙요원들은 대사관에 나온 백색요원을 알 수밖에 없지만 백색요원들은 블랙요원에 대해 같은 직원인지 전혀 모르는 경우가 많다. 그래서 어떤 경우에 백색요원이 같은 직원인 블랙요원을 정보활동을 위한 협조자로 활용하려고 하는 등의 우스운 일이 벌어지기도 한다.

블랙요원들은 사실 같은 직원으로서 외교관으로 대접받는 백색요원이 솔직히 부러울 수도 있다. 하지만 블랙요원은 '스파이 중의 스파이'라고 불리는 정보기관 최정예 요원으로, 국가를 위해 위험을 안고 정보 최전선에서 활동하는 보물들이다. 그들은 남들이 알아주지 않는 음지에서 묵묵히 활동하는 진짜 스파이들이며, 일에 대한 자부심이나 조직과 국가에 대한 충성심이 뒷받침되지 않으면 할 수 없는 그런 일을 하는 사람들이다.

리조트(Resort)로 위장한 공작거점

1970년대 말부터 1980년대 초까지 이스라엘의 정보기관 모사드가 아프리카 에티오피아에 있는 유대인(Beta Israel)들을 이스라엘로 데려오기 위해 실행한 '형제 공작'(Operation Brothers)은 정보기관이 가장업체를 활용해 성공적으로 임무를 수행한 사례들 중 하나이다. 이 작전은 당시 미국의 난민 업무 조정관이었던 리차드 크리거(Richard Krieger)라는 인물에 의해 기획되어 이스라엘 주도하에 미국의 협조를 받아 추진된 비밀호송 공작이다.

아프리카 유대인들은 2,500여 년 전 이스라엘을 탈출해 아프리카에 정착한 유대인의 후손들로, 이들은 외부 유대인 공동체와 완전 단절된 상태로 살아온 사람들이었다. 1970년대 말 당시 에티오피아는 내전으로 인해 150만 명 이상이 사망하고 대규모 난민이 발생하여 수단 국경 쪽 UN 난민수용소로 대피하는 등 대혼란의 시기였는데 이들 난민들 속에는 다수의 유대인들이 포함되어 있었다.

이스라엘 건국 초기부터 정보기관 모사드의 주요 임무 중 하나가 학살 위기 등에 처한 해외 유대인 호송이었기 때문에 이들 아프리카 유대인들을 데려오기 위한 비밀공작 추진은 국가적 의무로 인식되었다. 그러나 당시 이슬람 국가인 수단이 이스라엘의 적국에 군을 파병하는 등 적대적 관계에 있었기 때문에 외교적 방법에 의한 호송이 사실상 불가능한 상황이었고 이에 난민수용소에 피신한 유대인들을 비밀리에 호송해 올 수밖에 없었다.

모사드는 작전 지휘관으로 이스라엘 육군 장교 출신인 다니엘 리머(Daniel Limo)라는 인물을 우선 영입하고 그를 프랑스 출신 인류학자로 신분을 위장시킨 후 수단으로 파견해 현지 실태를 파악했다. 모사드는 그의 조사 결과를 토대로 많은 유대인들을 송환하기 위해서는 해상을 통한 탈출방법이 가장 적합하다는 결론을 내리고 이스라엘 해군 전함을 이용하여 비밀호송하는 것으로 최종 계획을 수립하였다.

1981년 8월 모사드는 구체적인 실행 방안을 고민하는 과정에서 현지

사막지역의 바닷가에 방치된 리조트를 발견하고 이를 비밀호송을 위한 공작거점으로 활용하는 아이디어를 떠올렸다. 가장업체로 이 리조트를 인수해 운영함으로써 현지 체류 명분을 얻고 공작 추진을 위한 인력과 운송 장비 동원 등에 활용할 수 있을 것으로 판단했다. 이탈리아 회사가 운영하다가 포기한 'AROUS'라는 이름의 이 리조트는 15채의 단독 가옥으로 구성되어 있었으며, 스쿠버 다이버들의 천국으로 평가받는 곳이었지만 열악한 도로와 수도 등 부실한 인프라 등으로 인해 운영이 중단된 상황이었다.

모사드 제작 'AROUS' 홍보 팸플릿 (출처: bbc.com)

모사드는 1981년 가을 리조트 개조를 완료하고 운영에 필요한 인력을 확보하였다. 이스라엘 특수부대원 출신으로 실제 다이버 강습소를 운영하고 있던 인물을 참여시키는 한편, 자연스러운 직원 구성을 위해 다이버 강사의 제자인 여성 다이버를 리조트 관리자로 함께 합류시키는 등 외부인으로부터 의심을 받지 않도록 리조트 운영에 만전을 기하며 공작에 착수했다. 또한 고객 유치를 위한 홍보물을 제작하는 등 다이버 유치를 위한 영업활동도 적극적으로 전개했는데, 그 결과 실제 많은 다이버들이 찾아오면서 사업적으로도 매우 성공리에 운영되었다.

모사드는 난민 수용소에 있는 유대인들을 육로를 이용해 해안가로 은밀하게 이동시킨 후 대기 중인 전함을 이용해 이스라엘로 해상 호송하는 루트를 개척했는데, 해상을 통해서 첫 호송을 시작한 이래 6개월 간 총 4회에 걸쳐 800여 명의 아프리카 유대인들을 호송하는 성과를 거두었다.

그러나 1982년 3월 해상 밀수꾼을 감시하는 군인들에게 발각되는 사건이 발생하면서 해상을 통한 호송이 중단되고 말았다. 이를 계기로 모사드 본부에서 리조트 철수를 명령했는데, 책임자 대니 리머가 리조트를 포기하면 새로운 위장거점을 구축하는데 장기간이 소요된다는 점을 설득했고 결국 이것이 받아들여져 항공기를 통한 호송으로 전환되어 재추진되었다.

C-130 수송기를 활용해 사막 한가운데 비행기를 착륙시켜 호송하는 방법으로, 레이더 감시를 피하기 위해 저공비행이 가능한 최정예 조종사를 투입했다. 가장 큰 문제는 활주로를 물색하는 것이었는데 다행히 긴 물색 활동 끝에 1982년 5월 활주로 확보에 성공하면서 1982년 여름부터 본격적으로 항공 호송작전을 실행했다. 호송공작이 최초 시작된 이래 4년 가까이 총 1만 2천여 명의 유대인들을 구출하는 성과를 거두었다.

유대인 호송공작은 오랜 기간 보안이 유지되면서 잘 운영되어 왔으나 1985년 에티오피아 유대인 난민 구출 사실이 언론에 보도되면서 결국 공작이 종결되고 말았다. 그러나 이후 미국 부시(George H.W Bush) 대통령이 에티오피아 실권자 마리암(Mengistu Haile Mariam)과의 비밀 대화를 통해서 에티오피아 측의 협조를 확보함으로써 유대인 호송이 재개되었으며, '모세작전'(Operation Moses)으로 명명된 호송공작을 통해 6천여 명의 난민을 이스라엘로 추가 송환했다. 그 이후 2012년까지 '조슈아 공작'(Operation Joshua), '솔로몬 공작'(Operation Solomon), '비둘기 날개 공작'(Operation Dove's Wings) 등의 이름으로 호송 사업은 지속되었으며, 총 35,000명의 유대인 난민이 아프리카를 탈출해 이스라엘에 정착하였다.

이스라엘의 첫 번째 아프리카 유대인 비밀호송 공작이었던 '형제 공작'을 소재로 한 〈레드 씨 다이빙 리조트〉(The Red Sea Diving Resort)라는 제목의 실화 바탕 영화가 지난 2019년 소개되기도 했었다. 이 영화는 정보기관이 리조트를 가장업체로 운영하면서 이를 비밀호송이라는 특수 임무 수행을 위해 어떻게 활용하는지를 사실적으로 보여준다는 점에서 기존의 스파이 영화와는 조금 색다르고 차별화되는 영화로 평가되었다.

■ 조국을 구한 스파이들의 비밀공작

정보기관 요원들은 정보가 갖는 위력이 어느 정도인지 그 누구보다도 역사적 경험을 통해서 잘 알고 있기 때문에 국가를 위한 정보활동의 중요성과 그 가치에 대한 확고한 신념을 가질 수밖에 없다. 그래서 모든 요원들은 내가 수집한 첩보 하나, 내가 놓친 첩보 하나가 국가의 운명을 바꿀 수 있다는 사명감을 갖고 활동한다.

스파이가 수집한 첩보가 국가 역사를 바꾸거나 스파이가 놓친 첩보로 인해 국가가 큰 위기에 빠진 사례는 많다. 역사상 가장 위대한 스파이들로 평가받고 있는 소련의 리하르트 조르게(Richard Sorge)와 이스라엘의 엘리 코헨(Eli Cohen)은 정보가 얼마나 중요한지, 스파이의 활동이 어떻게 국가를 구할 수 있는지를 보여주는 좋은 사례들이다.

신문기자로 변신한 전설의 스파이

스파이들의 전설로 불리는 소련 스파이 리하르트 조르게(Richard

Sorge)는 정보활동을 통해 2차 세계대전 전세를 뒤바꾼 인물로, 역사상 가장 위대한 스파이로 인정받고 있다. 조르게는 1895년 러시아 바쿠(Baku)[24]인근 사분치라는 곳에서 독일인 아버지(Gustav Wilhelm Richard Sorge)와 러시아인 어머니(Nina Semyonovna Kobeleva) 사이에서 출생했다. 조르게의 친할아버지 형제들 중 한 명인 프리드리히 조르게(Friedrich Sorge)는 공산주의 이론가 칼 마르크스(Karl Marx)의 혁명동지였다. 조르게는 유전회사에 다니던 아버지의 직장 계약 만료로 어린 시절 러시아에서 독일로 이주해 성장했다.

그는 1차 세계대전이 발발하자 독일군에 학도 자원병으로 입대하여 참전했다가 손가락과 다리에 큰 부상을 입는 바람에 조기 제대했으며 평생 불편한 다리로 지냈다. 제대 후 공산주의 사상에 심취한 조르게는 베를린 대학과 함부르크 대학 등에서 경제학과 정치학 등을 공부하고 1919년에는 박사학위까지 받았다. 그는 교사로 재직하면서 독일 공산당에 입당했으나 정치활동으로 인해 직업을 잃게 되면서 자신의 신념에 따라 공산주의의 본거지인 모스크바로 가서 첩보요원이 되었다.

조르게는 1920년부터 소련 첩보원으로 독일에서 정보활동을 시작하여 1924년 모스크바로 복귀한 후 국가정치부를 거쳐 1929년 소련군 제4국 군사정보국(GRU)으로 자리를 옮겼다. 그해 조르게는 영국을 거쳐 독일로 재파견되었는데 나치당에 가입하라는 지령에 따라 먼저 신분위장을 위해서 농업신문 도이체 게트라이데 차이퉁(Deutsch Getreide Zeitung) 기자로 취업했다. 1930년 그는 신문사 특파원으로 중국 상해에 파견되어 기자 신분으로 스파이 활동을 했으며, 당시 현지에서 알게 된 유명 좌익 저널리스트인 아그네스 스메들리(Agnes Smedley)라는

---

24) 지금의 아제르바이잔(Republic of Azerbaijan) 수도

여성의 소개로 공산주의자였던 일본 기자 오자키 호츠미(尾崎秀実)라는 인물을 만나 그를 정보원으로 포섭했다.

리하르트 조르게 (출처: britannica.com)

　그러나 조르게는 소련으로부터 '일본으로 침투해 첩보망을 구축하라'는 지시에 따라 1932년 독일로 복귀한 후 이듬해 9월 독일의 언론사 특파원 신분으로 일본 요코하마로 침투하였다. 그는 현지 유력 사업가들과 언론인 등으로 구성된 첩보망을 구축하는 등 성공적으로 안착했는데, 그가 구축한 첩보망들 중에는 그의 소속 신문사 편집국장 소개로 알게 된 일본 주재 독일 대사관 무관 오이겐 오트(Eugen Ott)와 중국에서 포섭한 일본 기자 오자키 호츠미가 포함되어 있었으며, 이들은 각각 독일과 일본 관련 정보 수집을 위한 가장 중요한 정보출처가 되었다.

　오이겐 오트는 대사관 무관 근무를 마치고 독일로 복귀했다가 나중에 승진해 일본 주재 독일대사로 재파견되었으며, 조르게가 그의 고문으로 활동하며 독일 관련 첩보수집을 위한 최고 출처가 되었다. 당시 조르게는 열렬한 독일 나치 당원으로 위장했기 때문에 전혀 의심받지 않았다.

또한 오자키 호츠미는 중국에서 포섭될 당시에는 오사카 마이니치 신문 기자였는데 일본 복귀 후 고노에(近衛文麿) 수상의 외교정책 자문역을 맡아 수상으로부터 두터운 신임을 받는 인물로 성장하면서 일본의 외교와 전쟁 전략 등과 관련한 정보수집을 위한 최고의 첩망이 되었다.

조르게가 이들 출처로부터 입수한 첩보는 2차 세계대전에서 소련이 독일과의 전쟁에서 승리하는데 큰 역할을 했다. 1941년 조르게는 일본 주재 독일 무관인 오토로부터 독일의 소련 침공계획인 '바바로사 작전' (Operation Barbarossa)의 개시 일자 등 관련 정보를 입수해 소련에 보고했다. 그러나 소련의 스탈린은 독일계 인물인 조르게를 이중간첩으로 의심하고 그가 보고해 온 첩보 내용을 믿지 않았고 결국 독일의 침공으로 초기에 큰 어려움을 겪었다.

당시 소련은 독일뿐만 아니라 일본이 소련 극동지역으로 침공해 올 것을 매우 우려하고 있었기 때문에 유럽과 극동 양쪽으로 군대를 운용해야 했다. 그러나 조르게는 '독일이 모스크바를 점령할 때까지 일본은 소련을 침공하지 않을 것이며, 일본은 전쟁물자 확보를 위해서 소련 극동지역을 공격하지 않고 대신 남방으로 진출한다는 계획하에 현재 일본군의 여름용 군복을 제작 중'이라는 특급 첩보를 입수해 소련에 보고하였다.

이에 소련은 독일의 침공계획 첩보 등 조르게가 이전에 보고했던 내용이 정확했다는 점을 재평가하면서 그의 보고에 따라 극동지역에 배치한 병력들을 모스크바 쪽으로 전환함으로써 독일과의 전쟁에서 승리할 수 있었고, 결국 이것이 소련의 승리와 2차 세계대전의 전세를 바꾸는 계기가 되었다.

하지만 스파이로서의 눈부신 성과에도 불구하고 소련에서 사용하던 일회용 암호표에 의한 무선 통신량이 대폭 늘어난 것을 포착한 일본이 추적을 강화하면서 결국 그의 스파이 활동이 발각되어 1941년 10월 핵심 첩보원이었던 오자키 호츠미와 조르게가 연이어 체포되고 말았다.

이후 일본이 조르게를 대상으로 소련에 스파이 교환을 제의했지만 소련이 조르게가 자국 스파이라는 사실 자체를 부인하면서 성사되지 못했고 결국 1944년 11월 조르게는 교수형에 처해졌다. 그는 체포 이후 "나는 1차 세계대전 때는 아버지의 조국인 독일을 위해 목숨 바쳐 싸웠지만 나는 내 어머니의 조국인 소련을 더 사랑하기 때문에 일말의 후회도 없다"는 말을 남겼다고 한다. 조르게는 처형된 후 스가모 형무소 안에 있는 묘원에 묻혔다가 나중에 도쿄 소재 타마(多磨) 공동묘지로 이장되었다. 그의 16세 연하 일본인 부인 이시이 하나코(石井花子)는 2000년 사망할 때까지 남편의 무덤을 지속적으로 찾았다고 한다.

조르게 사후 16년이 지난 1961년 그의 첩보활동 일대기와 활약상을 그린 〈조르게 씨, 당신은 누구인가요?〉(Qui êtes-vous Monsieur Sorge, Who Are You, Mr. Sorge)라는 제목의 영화가 프랑스-일본 등의 합작으로 제작되었다. 이 영화는 소련에서도 절찬리 상영되었는데, 당시 소련 지도자였던 공산당 서기장 흐루쇼프(Nikita Sergeyevich Khrushchev)는 이 영화가 사실에 근거한 소련의 실존 스파이에 관한 이야기라는 것을 알고 감명받아 1964년 조르게에게 소비에트 연방 훈장을 수여했다. 이뿐만 아니라 그가 소련 스파이였던 사실을 인정하고 일본인 부인 이시이 하나코에게 연금을 지급하는 등 소련의 영웅으로 추앙토록 했다. 그 후 일본에 부임하는 소련 대사 등 외교관들이 2차 세계대전 승전기념일인 매년 5월 9일에 조르게의 묘지를 찾아 추모하는 것이 관례가 되었다.

스파이 조르게는 인류 역사상 가장 큰 전쟁이었던 2차 세계대전에서 단순히 소련의 승리에 기여하는데 그치지 않고 전쟁 전체에 엄청난 영향을 미쳤다는 점에서 역사를 바꾼 스파이라 할 수 있다. 미국의 맥아더(Douglas MacArthur) 장군은 '눈부신 첩보활동이 만들어 낼 수 있는 엄청난 사례'라고 극찬했으며, 〈제임스 본드〉의 원작자 이안 플래밍(Ian Lancaster Fleming)은 '조르게는 역사상 가장 위험한 첩보원'이라고 평가했다.

조르게가 비록 스파이 활동이 노출되어 처형되긴 했지만 성공한 스파이가 될 수 있었던 가장 큰 요인은 무엇이었을까? 스파이의 관점에서 볼 때 그의 타고난 스파이로서의 자질과 함께 완벽한 신분가장, 그리고 첩보 수집을 위한 고급출처 개척에서 찾을 수 있다. 조르게는 박사학위를 보유한 엘리트로, 스파이가 된 동기가 공산주의에 대한 신념 즉, 이데올로기였다. 돈과 같은 다른 동기로 활동하는 스파이들과는 출발부터 달랐으며, 소련의 체계적인 스파이 교육을 받은 정예 스파이였다고 할 수 있다.

그의 스파이 활동에서 가장 주목되는 점은 무엇보다도 신문기자라는 신분으로 스파이 활동을 한 것인데, 가짜 기자가 아니라 독일 유력 신문사 기자, 특파원 신분으로 독일과 중국, 일본에서 활동했다는 사실이다. 아마도 소규모 지역신문이나 급조된 무명 신문사 기자로 신분을 위장했다면 고급 첩보를 수집할 수 있는 우수한 출처를 확보할 수 없었을 뿐만 아니라 주변으로부터 의심의 눈초리를 받아 스파이 활동을 제대로 못했거나 신분이 탄로 났을 가능성이 높았을 것이다. 유명 신문사 정식기자 신분을 확보함으로써 스파이 활동을 철저히 숨길 수 있는 여건이 만들어졌으며, 기자라는 직업이 취재를 위해서 다양한 사람을 만나는 것이 자연스럽다보니 스파이 활동을 하기에는 최적의 위장직업이 된 것이다. 기자라는 위장신분이 탄탄하게 뒷받침되었기 때문에 중국에서 일본 기자 오자키 호츠미를 만나 그를 포섭할 수 있었고, 소속 신문사 편집국장 소개로 일본 주재 독일 무관 오이겐 오트와도 친분을 구축할 수 있었다.

이처럼 고급첩보를 얻기 위해서는 그런 첩보에 접근이 가능한 위치에 있는 출처를 찾고 그 출처에 접근할 수 있는 방법을 찾는 것이 스파이들에게 매우 중요하다. 그런 측면에서 조르게는 신문기자라는 신분의 이점을 최대한 살려 일본과 독일에 관한 고급 첩보를 수집할 수 있는 출처를 확보하는 데 성공함으로써 위대한 스파이로서의 업적을 남길 수 있었다. 물론 신분위장이 아무리 잘되었다고 해도 이를 어떻게 잘 활용하느냐 하는 문제는 스파이 개인의 자질과 능력에 의존해야 한다는 점에서 스파이로서 조르게의 개인적 자질 또한 그가 스파이로 성공하는데 크게 작용한 것도 부인할 수 없는 사실이다.

완벽한 신분세탁이 만들어 낸 위대한 스파이

이스라엘의 영웅으로 칭송받는 스파이 엘리 코헨(Eli Cohen)은 스파이 역사에서 완벽한 신분세탁을 통해 성공적으로 첩보활동을 수행한 가장 대표적인 사례라고 할 수 있다. 그는 20세기 최고의 스파이 중 한 명으로 소련 스파이 조르게와 함께 정보기관이 요원들을 교육할 때 빠짐없이 거론되는 인물이다.

그는 1924년 이집트에서 출생한 아랍계 유대인으로, 그의 아버지는 이집트 알렉산드리아에서 넥타이 상점을 운영하며 8남매를 키웠다. 1948년 이스라엘이 건국을 선포하자 아랍 각국에 있는 유태인들이 생명의 위협을 느끼기 시작하며 제각기 팔레스타인으로의 이주를 추진했는데, 엘리 코헨은 이집트 내 유대인 지하운동 조직이 전개하는 이민사업을 도왔으며 그의 가족들도 이 기회를 이용하여 이스라엘로 이주를 했다. 그 후 엘리 코헨은 이집트에 남아서 이스라엘의 정보활동을 돕다가 추방되고 말았다.

1957년 이스라엘에 정착한 그는 정보기관 모사드의 스파이로 선발되었고, 이후 시리아계 사업가 '카밀 아민 타베드'라는 인물로 신분을 세탁하고 아르헨티나 부에노스아이레스로 파견되었다.

엘리 코헨 (출처: Wikipedia)

　그는 철저히 사업가로 활동하며 현지 아랍인 커뮤니티에 자연스럽게 침투해 들어갔는데, 그 당시 아르헨티나는 서방은 물론 소련 등 공산권 국가와 아랍 국가들의 정보기관 공작원들이 우글거리는 곳이었으며, 심지어 나치 간부들이 은신한 곳이기도 했다.

　엘리 코헨은 아르헨티나에서 아랍 상류층들과 접촉을 확대해 나가는 가운데 과거 시리아 실권자로 있다가 쫓겨난 바트당 유력인사들을 비롯해 각국 대사들과 친분을 구축해 나갔다. 그들 중에 코헨이 가장 친밀하게 접근한 대상은 시리아 대사관 무관으로 나와 있던 하페즈 알 아사드(Hafez al-Assad, 1930~2000) 장군이었는데 그는 나중에 시리아 대통령이 되는 인물이다.

　1962년 마침내 그는 시리아에 입국할 수 있는 기회를 잡았고 다마스커스에 정착하는 데 성공하였다. 그는 시리아 상류사회에서의 영향력을 키우면서 한편으로는 군 장교단에 접근하여 군부 내 인맥을 구축해 나갔으며, 절친한 군 장교를 이용해 국경 진지를 방문하고 정보를 수집 후 본국에 보고했다.

그는 소련 고문단이 작성한 이스라엘 공격 계획, 소련이 시리아에 제공한 무기 리스트, 골란 고원의 시리아군 배치 현황 등을 비롯해 이스라엘로 향하는 요르단강 물길을 차단하려는 시리아의 공작 계획 등 다수의 고급 정보를 입수해 보고했다. 특히, 국경지역에 숨겨져 있는 시리아군 진지들에 병사들을 위한 그늘 조성용 유칼립투스 나무를 지원했는데, 나중에 이 나무들이 이스라엘의 시리아군 진지 포격을 위한 훌륭한 표적이 되었다.

이러한 그의 성공적인 스파이 활동에도 불구하고 결국 그의 정체가 노출되고 말았는데, 그의 과도한 자신감과 이완된 보안의식이 원인이 되었다. 시리아 당국이 다마스커스 시내 주요 지역에서 전파 간섭현상을 유발하는 괴전파가 지속 발생하는 것을 포착하고 추적하기 시작한 것이다. 시리아는 소련으로부터 방탐기술(方探技術)과 요원을 지원받고 다마스커스 시내를 고의로 정전시키면서 전파 진원지 색출에 나섰는데, 결국 엘리 코헨의 방심으로 이스라엘과의 송수신 시간이 길어지면서 위치를 노출시키는 결정적 실수를 범하고 말았다. 1965년 1월 시리아 보안군이 전파발생 장소인 엘리 코헨의 아파트를 급습함으로써 그의 스파이 활동은 종지부를 찍고 말았다.

엘리 코헨이 체포되자 이스라엘은 즉각 시리아 당국에 이스라엘에 잡혀 있는 다수의 시리아 포로 석방과 현금, 트럭, 트랙터 등의 물자를 추가 지원하는 조건으로 엘리 코헨과의 스파이 교환을 제의를 했지만 시리아가 이를 거부했다. 결국 1965년 5월 18일 시리아는 엘리 코헨을 수천 명이 모인 시내 광장에서 공개적으로 교수형에 처했으며 그의 처형 장면은 이스라엘에 생중계되었다.

그가 사망한 지 2년이 지난 1967년 6월 이집트, 시리아 등 아랍국 연합세력과 이스라엘 간에 벌어진 일명 '6일 전쟁'으로 불리는 제3차 중동 전쟁에서 그의 스파이 활동의 결과물이 빛을 발했다. 이스라엘은 엘리 코헨이 시리아군에 지원해 국경지역 벙커 위에 심어진 유칼립투스 나무들을 공격 표적으로 활용해 난공불락이었던 골란고원을 이틀 만에 점령하는 등 엘리 코헨이 입수한 첩보 덕분에 압도적으로 승리했으며, 그는 이스라엘의 영웅이 되었다.

엘리 코헨 사후 이스라엘은 그의 시신을 송환해 오기 위해 지금까지도 노력하고 있으나 시리아의 비협조로 인해 이루어지지 않고 있는 가운데, 지난 2018년 모사드가 엘리 코헨이 착용했다는 시계를 시리아에서 입수해 와 공개한 바 있는데 어떤 경로로 입수했는지는 밝히지 않았다.

모사드 입수 엘리 코헨의 시계 (출처: bbc.com)

지난 2022년 12월 모사드 부장 데이비드 바네아(David Barnea)는 엘리 코헨 박물관(Eli Cohen Museum) 개관식에서 코헨의 노출 사유와 관련해 "엘리 코헨의 전송량이 많았다거나 잦은 보고를 재촉하는 본부의 압력으로 인해 노출된 것은 아니라는 사실을 처음 밝히겠다"면서

"엘리 코헨은 단순히 자신의 전송 내용이 적군에 의해 삼각 측량되어지고 가로채지면서 체포된 것"이라고 언급하며 기존의 주장들을 부인하기도 했다.

엘리 코헨은 시리아와의 전쟁에 대비하기 위한 관련 정보가 절대적으로 부족한 상황에서 이를 타개하기 위해 이스라엘 모사드가 기획해 시리아로 침투시킨 스파이였다. 그는 시리아 침투 기반을 구축하기 위해 당시 시리아계 이민자들이 많이 거주하던 남미 아르헨티나의 부에노스아이레스를 중간 침투지로 삼고 스파이 활동을 본격화한 것이다. 부에노스아이레스에서 활동할 당시 엘리 코헨은 스파이로서 성공할 수 있었던 결정적 여건을 조성했는데, 시리아 대사관 국방 무관을 비롯한 다양한 고급 인맥들과 친분을 구축한 것이다. 이것이 시리아 침투 이후 그의 성공적인 스파이 활동의 밑거름이 되었는데, 그는 노출되기 전 시리아 국방차관 후보로 내정될 만큼 신분 위장과 출처 개척에 있어서 완벽에 가까웠다. 스파이 본인이 정보의 최고 출처 위치라고 할 수 있는 적국의 군부 최고위층에 오르기 직전까지 간 완벽한 신분세탁의 성공 사례였다고 평가할 수 있다.

2019년 9월 엘리 코헨의 이러한 전설적인 스파이 활동을 그린 실화바탕 6부작 스파이 드라마 〈더 스파이〉(THE SPY)가 소개된 바 있다. 이 드라마는 엘리 코헨을 소재로 한 소설 〈The Spy from Israel〉(공동 저자: Uri Dan, Yeshayahu Ben Porat)이 원작인데, 스파이 영화로는 매우 사실적이고 섬세하게 만들어진 걸작으로 평가할 만한 작품이다.

스파이 관점에서 내용의 사실 여부를 떠나서 스파이들의 활동을 매우 세밀하고 구체적으로 그리고 있다는 점에서 스파이 드라마로는 교본과 같은 작품이라 할 수 있다. 드라마에서는 공작원 물색과 교육 과정, 공작원 신분위장, 위장신분 뒷감당, 공작원의 자질, 공작원의 내적 갈등, 공작원 활동 지원을 위한 해외협조자 운영, 연락수단 등 스파이들의 활동과 운영 등에 관한 많은 내용들이 매우 사실적으로 그려지고 있다.

사실 드라마 속 엘리 코헨은 과감성과 탁월한 임기응변 능력을 보유하고 있고 사람을 다루는데 매우 능숙한 공작원으로 그려지고 있기는 하지만, 한편으로는 스파이로서 지켜야 할 가장 기본원칙을 지키지 않는 인물로 당장 해고해야 하는 문제 많은 공작원으로 나온다. 그 이유는 엘리 코헨이 본부 지시를 여러 차례 무시하고 독단적으로 행동했기 때문이다. 드라마에서 엘리 코헨을 담당하는 모사드 공작관은 코헨의 과도한 자신감이 임무 수행을 망칠 수 있다며 공작원으로 부적합하다는 평가를 내리기도 했지만 그가 가진 다른 장점과 임무의 시급성 때문에 결국 공작원으로 채용되었다.

또한 아르헨티나 파견 초기 코헨이 아내에게 쓴 편지가 현지 모사드 요원에게 발각되는데 그의 위장 신분인 사업가 카멜은 결혼하지 않은 미혼이므로 자칫 위장신분이 노출될 수 있는 위험한 행동이어서 강한 질책을 받게 된다. 그 외에도 본부가 과도하고 위험한 활동을 자제하고 위장신분에 맞게 인맥 구축에만 주력하라고 지시했음에도 불구하고 첩보수집을 위해 무리하게 시리아 대사관 무관 집무실에 잠입했을 뿐만 아니라 수집된 첩보를 전달하기 위해 현지 모사드 요원과 접선하다 미행이 붙은 사실을 놓치면서 결국 노출되고 미행자를 난투극 끝에 죽이는 사고까지 벌어진다.

이런 경우 현실에서는 당장 공작원을 소환하고 공작을 종결할 수밖에 없는 중대한 사유가 된다. 더욱이 시리아 입국 시에도 본부에서 안전을 이유로 초기 2주 동안 일체 본부와 통신 연락을 하지 말라고 지시했음에도 이를 어기고 시리아 도착 수일 만에 정보보고를 겸한 안착보고를 하기도 한다.

아무리 우수한 능력을 가진 에이전트라고 하더라도 본부나 공작관의 가장 기본적인 지시를 이행하지 않는다면 결국 사고가 발생하고 그 사고가 사람의 목숨을 잃게 만들 수 있기 때문에 기본 원칙을 준수하는 것은 스파이 활동에서 매우 중요하다. 이 드라마에서 엘리 코헨을 담당하는 모사드 요원은 그에게 "현장에는 혼자 있으므로 본부 지시 없이 스스로 판단해야 할 때도 있다"는 말로 그의 임기응변 능력을 칭찬하기도 하지만, 본부로부터 지시받은 기본적인 원칙을 어겨서는 안 되는 것이 스파이 세계의 불문율이다.

  한편 모사드 요원이 가족 문제로 갈등하면서 재파견을 주저하는 엘리 코헨에게 그의 스파이 활동이 어떤 의미가 있는지를 이해시키며 '정보는 생명을 구한다'라는 말을 하는데 모든 스파이들에게 울림을 주는 말로 들린다. 비록 엘리 코헨이 노출되어 처형된 스파이라는 점에서 실패한 공작원으로 볼 수도 있지만 그가 보여준 스파이 활동 역량과 업적은 높이 평가받기에 충분하다.

  ## ■ 핵폭탄만큼 위력적인 이중스파이

  정보기관이 활용하는 스파이들 중에서 가장 위력적인 스파이는 이중스파이라고 할 수 있다. 이중스파이는 두 종류로 구분할 수 있는데, 하나는 적국 또는 제3국 정보기관에 소속된 요원이나 에이전트 등을 포섭해 활용하는 것이다. 다른 하나는 적국이나 제3국 정보기관에 위장 포섭된 인물을 활용하는 것으로, 상대 정보기관이 스파이로 활용 중인 인물을 포섭해 적이 알지 못하게 역이용하는 것이다. 이들을 이중스파이, 또는 더블 에이전트라고 하는데 이들을 활용한 공작이 역용공작이다.

  이들 중에서 적국의 정보기관 직원을 활용하는 경우가 가장 위력적이다. 정보기관이 활용하는 외부인이라 할 수 있는 공작원이나 협조자 같은 에이전트보다는 아무래도 내부 정식요원이 상대적으로 고급 정보에 대한 접근성이 훨씬 좋을 수밖에 없기 때문이다. 정보기관은 보안 유지를 위해 '차단의 원칙'에 따라 알 필요가 있는 최소한의 인원에게 정보를 공유하기 때문에 업무 계선상에 있지 않는 직원들에게는 관련 정보에 대한 접근을 차단하는 것이 보통이다. 하물며 외부인이라고 할 수 있는 에이전트가 정보기관 내부정보에 접근하기는 더욱 어렵기 때문에 정보기관 내부 요원이 에이전트에 비해 정보적 가치 측면에서 훨씬 폭발력이 클 수밖에 없다.

한편으로 비록 정보기관 직원은 아니라 하더라도 상대 정보기관 에이전트를 포섭해 이중스파이로 활용할 경우 상대국이 어떤 임무와 지시를 내렸는지, 그리고 그들이 어떤 의도를 갖고 무슨 정보활동을 하는지 등을 파악할 수 있다는 점에서 이들 또한 정보적으로 충분히 가치가 있는 이중스파이임에 분명하다. 더욱이 그 에이전트가 상대국 정보기관의 정보활동에 관여하는 정도에 따라 훨씬 가치 있는 고급 정보들에 접근할 수도 있다.

만약 북한 국가보위부나 중국 국가안전부, 러시아 연방보안부와 같은 정보기관 내부 직원이 대한민국이나 미국의 스파이로 포섭된다고 가정해 보면 그 정보적 가치가 얼마나 높을지 가늠해 볼 수 있다. 물론 그 스파이가 정보기관에서 어떤 업무를 하느냐에 따라서 정보에 대한 접근성에서 차이가 날 수 있겠지만 기본적으로 내부 직원이라는 이점을 최대한 살린다면 다양한 역용공작을 전개할 수 있다는 것이다.

이중스파이가 갖고 있는 가장 큰 매력은 필요한 정보수집 외에도 이들을 통해서 자국 내 암약중인 상대국 간첩을 색출할 수 있다는 것이다. 상대국 정보기관 요원 신분의 자국 이중스파이를 통해 상대국이 운영하는 자국 내 간첩망을 색출하고 나아가 색출한 간첩을 역으로 포섭해 자국의 스파이로 활용할 수도 있다.

과거 미소 냉전 시기에 양국 정보기관들 모두 이중스파이를 활용해 국가 운명에 엄청난 영향을 미칠 수 있는 고급 정보들을 수집했을 뿐만 아니라, 자국 정보기관에 암약하고 있는 상대국 이중간첩들을 색출해 왔다. 근대 이후 스파이 역사는 이중스파이 역사라고 해도 무방할 만큼 이중스파이들에 의한 굵직한 스파이 사건들이 차고 넘친다.

소련은 미국과 영국 등 서방 국가 정보기관 내부의 자국 스파이를 통해 많은 간첩을 색출했는데, KGB는 자국 스파이였던 미국 CIA 요원 에임스(Ames)로부터 KGB 요원 올레그 고르디엡스키(Oleg Gordievski)가 영국 MI6 스파이로 의심된다는 보고를 받고 그의 스파이 활동을 차단할 수 있었다. 그리고 미국 육군 소속으로 국가안보국(NSA)에 파견되어 비밀 수발업무를 담당하다 소련 KGB에 포섭된 잭 던랩(Jack Dunlap)이라는 스파이 덕분에 미국 CIA와 영국 MI6 두 정보기관의 스파이로 활동해 오던 소련 정보총국 펜콥스키(Oleg Penkovsky) 대령의 스파이 행위를 포착해 낼 수 있었다.

미국 역시 소련 정보기관 내부에 있는 자국 스파이가 제공한 정보를 통해 CIA와 FBI 등 자국 정보기관에 숨어있던 다수의 소련 스파이 즉, 두더지(Mole)들을 색출할 수 있었다. 미국 역사상 최악의 간첩으로 평가되는 FBI 요원 로버트 핸슨(Robert Hanssen)은 16년 동안 소련 스파이로 활동하면서도 간첩 잡는 방첩 전문가답게 꼬리를 밟히지 않다가 결국 소련 KGB 요원 알렉산드르 스첼바코프(Alexandr Shcherbakov)가 제공한 스파이 활동 증거물 때문에 발각되고 말았다. 핸슨은 이중스파이로 활동하면서 미국 CIA 스파이였던 소련 정보총국(GRU) 소속의 폴랴코프(Dmitri Polyakov) 장군과 같은 많은 서방의 고급 스파이들을 소련에 팔아넘겼지만 결국 자신도 그 대가로 이중스파이의 제보 때문에 꼬리가 밟히고 말았다.

MI6 등 영국 정부기관에 암약했던 소련 스파이 '캠브리지 5인방' 중 핵심 인물이었던 MI6 요원 킴 필비(Kim Philby)도 소련 KGB 망명자에 의해 노출된 사례라고 할 수 있다. 이들 5인방 중 MI6 소속 가이 버지스(Guy Burgess)와 외무부 소속 도널드 매클린(Donald Maclean) 등 2명이 소련으로 도주하면서 킴 필비 역시 의심은 받았지만 노출되지 않았다가 결국 소련 KGB 요원 아나톨리 골리친(Anatoliy Golitsyn)이 미국으로 망명하면서 이중스파이 신분이 노출될 위험을 감지하고 그도 역시 소련으로 뒤늦게 도주하였다. KGB 요원 골리친은 미국으로 망명하면서 서방 국가에서 활동 중인 다수의 소련 이중스파이들에 관한 정보를 제공했다.

이처럼 일명 두더지(Mole)로 불리는 정보기관 내부에 숨어있는 이중간첩들은 엄청난 위협이 되기도 하지만, 반대로 상대 정보기관에 숨어있는 우리 측 스파이라면 매우 위력적인 무기가 된다. 무엇보다도 상당수 간첩 사건들은 이중스파이들이 제공해 온 정보에서 수사의 단초가 나오는 경우가 많은데 서방 국가와 소련 간에 발생했던 간첩사건들의 대부분은 이중스파이로부터 관련 정보가 나왔으며, 소련 KGB 요원 아나톨리 골리친의 사례처럼 정보기관 출신 망명자들 또한 이중스파이 색출을 위한 중요한 정보출처가 되었다.

만약 전 세계 정보기관들에게 현재 보유하고 있는 중요 정보자산들 중 Big 3 혹은 Big 5를 꼽아달라고 했을 때, 그중에 아마도 최소한 1-2명은 적국 또는 상대국 정보기관에 숨어있는 이중스파이가 포함되어 있지 않을까 예상한다. 이중스파이들은 스파이들이 존재하는 한 스파이 세계에서 결코 사라질 수 없는 상징적인 존재들이다.

국가안보와 직결되는 정보기관을 비롯한 군, 공안기관 등에 근무하는 공직자가 간첩으로 포섭될 경우, 직급의 높낮이와 상관없이 엄청난 안보 위협으로 다가올 수 있음을 스파이 역사가 말해주고 있다. 정보기관이 소속 직원들에 대해 일정한 주기로 일명 '거짓말 탐지기 검사'로 불리는 폴리그래프(Polygraph)를 실시하면서 검증하는 이유는 보안 누설자나 내부 간첩을 탐지하기 위한 것이지만 위법 행위를 차단하기 위한 사전 경고 의미까지 염두에 둔 것이라고 할 수 있는데, 앞으로 정보기관들의 내부 요원에 대한 검증 방법이 보다 다양화되고 그 빈도와 강도 또한 강화될 것으로 예상된다.

이중스파이는 영화 소재로도 많이 사용되었는데, 2021년 10월 실화 바탕의 에스토니아 이중스파이 영화가 국내에 소개된 바 있다. 〈스파이 워〉(Spy War)라는 제목으로 국내에서 개봉되었는데, 원제목은 〈O2〉이며 영국에서는 〈Dawn of War〉라는 제목으로 개봉했다. 이 영화는 2차 세계대전 발발 직전 에스토니아 등 유럽에서 벌어진 첩보활동 실화를 기반으로 만들어졌는데, 에스토니아 첩보원과 소련의 이중스파이 간의 두뇌 싸움과 소련군 암호첩 입수를 둘러싼 첩보전을 그리고 있다.

영화는 2차 세계대전을 앞두고 독일과 소련 간 불가침조약 체결 당시 양국이 발트 3국과 관련해 에스토니아와 라트비아는 소련이, 리투아니아는 독일이 차지하는 것으로 합의했다는 첩보가 입수되면서 위기감을 느낀 에스토니아 정보기관의 대응 정보활동과 이중스파이를 활용해 에스토니아 정부 내 반소련 인사들을 와해시키려는 소련의 공작활동, 그리고 소련의 에스토니아 무력 합병 계획에 대응한 에스토니아의 첩보수집 활동을 그리고 있다.

스파이의 관점에서는 이 영화에서 소련군의 암호첩 입수를 추진했던 에스토니아 정보요원이 암호첩을 보유 중인 소련군 장교에 대한 추적과 정보 수집을 통해 그의 부친이 과거 공산당의 반대편에 서서 싸운 전력자라는 첩보를 입수하고 이를 약점으로 활용하여 소련 장교로부터 성공적으로 암호첩을 입수하는 과정이 매우 인상적이다. 정보목표가 특정 인물이든 아니면 비밀정보든 그 목표에 대한 완벽한 정보 수집과 분석이 이루어질 때 목표와 관련한 임무를 수행할 수 있는 최선의 방안을 찾아낼 수 있고, 임무를 성공적으로 수행할 수 있음을 되새기게 하는 내용이다. 우리에게 잘 알려진 CIA나 MI6와 같은 서방국가 정보기관이 아니라 에스토니아 정보국의 실화에 기반한 스파이 영화라는 점에서 매우 신선한 첩보 영화다.

■ 은밀한 호송

정보기관의 공작활동에서 빼놓을 수 없는 주요 임무 중 하나가 비밀호송이다. 이는 목표지역에 있는 사람을 비밀리에 빼내 데려오는 것으로, 공작활동 가운데 난이도와 위험도가 매우 높은 임무이다. 호송할 대상이 한 사람일 수도 있지만 가족이나 단체, 집단과 같이 여러 사람인 경우에는 더욱 어렵고 변수도 많아진다.

비밀호송은 빼내오는 대상 국가의 호송 환경에 따라 이동수단과 투입인원 등 모든 요소들이 결정되기 때문에 대상 국가와 각 지역에 대한 정확한 정보 수집과 분석이 중요하다. 그리고 현지에서 지원해 줄 지역에 정통한 현지 협조망도 필수적이다. 비밀호송은 상당한 경험과 노하우 등이 필요하기 때문에 정보기관에서도 호송을 담당하는 전문요원을 육성하기 위해 노력한다.

만약 귀순을 희망하는 평양에 있는 북한의 핵 과학자를 대한민국으로 데려오는 호송공작 임무를 수행해야 한다고 가정해 보자. 우선 호송 수단에 있어 그를 비행기로 빼내 오는 것은 현실적으로 불가능하다. 그가 자력으로 해외로 나오지 않는 이상 북한에서 비행기로 사람을 빼내 올 수 있는 방법은 군사작전 실행 밖에 없는데 이는 자칫 군사적인 충돌로 확대될 수 있는 위험성이 크기 때문에 비밀공작 활동의 취지에도 맞지 않는다.

다음으로 해상을 통한 호송을 생각할 수 있다. 해상 호송의 경우 우선 북한지역 해안에 직접 침투하여 호송하는 방법을 생각할 수 있지만 이 또한 군사 행위라는 점에서 실행 불가능하다. 대안으로 북한에서 배를 이용해서 일단 공해상으로 나오게 하여 공해에서 호송해 오는 방안을 생각할 수 있겠다. 하지만 북한 내 협조자 등을 동원해 선박 확보 등 필요한 지원을 한다고 하더라도 현실적으로 공해상으로 나오기까지 정보기관이 통제할 수 없는 변수들이 너무 많고 그 과정에 수반되는 위험성 또한 크다는 점에서 실행하기에는 부담이 되는 방안이다. 다른 호송 수단이 없을 경우 최후의 수단으로 고려해 볼 수 있는 방안이라 할 수 있다.

마지막으로 육로를 이용한 호송은 유일한 루트인 북한-중국 국경을 월경하여 중국으로 데리고 나와 호송하는 방안으로, 당연히 리스크가 있지만 가장 현실적인 루트라고 할 수 있다. 일단 중국으로 나오게 되면 중국에서 민간 항공기나 여객선 또는 밀선 등 다양한 루트로 호송해 올 수도 있고, 혹은 중국보다 호송에 더 유리한 동남아 등의 인접 국가로 다시 이동시킨 후 데려오는 방법 등도 생각해 볼 수 있다. 이 과정에서 북한은 물론이고 중국 등 제3 국에 호송을 지원할 신뢰할 수 있는 협조자와 중간 은신처 등 많은 공작자원이 투입되어야 하며, 필요에 따라 호송 대상자에 대한 위조 여권 혹은 실제 여권 제작, 출입국 도장 협조, 위장서류 제작, 국적 세탁 등 호송을 위한 다양한 인적, 물적 지원들이 필요하다고 할 수 있다.

비밀호송 과정에서 노출되지 않고 성공하려면 각 단계마다 산재해 있는 위험요인들을 회피하고 필요한 지원이 제때 제공되도록 사전에 많은 것들이 고려되고 준비되어야 하는 만큼 비밀호송 공작은 어렵고 위험이 따르는 임무다. 과거 90년대 후반 대한민국 정보기관에서 북한에 생존해 있는 일부 국군포로들을 대상으로 비밀호송 공작을 전개해 성공리에 조국의 품으로 모시고 온 사례들이 있었다. 하지만 이제는 휴전한 지 70년이 경과하여 아마도 생존해 있는 국군포로들이 거의 없을 것으로 추정된다.

스파이 역사에서 이스라엘의 아프리카 유대인 비밀호송 공작과 함께 빼놓을 수 없는 또 하나의 기념비적 비밀 호송공작 성공 사례가 있는데, CIA가 캐나다 정부 지원을 받아 추진한 이란 내 은신 중인 미국 외교관 구출 공작인 'Operation Canadian Caper'이다.

1979년 이란에 부패한 친미정권에 반발한 혁명이 발생해 팔레비(Mohammad Reza Pahlavi) 왕이 미국으로 피신하여 망명을 요청하는 사태가 발생했다. 미국이 그의 망명 요청을 받아 들이면서 이란 내 반미여론이 최고조에 달했고, 결국 1980년 1월 이란 수도 테헤란에서 대규모 반미 시위대에 의해 미국 대사관이 점거되고 공관원 52명이 억류되는 사건이 발생하고 말았다. 당시 미국은 시위대가 대사관을 뚫지는 못할 것이며, 이들이 대사관을 점거하지는 않을 것이라고 안이하게 판단하여 시위대에 대한 발포도 금지시켰는데, 예상과는 전혀 다르게 상황이 급박하게 전개되면서 비밀서류들을 모두 소각해야 하는 최악의 상황에 놓이고 말았다.

결국 대사관이 점거되고 직원들이 시위대에 체포되어 눈이 가려진 채 억류되는 혼란스러운 상황에서 13명의 대사관 직원들이 억류 직전에 대사관에서 대피하여 탈출했다. 이들은 두 팀으로 갈라졌는데 7명 그룹은 얼마 못 가서 체포되었고, 영사부 리젝 부부(Mark Lijek, Cora Lijek)를 포함한 나머지 6명은 다행히 은신에 성공했다. 이들은 처음에 영국 대사관으로 가려고 했으나 시위대에 막히면서 결국 대사관 주방장 태국인 샘 시웨넷(Sam Sriweawnetr)의 도움을 받아 대사관 안가(Safehouse)에 잠시 은신하게 되었다.

미국의 협상 요청에도 불구하고 이란이 거부하며 강경하게 대응하는 등 협상을 통한 해결이 힘든 상황이 지속되는 가운데, 은신한 직원들은 이란 시위대가 미국 대사관 인원 중 일부가 사라진 사실을 알게 된다면 미국 대사관 안가를 찾아 나서는 등 위협이 가중될 것이라는 판단에 따라 은신 장소를 옮기기로 결정했다. 이들은 2차 은신 장소로 이란의 표적이 되지 않는 캐나다 대사관 쪽이 안전하다고 생각했고, 결국 테헤란 주재 캐나다 이민 사무소 직원인 존 시어돈(John Sheardown)의 집으로 은신처를 변경했다.

이란은 카펫을 제작하는 장인들까지 동원하여 미국 대사관 직원들이 파쇄한 수천 장의 서류를 복원해 대사관원들의 신원을 밝혀내고 테헤란 내 미국 정보원들을 색출해 냈다. 게다가 이란에 대한 UN의 경제제재 결의안마저도 소련의 거부권 행사로 무산되는 등 외교적 해결 기미가 보이지 않고 최악의 상황으로 치달았다. 캐나다 정부 또한 미국인들을 숨겨주는 것에 대해 부담을 갖기 시작하면서 미국은 불가피하게 구출 작전을 구상하게 되었다. 더욱이 갑자기 캐나다 언론에서 억류 공관원 인원수를 계산하는 등 언론들이 붙잡힌 인질수에 대한 의문을 제기하는 상황까지 발생하였다.

이에 미국 CIA는 비밀호송 전문요원인 토니 멘데스(Tony Mendez)라는 인물을 투입하여 은신 중인 6명의 대사관원 구출 공작에 착수했다. 당시 이란 대사관에는 CIA 요원이 1명 파견되어 근무하고 있었지만 그는 다른 외교관들과 함께 억류된 상태였다. 토니 멘데스는 CIA에서 14년간 위장과 변장 전문가로 구출 업무를 수행해 온 특수요원이었다. 그는 할리우드의 영화 로케이션 스카우트팀이라는 가장신분으로 '스튜디오 식스'(Studio 6)라는 위장 영화사까지 만드는 등 완벽한 가장을 통해 이란을 속이는 데 성공했고 마침내 1980년 1월 은신한 6명의 미국인들을 구출했다. 그는 구출 공작을 위해 영화 제작사뿐만 아니라 '아르고'(ARGO)라는 제목의 영화 시나리오까지 준비했다.

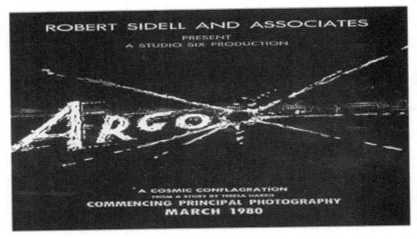

CIA 제작 '아르고' 영화 포스터 (출처: CIA 홈페이지)

그리고 은신한 미국 외교관들을 영화에 종사하는 캐나다인들로 위장시키기 위해 캐나다 정부 협조하에 그들의 캐나다 여권을 제작하는 등 위장신분이 들통나지 않도록 철저하게 준비하면서 공작을 추진했다. 또한 은신 중인 미국 공관원들에게 영화업계 종사자로서 각자의 역할과 임무를 주고 철저히 학습토록 하여 출국 과정에서 어떤 질문에도 대응할수 있게 교육했다. 물론 이 호송공작이 성공할 수 있었던 것은 무엇보다도 캐나다 정부의 은신처 제공과 여권 지원 등 전폭적인 지원이 가장 큰요인이었다고 볼 수 있지만, 위장신분에 대비한 탄탄한 뒷감당과 영화

제작이라는 위장을 위한 탁월한 공작 아이디어 등이 비밀호송을 성공시키는 뒷받침이 되었다.

피신한 6명의 외교관 구출 작전에 성공한 이후 1980년 4월 미국 카터(Jimmy Carter) 대통령은 억류 중인 공관원들을 구출하기 위한 군사 작전을 실행했다가 미군 8명이 사망하고 다수의 부상자가 발생하는 실패를 겪기도 했는데, 결국 억류 444일 만인 1981년 1월 인질 전원이 석방되면서 억류 사건은 끝을 맺었다.

CIA의 이란 은신 미국 외교관 구출 공작은 2012년 〈아르고〉(ARGO)라는 제목의 영화로 만들어져 소개되었는데, 이 영화는 구출공작을 주도한 CIA 요원 토니 멘데스가 집필한 책 〈The Master of Disguise〉와 'Wired'라는 잡지에 2007년 게재된 미국 저널 리스트인 죠슈아 베어맨(Joshuah Bearman)의 기사 〈The Great Escape: How the CIA Used a Fake Sci-Fi Flick to Rescue Americans from Tehran〉를 바탕으로 제작되었다.

영화 제목 'ARGO'는 원래 그리스 신화에서 야손 일행이 황금 양털을 구하기 위해 타고 떠나는 배의 이름인데, 영화에서는 제작하려는 영화 시나리오의 제목으로 나온다. 실제로 비밀공작에서 사용된 가짜 영화는 미국 작가인 로저 젤라즈니(Roger Zelazny)의 〈신들의 사회〉(Lord of Light)라는 소설의 영화화 계획이 무산된 것을 CIA 요원 토니 멘데스가 '아르고'(ARGO)라는 제목으로 바꾼 것이라고 한다.

스파이 시각에서 영화에서 주목되는 부분은 비밀호송을 위해서 영화 제작자로 신분을 속이려고 실제 영화사를 설립하고, 영화 제작자까지 물색해서 협조자로 참여시키는 등 위장활동이 탄로 나지 않도록 철저하게 뒷감당을 한 것이다. 또한 억류된 대사관 직원들에게 영화사에서의 각자 역할에 맞는 기본 지식과 배경에 대해 꼼꼼히 암기토록 학습시키는 등 탈출 과정에서 위장신분이 노출되지 않도록 대비하는 장면들은 사실 스파이들이 실제 위장활동을 할 때 가장 중요하면서도 기본적인 원칙들에 해당하기 때문에 매우 공감이 가는 내용이라고 할 수 있다.

이처럼 정보기관은 언제든지 필요한 인물을 호송해 오기 위한 공작 조직을 운영하고 있다. 무엇보다도 이러한 난이도 높은 특수공작 임무를 수행하기 위해서는 위장활동을 위한 완벽한 지원 시스템 구축과 보안 유지, 그리고 목표국가 내 협조망 확보 등 공작추진을 위한 인프라 구축이 필요하다.

대한민국 정보기관도 이런 특수공작 수행에 있어 많은 성과를 거두기도 했지만 아직 이러한 특수공작 수행을 위한 인프라 구축 측면에서는 부족한 부분이 많다. 이를 위해 국가 차원에서의 체계적인 지원 시스템 구축이 필요함에도 불구하고 보안 등의 이유로 정보기관 자력에 의한 지원 시스템을 구축할 수밖에 없는 한계, 그리고 정보기관 또한 공무원 조직이다 보니 인사, 예산, 복무 등 일반 공무원 조직의 법과 제도 속에서 벗어날 수 없는 제약 등으로 인해서 비밀공작 수행을 위한 인프라 구축 속도가 더딘 것이 현실이다.

■ 배신자와 정적을 제거하라

스파이들이 수행하는 비밀공작들 중 가장 위험한 특수 임무 중 하나가 암살공작일 것이다. 일반적으로 정보기관에 의한 암살공작은 공산권에서는 정권이나 지도자에 대한 반대 투쟁을 벌이는 개인이나 조직의 수장, 서방으로 망명한 변절자 등이 대상이 되어 온데 반해, 서방의 경우에는 대부분 테러 단체의 수괴나 핵심인물 등이 암살 대상이 되고 있다.

정보기관의 암살공작과 관련해 가장 생생하게 우리가 목격한 사건이 바로 북한 김정일의 장남이자 김정은의 이복형인 김정남 암살 사건이다.

2017년 2월 13일 말레이시아 쿠알라룸푸르 공항에서 김정남이 북한의 정보기관인 국가보위부 요원으로 추정되는 인물들의 사주를 받은 베트남 국적 여성 도안 흐엉(Đoàn Thị Hương)과 인도네시아 국적 시티 아이샤(Siti Aisyah)라는 여성들에 의해 치명적인 화학물질인 'VX' 공격을 받고 사망한 것이다.

김정남 눈에 'VX'를 바르는 모습 (출처: businessinsider.com)

북한은 김정남 제거를 위해 이미 오래전부터 이들 외국 여성들을 활용한 암살공작을 기획했던 것으로 확인되었다. 이들 여성들에게는 재밌는 유튜브 동영상 제작을 위한 몰래카메라 촬영이라고 속이고 김정남 눈에 'VX'를 문지르게 하는 시나리오였다. 사전에 여러 장소에서 수차례에 걸쳐 다른 사람들을 대상으로 몰래 뒤에 가서 손으로 눈을 가리는 등으로 예행연습을 했는데, 실제 이 여성들은 몰래카메라 촬영으로 인식하고 있었고 김정남이 누구인지도 몰랐다고 진술하였다.

김정남 암살은 말레이시아 현지 북한 요원과 본국에서 파견된 요원들이 합작하여 추진한 공작이었다. 당시 암살에 동원된 북한요원은 총 8명으로, 사건 당시 공항에 체류하고 있었던 오종길을 비롯한 4명의 요원들은 사건 발생 직후 곧바로 비행기로 출국하였으며, 말레이시아 주재원 리정철 등 나머지 4명도 사건 발생 후 조사를 받기는 했으나 증거 부족으로 어떠한 처벌 없이 석방되었다.

말레이시아 당국이 사건 후 북한 대사 추방 등 강경한 입장을 취했지만, 이에 북한도 평양 주재 말레이시아 공관원들을 억류하는 것으로 대응했고 결국 말레이시아가 김정남 시신을 화장 후 북한에 인도하고 북한은 평양에 억류된 말레이시아인들을 풀어주는 조건으로 타협이 이루어졌다.

결론적으로 북한의 김정남 암살공작은 매우 성공한 공작이었다고 평가할 수밖에 없다. 김정은의 지시에 의해 암살공작이 실행되었다는 사실은 자명하지만 암살에 관여했던 북한요원 어느 누구도 처벌을 받지 않았고 암살에 이용되었던 2명의 외국인 여성들도 수감되었다가 외교적 협상을 통해 모두 석방되는 등 김정은에게 눈엣가시 같은 존재였던 김정남을 별다른 피해 없이 제거하는 성과를 거둔 것이다.

게다가 김정은은 사건 이듬해인 2018년 미국 트럼프 대통령과 싱가포르 북미 정상회담을 통해서 세계 무대에 스포트라이트를 받으며 데뷔하는 성과를 거두었는데, 암살 사건이 김정은에게 단지 이복형을 살해한 독재자라는 추가 타이틀을 붙여 준 것 외에는 크게 악영향을 주지 않았고 단지 과거의 지나간 사건이 되어 버렸다는 점에서 북한의 성공한 공작임에 분명하다.

김정남 암살 사건은 2020년 1월 〈암살자들〉(Assassins)이라는 제목의 다큐멘터리 영화로 제작되어 해외 영화제에서 최초 공개되기도 했다. 암살에 직접 관여한 2명의 여성인 '도안 티 흐엉'과 '시티 아이샤', 그 가족 등 다수의 사건 관련자들과 이들의 변호사 등이 출연했다.

영화는 북한이 어떻게 두 여성을 암살공작에 끌어들였고, 어떻게 위장하면서 암살을 추진했는지, 그리고 이 여성들은 김정남이 누구이고 그의 눈에 바른 VX의 위험성을 사전에 인지하고 있었는지 즉, 암살 목적인 것을 사전에 알고 있었는지 여부 등에 초점을 맞춰 관련자들 인터뷰와 현장 영상 등을 통해 추적하는 내용이다. 이와 함께 사건 이후의 재판 과정과 말레이시아와 북한의 대응, 두 여성의 석방 과정 등을 사실적으로 담고 있다.

영화에서 주목되는 내용은 김정남이 사건 발생 수일 전에 말레이시아에서 미 CIA 측 인사와 은밀히 만났다는 것이다. 그가 사망하기 5일 전인 2017년 2월 8일 김정남이 말레이시아 랑카위 웨스틴 호텔(The Westin Langkawi Resort & Spa)에서 미국 CIA 에이전트와 2시간 정도 비밀리에 접촉했음이 확인되었고, CIA 측과 만남 이후 쿠알라룸푸르로 갔다가 살해당했다는 사실을 전하고 있다. 또한 그의 가방에는 미화 13만 8천 달러가 들어 있었는데, CIA로부터 정보제공 대가로 받은 것으로 추정된다면서 김정남과 미국 CIA와의 커넥션에 대해 밝히기도 했다.

영화는 결론적으로 이번 사건은 북한의 완전범죄로 종결되었으며, 트럼프 대통령조차 북한정보 수집을 위해 김정은의 친인척 등을 정보원으로 포섭하는 것을 허용하지 않을 것이라고 언급하는 등 김정남과 관련한 CIA의 개입을 우회적으로 비판했다면서 김정남 암살 사건은 북한의 완벽한 승리라고 평가하고 있다.

암살공작은 1980년대 이전까지는 소련 등 공산국가의 정보기관뿐만 아니라 미국 CIA, 이스라엘 모사드와 같은 서방 국가의 정보기관에서도 암암리에 실행해 왔다. 미국은 쿠바 공산혁명 이후 비록 성공하지 못했지만 다양한 방법으로 쿠바 지도자 카스트로(Fidel Castro) 암살공작을 시도한 바 있고, 남미를 비롯한 세계 여러 지역 사회주의 정권 지도자들을 제거하기 위한 공작을 추진했는데 1976년 포드(Gerald Rudolph

Ford) 대통령 시기에 행정명령을 통해서 정보기관의 정치적인 암살공작을 금지시켰다.

러시아 등 공산국가 정보기관들에 의해 자행되는 반체제 인사 제거를 위한 암살공작과는 다른 형태의 암살공작도 있었다. 1970년대 이스라엘 모사드가 팔레스타인 테러 조직 '검은 9월단'(Black September)의 뮌헨 올림픽 테러 사건을 계기로 팔레스타인 주요 인사를 대상으로 실행한 보복 암살 공작, '신의 분노'(Operation Wrath of God)가 그것이다.

'뮌헨 올림픽 테러 사건'은 1972년 9월 하계 올림픽 기간 이스라엘 선수촌 숙소에 테러 단체 '검은 9월단' 단원 8명이 이스라엘 선수와 임원 등 관계자 11명을 인질로 잡고 협상을 시도했으나, 독일 경찰의 테러 진압 준비 부족 등 허술한 대응으로 이스라엘 인질 전원이 살해된 사건이다. 당시 테러분자들은 이스라엘 정부에 수감된 팔레스타인 양심수 234명의 석방을 요구했지만 이스라엘은 이를 거부하면서 독일에 자신들이 군대를 동원해 해결하겠다는 의사를 전달했는데 독일이 외국군의 자국 내 활동 제한을 이유로 거부했다. 독일은 항공기 제공 등 테러분자들과의 위장교섭을 통해 이들을 속인 후 공항에 배치한 저격수들을 이용해 테러범들을 사살하고 인질을 구출한다는 계획을 수립했지만 허술한 작전으로 실패하고 말았다.

이로 인해 이스라엘 인질 전원이 사망하고 테러범은 8명 가운데 5명이 사살되고 3명만 체포되었다. 하지만 체포된 3명의 인질범마저도 사건이 발생한 지 불과 한 달여 만인 1972년 10월 발생한 루프트한자(Lufthasa) 항공기 납치 사건 때 납치범들의 요구로 석방되고 말았다.

이후 이스라엘 정보기관 모사드는 뮌헨 테러에 관여했던 '검은 9월단' 관련 인물들에 대한 보복 암살공작을 추진하여 유럽 등 세계 각지에 체류 중이던 다수의 팔레스타인 주요 인사들을 제거했다. 암살 대상자 명단에는 유럽 국가에 나와 있는 다수의 팔레스타인 대표 등이 포함되어 있었고, 암살 방법도 전화기, 침대 등에 폭탄을 설치하는가 하면 요원들이 직접 총으로 암살하기도 했으며, 위협을 주기 위해 편지폭탄을 이용하기도 하는 등 다양한 방법이 동원되었는데 이스라엘의 개입이 드러나지 않게 비밀리에 추진했다.

하지만 1973년 7월 노르웨이 릴레함메르에서 일어난 모사드 요원들의 암살 실패 사건은 이스라엘에 큰 타격을 주었다. 모사드는 뮌헨 테러의 배후인물로 추적 중이던 팔레스타인 고위 핵심인물 중 한 명인 살라메(Ali Hassan Salameh)가 노르웨이 릴레함메르에 있다는 첩보를 입수하고 암살 팀을 현지에 파견했는데, 잘못된 첩보로 인해 식당 웨이터로 일하는 모로코 출신의 평범한 일반인을 살라메로 잘못 알고 살해하고 말았다. 이 사건으로 작전에 참여한 모사드 요원들은 현지에서 체포되고 살인죄로 감옥에 갔다가 1975년 외교협상을 통해 석방되었다. 모사드는 이후에도 살라메 암살을 지속 추진했지만 실패를 거듭하다가 레바논 베이루트에서 차량 폭탄을 이용해 결국 암살에 성공했는데 이때도 무고한 일반인들이 다수 희생되기도 했다.

이스라엘의 '신의 분노' 공작은 20년 가까이 지속되었다는 주장이 제기될 만큼 장기간에 걸쳐서 실행된 것으로 알려지고 있는데, 2005년 〈뮌헨〉(Munich)이라는 제목의 영화로 만들어져 소개되기도 했다.

영화는 뮌헨 테러 이후 모사드가 실행한 팔레스타인 인사 11명에 대한 보복 암살공작을 중점적으로 그리면서 한편으로는 테러 배후세력을 제거하더라도 결국 또 다른 인물로 대체된다는 사실과 함께 작전 과정에서 테러범과 전혀 무관한 민간인 피해와 동료요원의 죽음 등으로 겪게 되는 정보요원의 심리적 갈등을 통해 결국은 양측 모두가 피해자라는 사실을 말하고 있다. 비록 일부 사실과 다른 픽션이 가미된 영화이기는 하지만 테러 등 자국에 대한 공격에 대응하는 이스라엘 정보기관의 보복공작을 사실적으로 그리고 있는데, 사건 이후 50년이 경과한 2023년 하마스의 기습공격으로 벌어진 전쟁에서 보여준 이스라엘의 대응 기조와 크게 다르지 않다.

최근년 러시아나 북한과 같은 공산권 국가가 아님에도 암살공작으로 의심되는 사건이 튀르키예에서 발생하기도 했다. 바로 사우디아라비아 출신 언론인 자말 카슈끄지(Jamāl Khāshuqjī) 암살 사건이다. 카슈끄지는 사우디아라비아 언론인으로, 미국으로 건너가 '워싱턴 포스트'지 칼럼니스트 등으로 활동하면서 사우디아라비아의 최고 실세 빈 살만(Mohammed bin Salman) 왕세자를 지속적으로 비판해 온 인물이다.

그가 2018년 10월 전 부인과의 이혼 관련서류 발급을 위해 튀르키예 이스탄불 주재 사우디아라비아 총영사관을 방문했다가 사우디 정보기관 요원들에 의해 암살된 것이다. 당시 튀르키예 에르도안(Recep Tayyip Erdoğan) 대통령은 카슈끄지가 살해되었다고 조사 결과를 발표했는데, CCTV에는 그가 영사관을 방문하는 장면은 있으나 나오는 장면이 없는 등 사건 이후 여러 정황과 증거들로 인해 사우디 정부 즉, 빈 살만 지시에 의한 암살공작이었음이 확실시되었다. 하지만 사우디는 그가 살해된 사실은 인정하면서도 왕실의 개입은 철저히 부인하였다.

이 암살 사건은 미국의 사우디아라비아에 대한 압박 소재가 될 수 있었으나 국익이라는 이해관계에 의해 매몰되고 말았다. 사우디의 이러한 암살공작은 비밀공작이라는 국가정보활동이 갖고 있는 전형적인 특성을 잘 보여주고 있는데, 바로 공작활동이 노출될 경우 국가의 개입에 대해서는 선을 긋고 부인한다는 것이다.

미국은 2022년 7월 수배 인물인 테러 조직 알카에다 최고지도자 아이만 알 자와히리(Ayman al-Zawahiri)를 아프가니스탄 카불에 있는 은신처에 대한 드론 공격을 통해 암살하였다. 이는 국가정보기관에 의한 암살이라기보다는 일종의 군사작전 성격에 가깝고 암살 사실을 공개한다는 점에서 일반적인 암살공작들과는 다소 차이가 있지만 국가 차원에서 이행되는 암살이라는 점은 동일하다.

2023년 8월 러시아 민간 군사기업인 바그너 그룹(Wagner Group) 수장 예브게니 프리고진(Yevgeny Viktorovich Prigozhin)이 푸틴 대통령과 결별하고 무장 반란을 일으킨 이후 의문의 비행기 추락사고로 사망하는 사건이 발생했는데, 푸틴에 의한 암살공작이라는 평가가 나오고 있지만 어떠한 증거도 나오지는 않았다.

이처럼 아직도 공산국가 등 독재국가들에서 뿐만 아니라 일반 국가들에서도 여전히 암살공작이 벌어지고 있는데, 이는 국제법이나 인권과 같은 제약 요인들도 정권의 안정이나 국가 이익이라는 목표보다 우선하지 못한다는 것을 보여주는 것이라고 할 수 있다.

제6장

냉전이 불러온
스파이 전성시대

■ 미국과 러시아의 도청 전쟁

2023년 4월 미국 국방부 내부 기밀문건이 미군 사병에 의해 인터넷에 유출되면서 세계적으로 이슈화된 바 있다. 문건은 중앙정보국(CIA)과 국가안보국(NSA), 국가정찰국(NRO) 등 미국 여러 정보기관에서 수집한 내용들로, 우크라이나 전쟁 관련 정보를 비롯해 이란과 북한의 미사일 프로그램 등 적대국은 물론 대한민국, 이스라엘 등 우방국 관련 정보도 포함되어 있었다.

하지만 기밀문서 유출보다도 당시 가장 논란이 되었던 것은 문건 내용에서 미국이 대한민국을 비롯한 프랑스, 캐나다, 이스라엘 등 우방국들을 대상으로 도청을 통해 정보를 수집한 정황이 확인된 것이었다. 일부 국가들은 문건 내용에 대해 부인하기도 했으나 사실 미국이 우방국들을 대상으로 도청을 실시했다는 의혹은 전혀 새로운 것이 아니다.

대한민국의 경우 미국이 1970년대 박정희 대통령 시기 청와대를 도청하여 당시 양국 간 갈등 요인이 된 바 있었고, 지난 2013년에는 미국 정보기관이 독일 메르켈 총리의 휴대전화를 도청했다는 의혹이 제기되면서 독일이 미국 대사를 소환하는 등 마찰을 빚기도 했다. 이런 가운데 2013년 미국 국가안보국(NSA) 민간 계약직 직원이었던 스노든의 기밀자료 폭로 사건이 터지면서 미국 주도로 전 세계의 엄청나고 방대한 양의 신호정보가 정보 선진국들에 의해 독점되고 있음이 확인되기도 했다.

이처럼 미국이 적국은 물론 우방국들에 대해서도 정보를 수집하기 위해 위험을 감수하면서까지 도청을 실시하는 가장 큰 이유는 도청을 통해 수집되는 정보들이 생생하고 적시성 있는 고급 정보가 많기 때문이다. 그래서 정보기관들이 도청에 대한 유혹을 뿌리치기 쉽지 않고 많은 국가들에서 정보기관의 도청이 문제가 되곤 한다.

냉전 시기 미국과 소련 간에 벌어진 도청 전쟁은 스파이 역사에 많은 자취를 남겼다. 1945년 8월 소련 주재 미국 대사 해리먼(William Averell Harriman) 집무실에 버젓이 러시아 정보기관의 도청장치가 반입되는 사건이 있었는데 매우 기발하고 획기적인 도청 사건이었다. 러시아 소년단원(The Vladimir Lenin All-Union Pioneer Organization) 소속 어린이가 양국 간 우호의 상징으로 소련 주재 미국 대사에게 선물로 미국 국장(The Great Seal of United States)이 새겨진 목각 장식물을 선물했는데 대사는 국장 장식물을 집무실 벽에 걸었다. 이 장식물 내부에는 도청기가 설치되어 있었는데 미국은 7년이라는 시간 동안 도청 사실을 전혀 알지 못하고 소련에 미국 대사 집무실을 송두리째 내주고 말았다.

도청장치가 숨겨진 미국 국장 (출처: thevintagenews.com)

'The Thing'으로 불린 이 도청기는 당시 소련 음악가이자 과학자인 레프 테레민(Lev Sergeyevich Termen)이라는 인물이 소련 정보기관

KGB 지시를 받아 개발한 '수동 공동공명기'라는 도청장치였다. 이 도청 장치는 전자 부품이 하나도 없는 당시에는 획기적인 장비였으며, 작동을 위해 신호 발신기가 극초단파 라디오 신호를 수동 공동공명기 내부의 안테나로 보내 목표의 대화를 도청한 다음 수신자에게 다시 보내는 방식이었다. 이 장비는 특정 라디오파나 마이크로파가 있어야 작동하며, 무엇을 전송하는 것이 아니기 때문에 평상시에는 잡아낼 수 없었다. 미국 대사관 인근 비밀 아지트에 있는 러시아 정보기관 요원들이 특정한 마이크로파를 작동시킬 때마다 도청장치가 켜져서 작동했던 것이다.

나중에 도청장치라는 사실을 알고 목각 장식물을 분해하자 마이크 역할을 하는 디스크와 안테나 역할을 하는 금속봉이 내부에 숨겨져 있었다. 대사관 인근에 있는 소련 정보요원들이 라디오 신호를 보내면 안테나가 대사가 있는 방에서 그 신호를 잡아내고 마이크를 작동시키는 방식이었다. 소련은 1960년대와 1970년대 미국 대사관을 비롯한 외국 공관에 이런 마이크들을 곳곳에 은밀하게 설치하여 도청을 실시했던 것이다.

1960년대에는 소련 주재 미국 대사관에서 사용하는 타자기에 송신 장치를 설치하여 타자기 입력 내용이 소련 정보기관에 수집되는 도청 사건도 있었다. 소련의 타자기 감청은 10년 간 지속되었기 때문에 이로 인해 미국은 드러나지 않은 엄청난 타격을 입었다. 소련이 타자기 유통 과정에서 타자기를 해체해서 내부 알루미늄 봉을 교체했는데, 봉 내부에 전자장치를 몰래 설치한 것이다. 타자를 할 때 입력한 내용이 소형 버퍼에 저장되고 버퍼가 다 차면 무선 주파수를 통해 인근 소련 도청기지로 전송되는 방식이었다. 이 사건을 계기로 미국은 건맨 프로젝트(Gunman Project)로 명명된 도청장치 색출 공작을 추진하여 공관 내 모든 물품과 장비에 대한 대도청 점검을 실시했는데, 당시 모스크바와 레닌그라드 공관에서 사용 중이던 총 16대의 타자기에서 도청장치가 발견되었다.

도청과 관련해 더 기발한 사건도 있었다. 1970년대 체코의 정보기관 비밀경찰국이 체코 주재 미국 대사를 도청한 사건은 매우 기발해 도청과 관련한 유명한 일화로 남아 있다. 비밀경찰국이 미국 대사가 구입한 구두가 체코에 도착하자 이를 중간에서 가로채 정상적인 구두 밑창을 떼어 내고 도청장치가 숨겨진 특수제작 구두 밑창으로 교체 후 자연스럽게 배송되도록 했다.

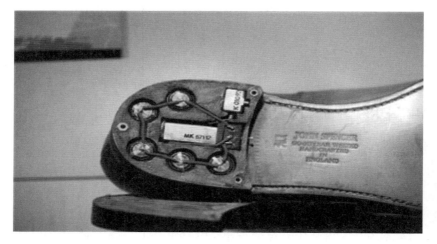
구두에 설치된 도청장치 (출처: putthison.com)

당시 미국 대사 관저에서 일하던 체코인 가정부는 체코 정보기관 협조자였는데, 대사의 옷과 신발 등을 관리했으며 아침에 대사에게 구두를 챙겨주면서 구두끈을 당기면 배터리가 송신기를 작동시키는 방식이었다. 미국 대사관이 대사관 건물에 대한 대도청 점검을 실시하는 과정에서 갑자기 라디오에서 대사의 목소리가 흘러나오자 그때서야 무엇인가 잘못되었음을 알게 되었고, 결국 대사의 구두 밑창에 설치된 도청 장치를 확인하게 되었다. 도청기의 기술 수준은 대단히 낮았지만 대사의 대화 내용을 체코의 정보기관이 상당 기간 도청하는 결과를 초래했다.

1970년대 후반에는 더욱 놀라운 사건도 있었는데 소련 주재 미국 대사관을 신축하는 과정에서 소련이 자국 인부들을 활용해 미국 대사관 건물 벽속에 수백 개의 마이크 장치를 설치했다가 발각된 것이다. 신축 건물 내 도청 장비를 확인한 미국은 건물 대부분을 해체하고 미국인 인부와 미국에서 공수해 온 장비로 공사를 다시 진행했다. 건물 공사 시 소련 인부들이 벽돌을 바르기 전에 기둥과 들보에 마이크를 설치했는데 건물 외벽 전체에 수백 개의 마이크가 설치되었다고 한다.

이 같은 소련의 도청 공작에 대응해 미국도 다양한 방법으로 소련에 대한 도청 공작을 전개하였다. FBI는 워싱턴 DC 소재 소련 대사관 건물의 지붕에 있는 배수관에 도청 장비를 설치해 대화 내용을 수집하는 암호명 '옥토퍼스'(Operation Octopus) 공작을 성공적으로 실행하기도 했다.

또한 1971년에는 암호명 '아이비 벨스'(Operation Ivy Bells)로 불리는 작전을 통해 소련 해군정보를 성공적으로 감청한 바 있는데, 미국 해군과 CIA, NSA 등 정보기관이 참여한 합동공작이었다. 당시 소련은 오호츠크 해역 수심 120m 바닥에 암호화되지 않은 케이블을 설치해 소련 해군과 모스크바 크렘린궁 간의 통신에 이용하고 있었다. 이에 미국은 잠수부를 케이블로 보내 케이블을 감싸는 감청 장비를 설치하고 케이블로 전해지는 모든 데이터를 복사했으며, 설치한 장비 안에는 큰 기록 장치가 있었는데 주기적으로 잠수함을 보내 그것을 수거하였다. 당시 미국이 향후 10년 동안 소련의 해군 작전에 관한 고급 정보를 수집하는데 성공했다고 평가했을 만큼 큰 성과를 거둔 사업이었다.

하지만 이 공작은 1980년 개인 빚에 허덕이던 전직 미국 NSA 정보 분석가 로널드 펠튼(Ronald Pelton)이라는 인물에 의해서 노출되고 말았는데, 돈이 필요했던 그가 소련 대사관에 제 발로 찾아가서 돈을 받고 공작에 관한 정보를 제공한 것이다. 그는 1980년 이후 3년 넘게 소련 스파이로 활동했으며, 미국은 이를 전혀 모르고 있다가 1985년 소련 KGB 요원 비탈리 유르첸코(Vitaly Yurchenko)가 미국으로 망명해 오면서 그의 제보 덕분에 팰튼을 체포할 수 있었는데, 유르첸코는 팰튼이 스파이가 되기로 결심하고 워싱턴 DC에서 최초로 접촉했던 소련 요원이었다. 당시 미국이 '아이비 벨스' 공작에 사용했던 도청장치와 녹음장치가 현재 모스크바의 전승 박물관(The Museum of the Great Patriotic War)에 전시되고 있다고 한다.

하지만 소련 대사관을 대상으로 한 미국의 도청 공작이 실패로 끝난 경우도 있었다. 1977년 소련이 워싱턴 DC 주재 대사관 신축 이전을 추진했는데, FBI 내부에서 소련 대사관 신규 부지의 지리적 입지로 인해 백악관과 펜타곤 등 국가 핵심시설들을 대상으로 소련의 도청 공작이 이루어질 수 있다는 우려가 제기되었다. 이에 FBI가 소련의 도청공작 추진 여부를 파악하고 소련 대사관 내부 첩보를 수집하기 위해 신축 소련 대사관 지하로 도청용 터널을 뚫는 암호명 '모노폴리 공작'(Operation Monopoly)을 추진한 것이다.

이를 위해 신축 소련 대사관 인근의 민간인 주택을 구입 후 이를 공작 거점으로 터널 공사에 착수했다. 하지만 공사 과정에서 누수 등의 여러 기술적 문제가 발생한데 다 이미 소련이 모스크바에 있는 미국 대사관을 대상으로 도청용 터널을 건설했던 경험이 있었기 때문에 미국의 터널 건설 가능성에도 대비하고 있었던 것이다. 그뿐만 아니라 소련 스파이였던 FBI 요원 로버트 핸슨의 관련 정보 누설까지 더해진 데다 2001년에는 외부에까지 알려지면서 장기간에 걸쳐 진행된 도청용 터널 건설 공작은 성과 없이 종결되고 말았다.

우리가 상상하는 이상의 기발한 도청장치 개발도 있었는데 미국은 멕시코에 체류 중인 소련 스파이로 추정되는 인물들을 대상으로 한 도청 아이디어를 내는 과정에서 도청 장비를 총알 속에 넣어 목표가 있는 인근 나무 등에 발사하는 도청 방안을 계획했다. 이후 이 계획은 실제 실행에 옮겨졌는데 총알에 작은 구멍을 내어 내부에 송신기와 마이크를 넣고 목표 인근의 나무에 쏘아 성공적으로 도청을 실시했다고 한다.

2000년대 들어 더욱 정교한 도청장치들이 개발되었는데, 우리가 평소에 사용하는 신용카드나 정부기관 또는 회사의 출입증 등이 도청 장비로 사용되기도 한다. 지갑에 신용카드가 들어 있고 목에는 신분증을 걸고 있지만 실제로는 카드와 신분증 내부에 도청장치가 함께 장착되어 있는 것이다.

■ 제 발로 굴어 들어온 복덩이 스파이들

과거 냉전 시기에 소련 KGB나 GRU와 같은 정보기관 요원들 중 공산주의에 대한 반감 등 개인의 사상적 신념이 동기로 작용하여 자발적으로 미국 등 서방 국가의 스파이가 되어 활동했던 사례들이 많다. 그와 반대로 미국 CIA나 영국 MI6 등 서방 정보기관 요원이 돈에 눈이 멀어 국가를 배신하거나 공산주의 사상에 심취하여 스스로 소련 스파이가 된 사례들 또한 많았다. 스파이 세계에서는 이렇게 상대국 요원이 자발적으로 망명해 오거나 스파이가 되기를 희망하면서 스스로 협조해 오는 경우가 매우 빈번히 일어나는데 이를 '워크 인'(Walk In)이라고 한다.

상대국 스파이가 전향하여 자국의 스파이가 되는 경로는 크게 두 가지인데, 정보기관에 의한 포섭과 자발적 전향 즉, '워크 인'에 의해서다. 다시 말해 정보기관이 상대국 정보기관 요원에 접근하여 스파이로 포섭하거나, 상대국 정보기관 요원이 자발적으로 스파이가 되겠다고 자원하는 경우이다.

먼저 포섭에 의한 방법은 돈, 이데올로기, 약점에 의한 협박 등 포섭에 성공할 수 있는 동기를 잘 찾아내고 접근해서 그것을 활용하여 스파이로 전향시키는 것이다. 많은 시간과 노력이 소요될 수 있고 실패할 확률도 매우 높다. 절박한 동기가 있어 의외로 쉽게 포섭이 이루어지는 경우도 있지만 짧게는 1-2년에서 길게는 수년에 걸쳐 포섭이 이루어지는 경우도 많다.

이에 반해 자발적으로 스파이로 활동하겠다고 스스로 찾아오는 '워크 인'의 경우 그 이유는 정보를 제공하고 돈을 벌려는 금전적인 목적이거나 또는 개인적 신념에 의한 이념 전향, 개인 신변문제 등에 기인한 망명 등 다양하다. 과거 미국과 소련 간에 치열한 정보전쟁이 벌어졌던 냉전 시기에는 이러한 '워크 인' 사례가 빈번히 발생했다. '워크 인' 했던 인물들의 상당수는 상대국 정보기관 요원들이어서 고급 정보 수집을 위한 최고의 출처가 되었다.

대한민국의 경우도 해외에서 근무 중인 북한요원들 중 우리 대사관에 직접 '워크 인' 하거나 다른 인물을 통해 간접적으로 '워크 인' 의사를 타진해 오는 경우가 간혹 있다. 북한 요원의 '워크 인'은 보통 두 가지 형태로 나타나는데, 대한민국으로 귀순하기 위해 '워크 인' 하는 경우가 있고, 또 하나는 북한에 있는 가족 등 여러 이유들로 인해 귀순하지 않고 현재 위치에서 스파이로 정보를 제공하면서 금전적 지원 등 도움을 받기를 희망하는 경우이다.

보통 귀순을 희망하는 경우는 가족 단위도 많은데, 북한 체제에 대한 염증과 회의감 등으로 더 이상 북한 체제에 기대할 것이 없다는 이념적 전향에서 비롯되거나 개인적인 비리 노출 등 내부적 문제로 인해 처벌이 우려되는 위기 상황에서 탈출을 위한 목적인 경우도 매우 많다. 이에 반해 귀순 목적이 아닌 경우는 단순히 정보 제공을 통해서 돈을 벌기 위한 것이거나, 해외 생활에서 보고 느낀 북한 체제의 모순과 암울한 미래, 남북 간 체제 경쟁 격차 등에서 비롯된 북한체제에 대한 반감과 대한민국 주도의 통일이라는 미래 상황에 대비한 보험 가입 차원의 '워크 인' 또는 이들 두 가지 모두가 복합적으로 작용하여 이루어지는 경우라고 할 수 있다.

정보기관 입장에서는 '워크 인'을 통해 귀순하는 인물들에 대해서는 그들이 지득하고 있는 정보를 모두 입수할 수 있고, 추가적으로 정보 출처로 공략할 수 있는 다른 인물들에 대한 정보까지 수집할 수도 있다. 하지만 귀순 이후에는 정보출처로서의 가치가 현격히 떨어질 수밖에 없다는 점에서 귀순보다는 기존 위치에서 지속적으로 스파이로 활동해 주는 것이 정보기관 입장에서는 더 바람직할지 모른다. 하지만 그것은 '워크 인' 하는 당사자의 의사가 우선시 될 수밖에 없다는 점에서 정보기관이 마음대로 할 수 있는 것은 아니다.

1960-1970년대는 미국 등 서방 국가들과 소련 간에 '워크 인'으로 인한 정보전쟁이 가장 치열했던 시기였다. 그 시기 가장 대표적인 '워크 인' 사례 중 하나가 미국 CIA 스파이로 전향한 소련 정보총국(GRU) 간부 펜콥스키(Oleg Penkovsky)이다. 그는 1962년 미국과 소련 간에 일촉즉발의 전쟁 직전 상태로까지 갔던 쿠바 미사일 사태 당시 쿠바 내 소련 미사일 배치와 관련한 핵심 정보 등을 미국에 제공해 온 인물이다.

그는 1953년 정보총국에 들어간 후 1955년에 터키 앙카라 대사관 무관으로 파견되었다가 규정 위반으로 소환되기도 했으며, 인도 대사관에 파견되려다 부친과 관련한 문제로 인해 좌절되는 등 어려움을 겪기도 했다. 그는 1960년 국가과학기술위원회를 거쳐 소비에트 과학연구위원회에서 근무하게 되었는데 이때 그는 미국의 스파이가 되기로 결심하고 실행에 옮겼다. 그해 7월 그는 모스크바 시내를 관광 중인 미국인 학생에게 접근해 정보 제공 의향을 담은 자신의 편지를 모스크바 주재 미국 대사관에 전달해 줄 것을 요청하는 방법으로 '워크 인'을 시도했다.

그는 당시 소련의 지도자인 흐루쇼프(Nikita Sergeyevich Khrushchev) 서기장의 핵무기에 대한 과도한 집착과 핵 능력에 대한 허위, 과장 등으로 인해 미국과 소련 간에 핵전쟁 발발의 위협을 느끼면서 이를 막아야겠다는 신념 아래 정보 제공을 목적으로 미국 정보기관과의 접촉을 추진한 것이다.

이에 미국 CIA는 그에게 'Hero'라는 암호명을 부여하고 영국 MI6와 합동공작을 추진했는데, 미국인이 모스크바에서 그를 은밀히 접촉할 경우 주목을 받기 쉽고 위험하다는 판단에서 MI6에 협조를 요청한 것이었다. 이에 MI6는 동유럽에 산업장비를 판매해 온 영국인 사업가 '그레빌 윈'(Greville Wynne)이라는 인물을 CIA에 소개했고, CIA는 그를 공작원으로 모스크바에 투입하여 팬콥스키와 비밀리에 접선토록 했다.

1961년 4월 팬콥스키는 그레빌 윈과 연계된 후 영국의 산업시설 시찰 등을 위한 소련 대표단 일원으로 런던을 방문하였는데, 이 초청 행사는 CIA와 MI6가 팬콥스키를 접촉하기 위해 기획한 것이었다. 런던에서 은밀히 CIA와 MI6 담당관들을 최초 접촉한 팬콥스키는 자신의 스파이 활동 의지를 전달하고 소련 핵무기 능력의 과대평가 관련 내용 등 질적, 양적으로 엄청난 정보들을 제공해 왔다. 그가 제공한 정보에는 소련의 핵무기가 흐루쇼프가 주장하거나 CIA가 판단하는 것보다도 훨씬 적고, 소련은 대륙간 탄도미사일을 대량 생산할 능력이 되지 않는다는 내용 등이 포함되어 있었다.

특히, 그가 제공해 온 소련의 대륙간 탄도미사일 프로그램 약점과 중거리 탄도미사일 배치와 관련한 정보 등은 소련이 쿠바에 미사일을 배치하고 있다는 사실을 확인하게 하는 결정적인 역할을 했다. 이러한 정보는 쿠바 사태 당시 쿠바로부터 소련 미사일을 철수시키기 위하여 흐루쇼 프와 협상하는 미국 케네디 대통령에게 매우 귀중한 정보가 되었고 협상 을 유리하게 이끄는 토대가 되었다.

하지만 그의 스파이 활동은 소련의 스파이였던 미국 국가안보국 (NSA) 요원 '잭 던랩'(Jack Dunlap)이라는 인물에 의해 노출되어 소련 에 보고되었고, 결국 팬콥스키는 1962년 10월 간첩 혐의로 체포되어 이 듬해인 1963년 5월 처형되고 말았다. 그리고 민간인 신분으로 중간에서 정보를 전달하는 밀사 역할을 수행했던 영국인 공작원 그레빌 윈은 간첩 활동 혐의로 징역 8년형을 선고받고 복역하다 스파이 교환을 통해 구출 되었다.

지난 2021년 팬콥스키와 그레빌 윈의 스파이 활동을 그린 〈Courier〉 라는 제목의 실화 바탕 영화가 소개되기도 했는데, 국내에서는 〈더 스파 이〉(The Spy)라는 제목으로 개봉되었다. 이 영화는 실화에 기반한 내용 이었기 때문에 스파이들의 은밀한 정보활동 기법과 이를 색출하기 위한 방첩활동 등이 매우 사실적으로 잘 묘사되어 있다.

팬콥스키는 영화에서처럼 실제로도 미국 CIA와 연계하기 위해 모스 크바 시내에서 관광 중인 초면의 미국인 학생에게 접근해 서신을 주며 미국 대사관 정보담당관에게 전달해 줄 것을 요청하는 방법을 이용했다 고 한다. 정보기관에서 갑자기 적국의 정보요원으로부터 이런 편지를 받 게 된다면 아마도 그의 진정성을 우선 의심할 수밖에 없는 것이 현실이 다. 그래서 적 정보기관의 유인 공작 가능성 등을 염두에 두고 조심스럽 게 검증할 것이며, 결국은 그가 제공해 오는 첩보 내용과 가치 등을 통해 서 신뢰성을 판단하게 된다.

CIA도 팬콥스키에 대해 처음에는 이런 의심을 가졌다고 한다. CIA는 팬콥스키의 위장 '워크 인' 가능성을 검증 후 스파이 활용을 위해 영국

MI6와 합동으로 공작을 추진했다. 현실적으로 정보기관은 이런 고급 스파이가 '워크 인' 해 온 경우에 아무리 끈끈한 우방국 관계라고 하더라도 정보자산인 스파이를 그들과 공유하지는 않는 것이 일반적인데 팬콥스키 사례는 달랐다.

CIA는 미국인이 팬콥스키에게 접근할 경우 다른 국가 사람들에 비해 상대적으로 소련으로부터 감시를 더 받을 수밖에 없다는 판단 때문에 MI6에 협조를 요청했던 것이다. 이에 MI6는 이미 동유럽 공산 국가를 대상으로 사업을 해 왔기 때문에 시장 개척을 위해 소련에 갈 수 있는 명분을 가진 영국인 사업가를 CIA에 소개했다. 영화에서도 CIA 요원이 미국인을 활용하기 어려운 이유를 이같이 언급하는 장면이 나오는데 당시 미국과 소련의 관계를 고려할 때 현실과도 매우 부합된 결정이라고 할 수 있다.

이 영화에서는 정보활동 기법과 관련한 내용들이 매우 사실적으로 그려지고 있는데 CIA가 공작원 그레빌 윈을 모스크바로 최초 파견하면서 그에게 임무에 대해 상세하게 알려주지 않는데 이 또한 굉장히 현실성 있는 묘사라 할 수 있다. 그레빌 윈의 최초 파견 임무가 팬콥스키와의 비밀 접선을 통한 첩보 수집과 같은 심도 있는 임무가 아니라 단순한 최초 연계를 위한 것이기 때문에 굳이 상세한 비밀 내용까지 알 필요가 없는 데다, 혹시 체포와 같은 최악의 상황에 대비해서라도 당시 그 단계에서는 자세한 내용을 모르는 것이 더 바람직했기 때문이다. 이와 같이 정보기관은 공작원이나 협조자를 목표 지역에 파견할 때 '임무 부여'를 의미하는 브리핑(Briefing)이라는 과정을 거치는데, 보통 파견 단계별로 그에 맞는 임무를 부여하며 처음부터 최종 임무를 알려주지 않는 경우도 많다.

그리고 CIA요원이 그레빌 윈에게 첫 파견 시 현지에서 착용하고 다니라면서 '넥타이 핀'을 주는데 이 넥타이 핀은 일종의 인식신호로써, 팬콥스키가 넥타이 핀을 통해 '그레빌 윈'이 CIA가 보낸 인물이라는 것을 알게 된다. 실제 스파이들은 최초 접선할 때 특정 물품을 휴대하거나, 특정 색상과 종류의 옷이나 모자 착용 등을 사전 약정하여 상대방을 알아볼 수 있는 인식신호로 이용한다. 그리고 특정 행동을 약정해 접선 시 미행이나 감시가 붙지 않고 안전함을 알려주는 안전신호, 또는 반대로 미행이 붙었다는 위험신호로 이용하기도 한다.

그 외에도 영화에서 그레빌 윈이 모스크바에서 외출 후 호텔에 돌아왔을 때 책상에 놓인 어학 사전의 방향이 바뀌어 있는 것을 보고 자신에 대한 감시를 인지하는 것이나, 팬콥스키가 호텔 방에서 라디오를 크게 켜고 그레빌 윈에게 귓속말로 대화하는 장면이 나오는데, 이는 스파이들이 현지 정보기관의 방첩 활동을 탐지하고 차단하기 위해 시행하는 가장 기본적인 기법들이다.

영화에서 소련 방첩기관 KGB 요원이 팬콥스키를 찾아와 그레빌 윈의 동향을 탐문하는 과정에서 팬콥스키는 KGB 요원이 권한 외국 담배를 피우고는 나중에 쓰러져 병원에 입원하는데, 이는 KGB가 그의 자택에 비밀리 도청장치를 설치하기 위한 공작이었다. 실제 소련은 스파이 의심 인물들에 대해 도청과 미행은 당연하고 특수 제조 약을 먹이고 자백하게 만드는 방법을 많이 사용했다.

한편 영화에서 CIA 요원과 공작원 그레빌 윈이 팬콥스키를 탈출시키기 위해 모스크바에 들어갔다가 이를 추진하는 과정에서 결국 KGB에 체포되는데, CIA 요원은 외교관 신분이기 때문에 추방으로 끝났지만 민간인이었던 그레빌 윈은 체포되어 감옥에 갔으며 이런 상황은 현실에서도 동일하다.

팬콥스키의 스파이 활동은 소련 KGB 스파이였던 미국 국가안보국

(NSA) 요원 잭 던랩에 의해 노출된 것으로 알려져 있는데, KGB 최고위층에서 그가 영국 스파이라는 사실을 이미 알고 있었다는 주장도 있다. 소련이 당시 영국 MI6 고위직에 있는 자신들의 스파이들을 통해 이미 팬콥스키에 대한 정보를 입수했다는 것인데, 다만 소련이 영국과 미국 정보기관 내부에 있는 자신들의 스파이를 보호하고 이들이 전혀 의심받지 않는 방법으로 팬콥스키를 체포하려 했다는 것이다. 그래서 소련은 자국 주재 영국 외교관들에 대한 그림자 감시를 통해 결국 팬콥스키의 스파이 행위를 포착하게 되었다는 것인데 사실 여부는 확인되지 않았다.

한편 팬콥스키에 대해 그가 과거 망명자들과는 달리 서방에서 활동하는 소련 정보원 명단 등을 제공한 적이 전혀 없고 이미 알려진 조직과 관련한 정보만 제공했다면서 위장 망명자로 의심하는 의견이 제기되기도 했었다. 하지만 2007년부터 2016년까지 최장기간 러시아 해외정보부(SVR) 부장을 역임한 미하일 프라드코프(Mikhail Yefimovich Fradkov)가 전 CIA 국장 레온 파네타(Leon Edward Panetta)와 면담하는 자리에서 "러시아의 가장 큰 정보실패는 팬콥스키였다"라고 언급한 것으로 알려지는 등 그의 위장 망명설은 근거가 없는 것으로 보인다. 그는 그 당시까지 서방에 정보를 제공한 소련의 가장 고위급 장교였고, 냉전의 큰 물줄기를 바꾼 신뢰할 수 있는 스파이였다는 사실에 이견이 없다.

이러한 '워크 인'이 소련 스파이에 의해서만 이루어진 것은 아니다. 소련 정보기관이 미국 등 서방 국가 정보기관 요원을 돈으로 매수하거나 약점을 잡고 협박하여 포섭하는 경우도 있었지만, CIA, MI6 등 서방의 정보기관 요원이 스스로 소련 대사관을 찾아가 스파이를 자원한 경우도 많았다. 개인 채무에 시달리다 소련 대사관에 스스로 걸어 들어간 미국 해군 준위 존 앤서니 워커(John Anthony Walker), 이혼 등으로 돈이 필요해지자 해결책으로 소련 대사관을 찾아가 스파이가 된 CIA 요원 에임스(Ames), 조직에 대한 누적된 불만을 갖고 돈을 요구하며 소련 대사관 방첩팀장에게 스파이를 자원하는 편지를 쓴 FBI 요원 로버트 핸슨(Robert Hanssen) 등이 모두 자발적으로 소련에 '워크 인' 했던 인물들이다.

이처럼 정보기관 요원의 '워크 인'을 통한 적국 스파이로의 전향은 국가적으로 엄청난 파장과 손실을 초래한다. 정보기관 내부에 있는 상대국 스파이 즉, 두더지로 활동하는 내부 간첩 색출에는 과거 사례처럼 상대국 정보기관에 심어놓은 자국 스파이의 제보가 결정적인 역할을 하는 경우가 많았다. 어느 정보기관이든 소속 요원들에 대한 감찰활동을 실시하고 있지만 정보기관 요원의 스파이 행적을 자국 이중스파이의 도움 없이 자체적으로 파악해 색출하기가 쉽지 않은 것이 사실이다. 그래서 정보기관의 요원 선발이 더욱 중요해지는 이유가 바로 여기 있으며, 정보기관에 자생적으로 스파이가 생기는 것은 국가안보에 치명적인 위협이 될 수 있다.

■ 위기의 이중스파이 구출 공작

냉전 시기에 소련 정보기관 요원이 공산주의에 대한 반감 등 사상적 신념이나 다른 이유로 미국 등 서방 국가 정보기관의 스파이가 되었다가 노출되면서 비극적인 최후를 맞이한 사례들이 매우 많다. 하지만 정보기관이 노출될 위기에 놓인 이중스파이를 극적으로 탈출시킨 영화 같은 사건도 있었는데 바로 소련 KGB 요원 올레그 고르디엡스키(Oleg Gordievsky)이다. 그는 자신의 사상적 신념에 따라 영국 MI6 스파이가 되어 스파이 역사에서 큰 족적을 남긴 인물이다.

그는 1966년 외교관 신분으로 덴마크 코펜하겐에 파견되었는데 그의 임무는 민간인 신분으로 위장해 스파이 활동을 하는 소련 정보기관 블랙요원들을 지원하고 관리하는 것이었다. 예를 들면 사망한 덴마크인 신분을 훔쳐 소련 블랙요원의 신분 세탁용으로 제공하는 것과 같은 일이었다. 그는 덴마크에서 근무하던 1973년 해외공작 담당 간부로 승진할 만큼 내부에서 인정받는 인물이기도 했다.

그런데 고르디엡스키는 서방 국가인 덴마크 파견 이후 점차 자유라는 것을 인식하게 되었고, 소련에서는 금서로 분류된 책들을 도서관에서 자유롭게 탐독하면서 사상적으로 큰 변화를 겪게 되었다. 특히, 1968년 체코에서 '프라하의 봄'으로 불리는 민중봉기가 일어났을 때 소련이 이를 무력으로 탄압하는 것을 목격했는데 이것은 공산주의 이데올로기에 대한 마음을 완전히 접는 계기가 되었다. 그는 당시 대사관 전화로 부인과 통화하면서 소련 체제를 직접적으로 비난하기도 했는데, 소련 대사관 전화를 덴마크 정보기관에서 도청한다는 것을 그가 모를 리 없다는 점을 감안할 때 덴마크 정보기관에서는 그가 의도적으로 전화로 소련을 비난한 것으로 판단하였다.

덴마크 정보기관은 이미 일반 외교관과는 다른 그의 활동을 통해 그가 단순 외교관이 아닌 정보기관 소속 요원이라는 확신을 갖고 있었던 상태였다. 이에 덴마크 정보기관은 그에 대한 포섭 가능성을 검토했으며, 덴마크가 그를 직접 포섭해 활용하기에는 부담이 된다고 판단해 동맹국 영국의 도움을 받아 합동으로 포섭공작을 추진하였다.

영국 MI6는 고르디엡스키가 평소 아침에 조깅을 즐기며 배드민턴 등 운동을 좋아하는 그의 성향과 생활 패턴을 파악한 후 1974년 봄 배드민턴장에 MI6 요원을 접근시켰다. 그는 갑작스러운 MI6 요원의 접근에 소련이 자신의 충성심을 시험하려는 함정이 아닌가 하는 의심을 가지고 포섭 제안에 바로 호응하지는 않았지만 두 번째 만남에서 스파이가 되기로 최종 결심하였다.

고르디엡스키는 당시 자신이 협조하는 조건으로 3가지 사항을 요구했었는데, 자신을 미행하거나 감시하면서 사진을 찍지 말 것과 대사관 내다른 동료들은 건드리지 말 것, 그리고 자신은 돈을 절대 받지 않겠다는 것이었다. 그는 오로지 소련 공산주의에 대한 반감 때문에 스파이가 되기를 결심한 것이었다. 그가 본격적으로 스파이 활동을 시작한 이후 소련 대사관 내 마이크로필름 기밀문서를 제공해 왔는데, 그 문서에는 북유럽에서 활동 중인 소련 요원 명단과 덴마크 코펜하겐 지부의 내부 정보 등이 포함되어 있었다.

그렇게 이중스파이로 활동하던 그는 1978년 덴마크 파견 기간이 종료되어 소련으로 복귀하게 되었는데 영국은 그가 소련에 돌아간 이후 4년이라는 오랜 기간 동안 그의 신변안전을 위해 그와의 연락을 자제하고 기다리면서 장기적으로 활용하는 전략을 택했다.

그런데 1982년 그가 운이 좋게 다른 국가가 아닌 영국으로 재파견되면서 MI6는 귀중한 정보자산을 되살릴 수 있는 기회를 얻었다. 영국에서 스파이로서 활동을 재개한 이후 그가 제공해 온 자료들 중에는 유럽에서 활동하는 소련 스파이 명단이 들어 있었는데 놀랍게도 그 명단에는 몇몇 국가의 유력 정치인과 노동조합 간부, 영국 유력 야당 정치인 등이 포함되어 있었다.

MI6는 스파이로서 그의 가치를 높게 판단하고 내부에서도 그의 존재가 알려지지 않도록 철저하게 보안을 유지하면서 활용했다. 그리고 그가 KGB 조직 내에서 어느 정도의 업무 실적을 올릴 수 있도록 가벼운 정보를 그에게 제공해 KGB 본부에 보고토록 했다. 그렇게 고르디엡스키를 실적이 우수한 요원으로 만들기 위해 노력한 결과, 그는 1983년 3월 KGB 런던 지부 부지부장 직책인 중령으로 승진하였다.

한편, 당시 미국과 소련 양국은 미국 레이건 대통령의 대소련 강경책으로 인해 긴장감이 상당히 고조되었던 시기였다. 안드로포프(Yuri Vladimirovich Andropov) 서기장 등 소련 지휘부는 미국이 전쟁 준비를 하고 있다고 판단하고 실제 공격에 대비할 정도였으며, 소련은 미국 국방부 건물의 사무실 야근 상황까지 파악할 정도로 매우 심각하게 전쟁을 우려하고 있었다. 특히, NATO(북대서양조약기구)가 핵전쟁을 가정하여 모의훈련까지 실시하자, 소련은 미국의 전쟁 가능성을 더욱 높게 판단하면서 미사일 수백 기를 배치하고 장거리 핵 폭격기와 잠수함을 결집시키는 등 전쟁 준비에 돌입했다.

이런 양국 간의 긴장 상황을 지켜보던 고르디엡스키는 편집증으로 변해가는 소련 지도부 동향을 신속하게 영국에 보고했고, 이를 심각하게 여긴 영국 마가렛 대처(Margaret Thatcher) 총리가 미국 레이건(Ronald Reagan) 대통령에게 이런 상황을 전달하였다. 이에 레이건 대통령이 소련에 대한 비난 수위를 낮추고 외교 라인을 통해 전쟁에 대한 소련의 우려를 불식시키는 등 양국 간의 긴장을 종식시키는 일련의 조치들을 취하면서 위기 사태는 해결되었다.

이때 미국은 영국이 제공해 주는 고급 정보들에 주목하면서 정보 출처를 궁금해했는데, 영국은 관련 정보가 여러 복수의 출처로부터 나오는 것으로 위장하면서 귀중한 정보자산인 고르디엡스키를 미국에 공개하지 않고 보호했다. 하지만 양국 간의 이런 긴밀한 정보협력 과정에서 문제가 발생하고 말았는데, 당시 소련의 스파이로 활동 중이던 미국 CIA 요원 올드리치 에임스(Aldrich Ames)가 소련 관련 고급 정보들이 영국 MI6로부터 공유되고 있는 것과 관련하여 그 정보의 출처로 영국에 나와 있는 KGB 요원 고르디엡스키를 의심하는 내용을 소련에 보고한 것이었다. 결국 이것이 문제가 되어 고르디엡스키는 KGB 본부로부터 긴급 귀환 명령을 받고 말았다.

KGB가 중요한 회의 참석을 명분으로 그에게 귀국을 명령했는데, 그는 이전에 회의 참석을 위해 불려 들어갔던 요원들이 소리 없이 처형된 사례가 많았던 것을 알고 있었기 때문에 자신이 노출된 것이 아닐까 하는 두려움 속에 귀국 지시를 따를지 여부에 대해서 MI6와 협의를 했다. 그는 자칫 귀국을 했다가 목숨을 잃을 수도 있는 상황이었지만 KGB가 자신의 스파이 활동에 대해 어느 정도 파악하고 있는지를 확신하지 못하는 상황에서 결국 모스크바로의 귀국을 결정했다.

결국 우려했던 대로 그는 귀국하자마자 스파이 혐의 조사를 받았는데 KGB는 그의 스파이 활동을 알아내기 위해 그에게 자백하게 만드는 약까지 먹이고 신문했지만 그는 끝까지 영국 스파이임을 자백하지 않고 견뎌 냈다. 이후에도 도청과 미행 등 집중적인 감시를 받았는데 KGB가 의심을 하면서도 결정적인 증거는 확보하지 못한 상태였던 것이다. 결국 상황이 심상치 않음을 느낀 그는 어떻게 해서든지 소련을 탈출해야겠다는 결심을 굳히고 영국에 구원을 요청했다.

이에 따라 MI6는 1985년 6월 암호명 '핌리코 작전'(Operation Pimlico)으로 명명된 고르디엡스키 구출 공작에 착수했다. 고르디엡스키와 영국 MI6는 상당한 압박 속에서 사전에 서로 약정한 방법에 따라 모스크바에서 은밀히 연락하는 데 성공했다. 그들이 약정한 연락 방법의 첫 단계는 모스크바 주재 MI6 요원이 매주 화요일 오후 7시 30분에 모스크바 시내에 있는 한 빵집을 자연스럽게 확인하는 것이었다. 그 빵집에 회색 바지에 회색 모자를 쓰고 특정 상점의 식료품 봉투를 들고 있는 사람이 있는지 파악하는 것이었는데, 만약 그런 사람이 있으면 그에 대한 답신으로 특정 상표의 초콜릿바를 먹으며 그의 앞을 지나치는 것이 상호 약속된 신호였다.

이 방법으로 고르디엡스키와 MI6는 교신에 성공했는데 그가 빵집에 약정한 식료품 봉투를 들고 나왔다는 것은 그가 위험한 상황에 놓여 있고 탈출을 도와달라는 신호였던 것이었다. 이에 MI6는 그를 탈출시키기 위해 접선할 장소를 적은 특수종이를 셰익스피어 소네트(Sonnet) 책에 숨겨서 전달했는데 특수종이는 물에 담갔다 빼면 글씨가 나타나도록 되어 있었다.

1985년 7월 고르디엡스키는 그동안 아내와 가족들에게도 자신의 스파이 활동을 비밀로 해 왔기 때문에 불가피하게 가족들을 모두 남겨두고 혼자 탈출을 시도할 수밖에 없었다. 그는 미행을 따돌리면서 기차와 버스를 이용해 레닌그라드를 거쳐 핀란드 국경 근처까지 이동했다. 그를 탈출시킬 모스크바 주재 MI6 요원은 사전에 가족 중 한 명이 몸이 아파서 핀란드 의사에게 진료를 받으러 함께 가는 것으로 위장해 놓았기 때문에 차량으로 핀란드 국경까지 자연스럽게 움직일 수 있었다. 고르디엡스키는 핀란드 국경 근처에서 MI6 요원과 무사히 접선한 후 국경수비대의 삼엄한 경계를 뚫고 MI6 요원과 그 가족이 탄 차량의 트렁크에 숨어 핀란드로 탈출하는 데 성공했다.

1991년 소련이 해체되면서 그는 영국으로 탈출한 지 6년 만에 가족들과 재회했으며, 2007년에는 영국 엘리자베스 2세 여왕이 그의 공로를 인정해 '007 제임스본드'가 받았던 명예훈장을 수여하기도 했다. 하지만 러시아는 그를 조국을 배신한 범법자로 규정하고 궐석재판을 통해서 그에게 사형을 선고했으며, 현재 그는 러시아의 암살 등에 대비해 노출하지 않고 영국에서 은신하며 살고 있다. 고르디엡스키는 사상적 신념에 따라 적국의 스파이가 된 가장 전형적인 사례라고 할 수 있는데, 이와 같이 냉전 시기 공산주의에 환멸을 느낀 소련 엘리트들의 전향이 스파이 역사에 미친 영향은 이루 말할 수 없이 컸다.

■ 핵무기 개발 경쟁이 낳은 스파이들
소련의 핵 개발을 앞당긴 스파이들

미국이 1945년 7월 16일 뉴멕시코주 사막 지역 알라모고르도 (Alamogordo)에서 인류 최초의 원자폭탄 실험인 일명 '트리니티 실험' (Trinity Test)에 성공한 이후 소련이 불과 4년도 채 안된 1949년 8월 29일에 원자폭탄을 실험했다. 이렇게 원자폭탄 개발에서 미국에 뒤처져 있던 소련이 짧은 기간 내 따라잡을 수 있었던 것은 클라우스 푹스 (Klaus Fuchs)와 조지 코발(George Abramovich Koval)과 같은 미국에 침투한 소련 스파이들의 정보수집이 큰 역할을 했기 때문이다.

클라우스 푹스는 소련의 원자폭탄 개발 기간 단축에 가장 기여도가 큰 인물로 평가되는 독일 태생 공산주의 이론물리학자이다. 그는 독일에 나치가 등장하자 1933년 영국으로 이주해 물리학 박사 학위를 받고 영국의 핵 개발 프로젝트인 '튜브 알로이스'(Tube Alloys)에 참여하며 영국 국적을 취득했을 만큼 전문가로 인정받았다. 하지만 뼛속까지 공산주의 신봉자였던 그는 1943년 소련 정보총국에 포섭되어 본격적으로 스파이 활동을 시작하였다.

당시 2차 세계대전이 장기화되면서 영국이 미국과 협상을 통해 영국의 핵 개발 프로젝트를 미국 핵 개발 프로그램인 '맨해튼 프로젝트' (Manhattan Project)로 이관 후 통합하여 추진하는 것으로 합의함에 따라, 그를 포함한 19명의 영국 물리학자들이 미국으로 건너가 맨해튼 프로젝트에 참여하게 되었다. 그는 미국 핵 개발의 산실이었던 '로스 알라모스 국립연구소'(Los Alamos National Laboratory)에 근무하며 우라늄 농축 등에 관한 연구와 함께 일본 나가사키에 투하한 플루토늄 폭탄 '팻맨'(Fat Man) 제조에 참여하기도 했는데, 이런 과정에서 소련에 많은 기밀정보를 넘겼다. 또한 그는 종전 후 1946년 영국으로 다시 복귀한 이후 원자력연구소(AERE, Atomic Energy Research Establishment)에 근무하면서 영국의 독자적인 핵 개발 프로젝트에 관한 정보 등을 지속적으로 소련에 제공했다.

당초 영국은 1943년 미국과 체결한 '퀘벡 비밀협정'(The Quebec Agreement)에 따라 미국으로부터 핵 개발 관련 기술지원을 받을 것으로 기대했으나, 미국이 핵 기술의 해외유출을 막는 'The Atomic Energy Act of 1946' 일명 '맥마흔 법'(McMahon Act)을 제정하면서 외부로의 기술지원을 차단했다. 이에 미국으로부터 뒤통수를 맞은 영국은 미국과의 협력이 무산되면서 자체 핵 개발 프로그램을 가동할 수밖에 없는 상황이었다.

푹스의 스파이 활동은 1949년 소련의 핵 실험과 함께 수면 위로 드러나게 되는데 미국과 영국의 방첩기관들은 이미 오래전부터 그의 스파이 활동을 의심해오다 소련의 핵 실험을 계기로 영국이 본격적인 수사를 통해 증거를 확보함으로써 1950년 1월 그를 스파이 혐의로 체포하였다. 결국 푹스는 스파이 혐의를 자백했고 징역 14년을 선고받았는데, 당시에 소련은 적국이 아니라 전범국 독일에 함께 대항했던 동맹국이었기 때문에 간첩 혐의가 아니라 단지 기밀준수 서약을 어긴 혐의가 적용되었다. 특히, 그가 미국에 파견되어 연구하는 동안 소련뿐만 아니라 영국에도 정보를 제공한 사실이 정상참작되어 중형을 면했다. 그는 1959년 모범수로 조기 석방되어 동독으로 추방된 후 공산당 고위 관료로 영웅 대접을 받았다.

이에 반해 조지 코발은 그가 사망할 때까지는 거의 외부에 알려지지 않은 스파이였다. 그는 미국으로 이주한 러시아계 유대인 출신 가정에서 출생하여 유년시절 미국에서 공부하다 경제 대공황으로 가족이 소련의 유대인 자치구로 이주하면서 소련에서 새롭게 출발했다. 그는 모스크바 화학기술대학을 졸업하고 군에 징집되었다가 소련 정보총국(GRU) 공작원으로 선발되었는데, 그가 미국 국적을 가진 엘리트라는 점이 크게 작용하였다.

1940년 그는 암호명 '델마르'(Delmar)라는 스파이로 변신해 미국으로 파견되었는데, 미국 현지에서 사업체를 운영 중인 소련 정보총국 고정간첩의 도움을 받아 신분을 세탁하는 등 스파이로서의 활동 기반을 성공적으로 구축하였다. 그는 보다 확실한 신분세탁을 위해 육군에 자원입대했는데 이것이 향후 그의 스파이 활동을 위한 신의 한 수가 되었다. 그는 우수 인력으로 군 전문교육 프로그램에 선발되어 기술교육을 받는가 하면, 1944년 2차 세계대전 종전을 앞두고 교육 프로그램이 해체되었음에도 불구하고 그에 대한 좋은 평가 덕분에 미국의 핵 개발 프로그램인 '맨해튼 프로젝트'에 참여하는 기회를 얻게 되었다.

이후 그는 '오크리지 연구소'(Oak Ridge National Laboratory)에 근무하면서 우라늄과 플루토늄 생산 과정, 생산지 등과 관련된 자료와 정보 등을 소련에 지속적으로 보고하였다. 소련은 코발의 보고를 통해 미국의 핵 개발 계획을 최초로 인지하게 된 것으로 알려져 있는데, 특히 그가 제공한 핵 관련 시설과 설비에 관한 정보는 소련이 핵 연구시설을 구축하는데 크게 기여한 것으로 알려졌다.

1949년 소련의 핵 실험 이후 미국의 전방위적인 스파이 색출 활동이 진행되는 가운데 소련에서 미국으로 망명해 온 인사가 그를 스파이로 지목하면서 포위망이 좁혀져 오자 유럽 휴가를 핑계로 소련으로 피신해 체포를 면했다. 이후 그는 성공한 스파이 이력을 가진 대학교수로 소련에서 활동했으며, 은퇴 후 2006년 사망할 때까지는 외부에 거의 알려지지 않다가 2007년 러시아가 그에게 영웅칭호를 수여하면서 비로소 공적이 대외에 공개되었다.

미국의 핵 개발에서 빼놓을 수 없는 인물 중 한 명이 '맨해튼 프로젝트'를 주도한 이론물리학자 오펜하이머(Julius Robert Oppenheimer)인데, 2023년 그의 전기 영화 〈오펜하이머〉(Oppenheimer)가 공개되기도 했다. 그는 수소폭탄 개발에 대한 미온적인 태도와 당시 불어닥친 미국 내 메카시즘(McCarthyism)25) 광풍으로 인해 오랜 기간 소련 스파이 의혹을 받은 인물이기도 하다. 그가 사망한 지 55년 만인 2022년 미국 정부가 지난 1954년 당시 원자력에너지위원회에서 그에게 내렸던 핵 무기 관련 정부 기밀정보 접근 권한 차단 결정을 공식적으로 취소함으로써 그에 대한 스파이 의혹은 사라졌다. 하지만 프로젝트에 참여했던 많은 과학자들 중 직간접적으로 소련 스파이로 활동한 인물이 있었던 것은 분명해 보인다.

57년 만에 노출된 스파이

1930년대 중반부터 공산주의 신봉자로 영국 공산당원이자 소련 스파이로 활동한 영국 여성 멜리타 노우드(Melita Stedman Norwood)는 영국의 핵무기 개발 프로그램인 'Tube Alloys' 관련 정보를 소련에 제공하여 소련의 핵무기 개발을 앞당기는데 크게 기여한 인물이다. 그녀는 스파이 활동을 시작한 지 57년여 만인 80세의 나이에 소련의 스파이였음이 드러났는데 별다른 처벌을 받지는 않았다.

노우드는 1932년부터 영국 비철금속연구협회(British Non-Ferrous Metals Research Association)에서 근무했는데, 이 협회의 고위 간부인 베일리(Bailey)라는 인물의 비서로 일했기 때문에 고급 정보에 접근할 수 있었다. 왜냐하면 베일리가 영국 핵 개발 프로그램 자문위원회에

---

25) 1950년대 초 미국 상원의원 메카시(McCarthy)에 의해 제기되어 미국을 휩쓸었던 공산주의자 색출 열풍

소속되어 있었기 때문에 관련 자료에 접근할 수 있는 기회를 가질 수 있었다.

멜리타 노우드의 아버지는 볼셰비키 혁명에서 역할을 한 유명한 공산주의자였으며, 그녀의 남편 힐러리 누스바움(Hilary Nussbaum) 또한 러시아계 유대인으로 화학교사이자 열렬한 공산주의자였다. 그녀는 1935년 영국 언론인이자 공산당원이었던 앤드류 로스스타인(Andrew Rothstein) 추천으로 당시 소련 최고 정보기관인 내무인민위원회(NKVD, KGB 전신)에 포섭되어 스파이가 되었다.

1972년 그녀가 40년간 근무한 영국 비철금속연구협회에서 은퇴할 때까지도 그녀의 스파이 행적은 드러나지 않았는데, 1992년 러시아 KGB 기록물 관리 담당 요원인 바실리 미트로킨(Vasili Nikitich Mitrokhin)이라는 인물이 영국으로 망명하면서 그녀의 실체가 영국 정보기관에 알려지게 되었다. 사실 영국 MI5는 1960년대 중반 노우드를 보안 위험인물로 평가하기도 했으나 심각한 수준으로 보지는 않았고 내부 보안을 이유로 별다른 조치를 취하지 않았다.

그녀는 1999년 망명자 미트로킨이 발간한 책 〈The Mitrokhin Archive: The KGB in Europe and the West〉 때문에 스파이로서의 행적이 대중에게도 공개되었다. 미트로킨은 책에서 "노우드는 KGB 역사상 영국에서 활동한 소련 스파이들 중 가장 중요한 스파이였으며, 영국에 있는 모든 소련 스파이들 가운데 가장 장기간 활동한 인물"이라고 밝힌 바 있다.

멜리타 노우드는 소련에 중요한 정보를 제공하면서 그에 상응하는 어떤 금전적인 보상도 일체 거부했는데, 오로지 소련이 영국, 미국, 독일과 같은 서방 국가들에 뒤처지지 않고 어깨를 견줄 수 있는 수준에 오를 수 있도록 돕기 위해서 스파이 활동을 했다고 고백했다.

2018년 영국 작가 제니 루니(Jennie Rooney)의 동명 소설을 원작으로 그녀의 스파이 일생을 그린 〈레드 조안〉(Red Joan)이라는 첩보영화가 제작되기도 했다. 멜리타 노우드는 2005년 93세의 나이에 생을 마감했는데, 스파이 활동을 끝내고 20년이란 긴 세월이 지나고 나서야 행적이 드러난 스파이가 되었다.

■ 침몰 잠수함 인양 비밀공작

1968년 3월 태평양에서 정찰 활동을 수행 중이던 소련 잠수함이 미상의 사고로 인해 연락두절 되고 수심 4.8km 바닷속으로 침몰하는 사건이 발생했다. 소련 페트로파브롭스크(Petropavlovsk)를 출발한 잠수함이 통제 지점에 도착해 본부에 보고하게 되어 있었는데 무선연락이 완전히 두절된 것이었다. 침몰한 잠수함은 핵 탄도미사일 3기를 탑재한 K-129라는 잠수함이었는데 1메가톤 이상의 파괴력을 가진 것으로 평가되었다. 특히, 미사일 3발을 수중 45m에서 발사할 수 있는 현대식 잠수함이었다. 이 잠수함의 임무는 유사시 미국 내 한 개 이상의 목표물을 타격할 수 있도록 사정권 내에서 작전을 수행하는 것이었다.

소련은 대략적인 침몰 지점은 알고 있었지만 정확한 위치를 파악하지 못한 상황에서 사라진 잠수함을 찾기 위해 잠수함과 수상함 등 선박과 비행기 등을 동원한 대대적인 수색 작전을 전개했는데, 태평양 바다에서 잠수함을 찾기란 백사장에서 바늘을 찾는 것과 같았다. 결국 소련의 수색 작업은 실패로 끝났고 잠수함과 승조원 98명을 잃고 말았는데, 이 사건은 공식적으로 대외 공표를 할 수도 없었고 비밀에 부쳐야만 했다.

하지만 소련의 대규모 수색 활동은 미국이 잠수함 침몰 사고를 눈치채게 만들고 말았는데 미국에게는 침몰 잠수함이 엄청난 보물 같은 존재가 될 수 있었다. 이에 미국은 잠수함을 찾기 위해서 해군과 공군이 운영

중이던 수중 감시 시스템을 동원했으며, 침몰 사고 당시 만들어진 강력한 음향 신호가 시스템에 포착되면서 침몰 잠수함의 정확한 위치를 찾아내는 데 성공했다.

초기에는 잠수함 인양작전 임무가 해군에 주어졌는데 수립된 계획의 실현 가능성이 낮다는 판단에 따라 CIA로 인양작전 임무가 이관되었다. CIA는 존 파란고스키(John Parangosky)를 팀장으로 한 작전팀을 꾸리고 잠수함 인양 작전을 '아조리안 프로젝트'(Project Azorian)로 명명하였다. 프로젝트의 목적은 잠수함에 있는 핵 탄두, 미사일, 암호장비 등을 회수하기 위해 동체 일부를 끌어올리는 것이었다. 하지만 국제법상 전함을 회수하는 것은 불법이었기 때문에 극도의 보안 유지하에 추진해야 하는 위험한 작전이었다.

1969년 11월 CIA는 잠수함 인양 작전을 노출시키지 않기 위해 해저 석유 시추 선박을 건조하는 '글로벌 마린'(Global Marine Development Inc)이라는 회사를 활용한 비밀공작에 착수했다. 잠수함 인양은 수많은 인력과 엄청난 기술이 필요한 작업이었기 때문에 이를 숨기기 위해 심해 시추 작업을 하는 것으로 위장하려고 했던 것이다. 그래서 CIA는 완벽한 얼굴마담 역할을 해줄 수 있는 이 회사 대표 하워드 휴즈(Howard Hughes)의 협조를 받아 공작을 추진했는데, 그는 이미 방산계약 등으로 CIA와 인연이 있었고 CIA 해외파견 요원들의 위장신분을 만드는데 도움을 준 인물이었다.

당시에는 심해 시추 산업이 생소한 산업이었는데 언론 등이 하워드 휴즈의 이런 사업 진출을 대서 특필함으로써 성공적인 커버스토리가 되었다. '글로벌 마린'은 심해 시추선으로 위장한 '글로마 익스플로러'(Glomar Explorer)라는 이름의 잠수함 인양 선박 건조에 착수했는데 그 규모가 183m, 63,000ton에 달했다. 특히, 선박뿐만 아니라 배 내부에 잠수함을 인양할 때 선체를 포획할 장비를 만드는 것이 가장 힘든 작업이었으며, 잠수함을 들어 올리는 장비인 집게발이 그것인데 클레멘타인(Clementine)으로 명명되었다.

'글로마 익스플로러'호 (출처: Wikipedia)

휴즈의 회사는 완벽한 위장을 할 수 있는 좋은 여건을 보유하고 있었지만 전혀 의외의 곳에서 문제가 발생하고 말았다. LA에 있는 휴즈 소유의 창고에 도둑이 들었는데 훔쳐간 물건들에 휴즈의 보좌관이 쓴 메모가 포함되어 있었다. 그 메모에는 CIA가 휴즈에 요청한 사항과 작전 관련 내용에 대한 설명 등이 적혀 있었기 때문에 외부에 유출될 경우에 큰 문제가 될 수 있는 상황이었다. 하지만 경찰에 수사를 의뢰하고 별일이 없기만을 바라는 것 외에는 달리 할 수 있는 것이 없었다.

1972년 인양선 '글로마 익스플로러'가 건조되어 인양 작업 지역에 도착했는데 소련이 이를 의심하면서 배를 보내 정찰하기 시작했다. 하지만 소련은 '글로마 익스플로러'를 석유 시추용 선박으로 최종 판단하고 철수했다. 인양 작업은 계획대로 진행되어 잠수함을 들어 올리는 데 성공했지만 인양 과정에서 미사일이 적재되어 있는 쪽의 잠수함 일부가 떨어져 나가고 말았다. 결국 잠수함 일부분과 시신 6구를 인양하는 절반의 성공에 그치고 말았는데, 미국은 소련을 의식해서 국제법에 따라 인양된 시신들을 인도적으로 예를 갖춰 수장해 주기도 했다.

CIA는 포기하지 않고 잠수함 나머지 부분을 인양하기 위해 '마타도어 공작'(Operation Matador)으로 명명된 추가 인양작전을 추진할 계획이었으나, 휴즈 소유 창고에서 도둑맞았던 메모가 결국 문제를 일으키고 말았다. 1975년 2월 LA Times가 휴즈와 CIA의 비밀스러운 관계에 대해 보도하면서 침몰한 잠수함 인양이 목표라는 사실까지 공개한 것이다. 창고에 도둑이 들었을 때 당시 수사내용이 언론에 유출된 것이었는데, 초기에 언론 보도를 막으려 했지만 연이어 New York Times 1면에 비밀공작과 관련한 결정적인 기사까지 실리면서 결국 작전을 중단할 수밖에 없었다.

언론 보도 이후 소련은 '글로마 익스플로러'가 있던 곳에 함선을 보내 주변을 배회하면서 작업 지역 인근에 대한 미국의 접근을 막았다. 결국 미국이 인양작전을 포기하면서 잠수함 일부는 아직도 태평양 심해에 핵탄도미사일과 함께 침몰된 상태로 남아 있는데, 인양된 잠수함 일부로부터 미국이 어떤 정보를 획득했는지는 아직도 비밀에 부쳐져 있다.

이후 CIA는 이 사건에 대한 정보 요청에 대해 '긍정도 부정도 하지 않는 답변'(NCND, Neither Confirm Nor Deny)으로 대응했는데, 이것이 오늘날 우리 문화의 일부가 되면서 이런 방식의 대답을 '글로마 응답'(Glomar Response)이라고 부르고 있다.

잠수함 침몰 원인과 관련해 내부에서 발생한 폭발로 인해 침몰했다는 설과 잠수함에 미국 구축함이 의도적으로 충돌해 침몰시켰다는 설 등이 나오고 있지만 아직 정확히 확인된 바는 없다. 이 작전은 미국 첩보 역사상 가장 값비싼 합동작전이었으며, '글로마 익스플로러'는 20년 가까이 정박되어 있다가 고철로 팔리고 말았다. 이후 CIA의 'Project Azorian'은 다큐멘터리 영화 〈Azorian: The Raising Of The K-129〉와 크레이그 리드(W.Craig Reed)의 저서 〈Red November: Inside the Secret U.S-Soviet Submarine War〉 등에서 심도 있게 다뤄지기도 했다.

■ 다리 위의 스파이 교환

스파이들이 적국에 노출되지 않고 지속적으로 활동을 이어갈 수 있다면 가장 이상적이라고 할 수 있겠지만, 불행히도 스파이 세계에서 노출 사고는 항상 따라다닌다. 이중스파이로 인해 노출되기도 하고 공작원이나 협조자의 배신, 스파이 활동 과정상의 실수나 운영 미숙으로 인한 보안 사고 등 다양한 원인들 때문에 정보기관 스파이들이 피포되는 사건이 자주 발생한다. 피포되는 스파이가 자국 정보기관 요원일 수도 있고, 공작원이나 협조자와 같은 자국 정보기관 에이전트 신분의 자국민일 수도 있다. 또는 이와 달리 자국 스파이로 활동하는 적국이나 제3국 소속 정보기관 요원 또는 에이전트일 수도 있다. 신분상으로는 외교관 신분의 정보기관 요원일 수도 있고, 정보기관 블랙요원들이나 에이전트와 같은 일반인 신분일 수도 있다.

스파이 역사에서 노출 사고로 인해서 적국 등 해당 국가의 법에 따라 처벌받고 감옥에서 고초를 겪는 경우는 많았다. 그렇다 보니 모든 국가들은 자국을 위해 활동하다 체포된 스파이들을 구출하기 위해 다양한 수단을 동원하게 되는데, 그중에서도 과거에 가장 빈번하게 활용되었던 방법 중 하나가 바로 스파이 교환(Spy Swap)이다.

스파이 교환은 당사국들이 가지고 있는 카드가 서로를 충족시킬 수 있어야 하기 때문에 쉽게 성사되기도 하지만 실패하는 경우도 생긴다. 스파이 교환도 전쟁에서의 포로교환 범주에 포함된다고 볼 수 있지만 정보기관 스파이들 간의 교환이라는 의미로 한정한다면 2차 세계대전 이후 냉전 시기부터 본격적으로 이루어졌다고 할 수 있다.

스파이 역사에서 전설이 된 두 명의 스파이, 엘리 코헨과 리하르트 조르게도 체포된 후 스파이 교환이 추진되었지만 서로 다른 이유로 성사되지 못하고 결국 둘 다 처형되었다. 이스라엘은 시리아 측에 다수의 전쟁포로 석방과 함께 물자 제공까지 약속하면서 엘리 코헨을 구하기 위해 스파이 교환을 타진했으나, 그의 스파이 활동에 따른 충격이 워낙 컸던 시리아가 이를 받지 않아 성사되지 않았다. 그런가 하면 소련의 영웅 조르게는 일본이 그를 체포하고 소련 측에 스파이 교환을 제안했지만, 소련이 조르게를 자국 스파이로 인정하지 않으면서 성사되지 못하고 조르게는 처형되고 말았다.

이처럼 실패한 스파이 교환 사례도 있지만 성공적으로 이루어진 경우도 굉장히 많다. 특히, 냉전 시기에 스파이 교환의 상징적인 장소가 되어 유명해진 곳이 있었는데 바로 독일의 '글리니케 다리'(The Glienicke Bridge)로, 이곳에서 역사적인 스파이 교환이 여러 차례 이루어졌다.

글리니케 다리는 냉전 시기 서베를린(West Berlin) 지역과 동독의 포츠담(Potsdam)을 연결하는 다리였는데, 이 다리를 통해서 스파이들의 맞교환이 많이 이루어졌으며 스파이 교환을 다룬 영화에서도 자주 등장하기도 했다. 영국의 유명 스파이 소설가 존 르카레(John le Carré)의 작품 〈스마일리의 사람들〉(Smiley's People)을 원작으로 해서 만든 영국 BBC의 미니시리즈 드라마와 렌 데이톤(Len Deighton)의 동명 소설을 원작으로 한 1966년 영국 스파이 영화 〈베를린의 장례식〉(Funeral in Berlin) 등에서도 글리니케 다리가 등장한다.

글리니케 다리 (출처:Wikipedia)

　이 다리는 동독의 많은 국경 검문소들 가운데 당시 유일하게 소련에 의해 직접 통제되던 검문소였다. 동서독 분단 이후 이루어진 최초의 스파이 교환도 1962년 이 다리에서 이루어졌는데, 그 주인공들은 바로 미국 CIA 소속의 U2기 조종사였던 게리 파워스(Gary Powers)와 미국에서 활동하던 소련 KGB 스파이 루돌프 아벨(Rudolf Abel)이었다. 1960년 5월 게리 파워스는 당시 최첨단 정찰기로 평가되었던 U2기로 파키스탄을 이륙해 소련 상공을 정찰하며 군사시설 등을 사진 촬영하다 소련의 방공망에 걸려 격추되면서 소련에 체포된 인물이다. 그는 소련의 군사법정에서 10년 형을 선고받고 복역 중이었다. 반면 루돌프 아벨은 이미 2차 세계대전 당시부터 독일군을 상대로 정보수집 활동을 해 온 소련 스파이였다. 종전 이후 그는 미국 뉴욕을 거점으로 사진작가, 화가 등으로 위장하면서 현지에 스파이망을 구축하고 활동해 왔다. 그의 스파이 행각은 1957년 동료였던 레이노 헤이헤넨(Reino Häyhänen)이 미국으로 망명하면서 드러나고 말았는데, 그는 간첩 혐의로 30년 형을 선고받고 수감 중이었다.

1962년 2월 10일 글리니케 다리에서 파워스와 아벨 간의 역사적인 스파이 교환이 이루어졌는데, 이들의 스파이 교환에 앞서 지금도 베를린의 유명한 관광지 중 한 곳인 체크포인트 찰리(Checkpoint Charlie)에서 미국 대학생 한 명이 시차를 두고 이들에 앞서 먼저 풀려났다. 그는 미국 예일대 경제학과 박사과정 학생으로, 소련 경제와 관련한 박사 논문을 작성하기 위하여 베를린에서 공부 중이던 프레드릭 프라이어(Frederic Pryor)라는 미국인 학생이었다. 그가 베를린에 체류하는 시기에 장벽이 세워졌는데 그는 교수에게 논문 사본을 전달하기 위해 1961년 8월 동베를린을 방문했다가 서베를린으로 도망간 그의 친구 여동생을 도왔다는 혐의로 체포되어 6개월 가까이 동독에 억류되어 있던 인물이었다.

당시 이들의 스파이 교환 과정에서 미국 측과 소련 측 중재자로서 큰 역할을 했던 인물들이 있었는데, 미국인 변호사 짐 도노반(James B. Donovan)과 동독 변호사 볼프강 포겔(Wolfgang Vogel)이 그들이다. 특히 포겔은 약 30년 동안 동서 진영 간 이루어진 스파이 교환을 중재하면서 150명이 넘는 스파이 교환을 성사시킨 인물로 유명하다. 그리고 미국인 변호사 도노반 또한 파워스와 아벨 간의 첫 스파이 교환을 성공시킨 이후 케네디 대통령 요청으로 미국의 쿠바 피그만 침공 당시 포로가 된 사람들을 구출하기 위한 쿠바와의 협상에도 참여해 성과를 거두기도 했다.

2015년 글리니케 다리에서 이루어진 미국과 소련 간 첫 스파이 교환을 주제로 한 실화 바탕의 〈스파이 브릿지〉(Bridge of Spies)라는 영화가 소개되기도 했다. 이 영화는 도노반의 시각에서 게리 파워스와 루돌프 아벨 간 스파이 교환 중재 과정과 예일대 박사 과정생 프라이어의 석방 협상과정 등을 사실적으로 그리고 있다. 특히, 글리니케 다리에서의 스파이 교환 장면을 리얼하게 묘사하는 등 스파이 역사에서 빼놓을 수 없는 스파이 교환이라는 특별한 소재를 다루었다는 점에서 주목을 받았다.

글리니케 다리에서 이루어진 또 다른 스파이 교환의 주인공으로는 폴란드 스파이 마리안 자카르스키(Marian Zacharski)가 있다. 그는 1977년부터 미국에 거주하면서 사업가 신분으로 위장하여 미국의 항공 레이다 장비와 무기 시스템 등 항공우주 관련 군사 및 산업 기밀 수집 활동을 하다가 1981년 체포된 폴란드 정보요원이었다. 그는 미국 유명 항공우주 분야 방위산업 회사인 'Hughes Aircraft Company'에 근무하는 베테랑 엔지니어인 윌리엄 홀든 벨(William Holden Bell)이라는 인물에게 접근하여 그가 금전적으로 파산 상태에 몰려있는 것을 이용해 돈으로 그를 포섭했다.

이후 그는 벨에게 촬영 장비 등을 제공하며 회사 내부의 레이다 관련 자료 등 각종 비밀자료들을 수집토록 지시하는 등 스파이 활동을 해오다 FBI의 방첩망에 걸려 체포되고 말았다. 그는 종신형에 처해졌지만 4년 만인 1985년 다른 소련권 스파이 3명과 함께 스파이 교환을 통해 석방되었다. 당시 이들과 교환된 사람들은 동독, 폴란드 등 동유럽 국가에서 서방 국가 스파이로 활동했거나 반체제 투쟁을 하다 감옥에 잡혀 있던 인물들로 총 25명에 달했던 것으로 알려졌는데, 4:25라는 교환 비율은 자카르스키를 포함한 4명의 스파이들이 얼마나 비중 있는 인물들인지 말해주는 것이었다.

■ 스파이 교환의 절정기

냉전 시기 절정에 이른 스파이 교환은 서로가 Win-Win 해야 하는 정보 기관의 중요한 비즈니스처럼 되었다. 교환할 스파이들의 무게감과 중요성 등에서 균형이 맞아야 성사되고 결코 손해 보는 장사를 해서는 안 되는 일종의 거래이기 때문이다. 그리고 스파이 교환에서 스파이들만이 교환 대상이 된 것은 아니었다. 스파이들과 함께 공산정권에서 정치적으로 탄압받던 인사들도 스파이들과 함께 교환 대상에 포함되기도 했다. 1960년대 소련의 대표적인 반체제 인사였던 알렉산더 긴저부르크(Alexander Ginzburg)를 포함한 5명의 반체제 인사들이 미국에서 활동하다 체포된 2명의 소련 스파이들과 교환이 이루어진 바 있다.

반체제 인사가 스파이들과 교환된 가장 대표적인 사례는 소련 반체제 인권운동가이며 정치범으로 수감되어 있던 나탄 사란스키(Natan Sharansky, 러시아명: Anatoly Borisovich Shcharansky)이다. 그는 서방을 위해 스파이 활동을 하다 붙잡힌 체코의 자보르스키(Zen Jaroslav Javorský), 서독 스파이들인 프론(Wolf-Georg Frohn)과 니스트로이(Dietrich Nistroy) 등 3명과 함께 1986년 2월 풀려났다.

이들과 교환된 스파이들은 미국과 서독 등에서 활동하던 5명의 동구 공산권 스파이들이었는데 특히, 이때 풀려난 동구권 스파이들 중 미국에 잡혀있던 체코의 부부 스파이 칼 코허(Karl Koecher)와 하나 코허(Hana Koecher)는 체코 정보기관 StB(Czechoslovakia State Security) 요원으로 미국 CIA에 침투한 이중간첩이었다.

이들 부부는 망명한 반체제 인사로 위장해 1965년 미국에 입국한 후 1971년 미국 시민권자가 되었다. 특히, 남편 칼 코허는 뛰어난 언어능력 등을 무기로 CIA 직원으로 채용된 후 고급 비밀에 접근할 수 있는 업무 권한을 활용해 많은 정보를 소련에 넘겼을 뿐 아니라 미국의 중요한 스파이였던 소련 외교관 오고로드니크(Aleksandr Dmitrievich Ogorodnik)의 정체를 소련에 보고한 인물이기도 한데 오고로드니크는 체포되어 신문을 받다가 결국 펜에 숨겨 놓은 독침으로 자살하고 말았다. 이들 부부 외에도 서독의 감옥에 잡혀있던 소련 스파이 예브게니 제믈랴코프(Yevgeni

Zemlyakov), 동독 국가안보부 슈타지(Stasi) 스파이였던 데트레프 샬페놀스(Detlef Scharfenorth) 등이 교환 대상에 포함되었다.

　냉전 시기에는 학생이나 종교인과 같은 비정치인이 스파이로 기소되어 정보기관 스파이와 교환된 경우도 있었다. 예수회 수사(Jesuit Priest)로 소련에서 선교활동을 하던 폴란드계 미국인 월터 시스젝(Walter Ciszek)과 미국 대학생 마빈 윌리엄 매키넌(Marvin Makinen)은 스파이 혐의로 소련에서 감옥 생활을 하다가 풀려난 인물들이다. 특히, 시스젝은 실질적으로 스파이 활동을 한 것이 아니라 2차 세계대전 발발로 폴란드에서의 선교 활동이 불가능해지자 위장신분으로 소련에 입국한 것이 문제가 되어 소련에 의해 독일과 바티칸이 파견한 스파이로 몰렸는데, 종전 후에는 냉전 시기와 맞물리면서 미국인이라는 점 때문에 풀려나지 못하고 강제 노역을 포함해 거의 23년에 가까운 감옥 생활을 하고서야 석방되었다. 이들은 유엔 사무국에 파견되어 정보활동을 했던 소련 정보총국(GRU) 소속 스파이 이반 에고로프(Ivan Dmitrievich Egorov), 알렉산드라 에고로프(Alexandra Egorov) 부부와 1963년 10월 맞교환되었다.

　언론인이 스파이 혐의로 체포되었다가 교환된 적도 있는데 미국 'U.S. News & World Report' 모스크바 특파원이었던 니콜라스 다니로프(Nicholas S. Daniloff)가 그 사례이다. 1986년 8월 소련의 물리학자로 유엔 업무를 담당하던 겐나디 자카로프(Gennadi Zakharov)가 블랙요원으로부터 비밀정보를 수집하다 스파이 혐의로 미국 FBI에 체포되는 사건이 발생했다. 하지만 그가 체포된 지 불과 3일 만에 소련이 이에 대한 보복으로 미국 언론사 특파원이었던 다니로프를 간첩 혐의로 체포하고 억류한 것이었다. 소련인 친구로부터 전달받은 봉투에 기밀지도가 포함되어 있었다는 혐의였다. 결국 양국 간 회담을 통해 체포된 두 사람을 상호 석방하기로 했는데, 소련은 반체제 인사 유리 오를로프(Yuri

Fyodorovich Orlov)를 미국으로 함께 추방했다. 이 사건은 이들을 석방하는 것으로만 마무리되지 않았는데, 미국이 소련 스파이로 의심되는 인물을 포함해 100여 명에 가까운 인사들을 추방했고, 소련도 이에 맞서 10명의 미국 외교관을 포함해 소련 내 미국 대사관 등에서 지원 업무를 수행하는 260여 명의 러시아인들을 철수시켰다.

사실 스파이 혐의로 체포된 인물들 중에는 실제 정보기관과 연계되어 스파이 활동을 한 인물들도 있었지만 그렇지 않은 경우도 있었다. 과거부터 소련이나 북한과 같은 공산국가들은 간첩활동과 무관한 서방 인사들에게 간첩 혐의를 씌워 억류한 후 이를 스파이 교환에 활용하거나 정치적으로 이용하는 경우가 많았다.

북한은 미국 언론인이나 종교인, 관광객 등을 스파이로 몰아 이들을 억류하여 북미관계의 지렛대로 활용하기도 했다. 그중 대표적인 사건이 2009년 3월 발생한 불법 월경 미국 여기자 체포 사건이다. 미국에 기반을 둔 독립 TV 방송국 커런트 TV(Current TV)의 여기자 유나 리(Euna Lee)와 로라 링(Laura Ling)이 중국 국경 지역에서 북한으로 불법 월경한 혐의로 억류되었는데, 북한은 2009년 6월 이들에게 12년 중노동형을 선고했다. 이들은 스파이 활동을 했다기보다는 기자로서 취재를 위해 북한 국경에 접근한 것이었지만 북한에게는 굴러들어 온 복덩이가 되어버렸다. 결국 미국의 빌 클린턴(Bill Clinton) 전 대통령이 직접 방북하여 이들을 데려오는 것으로 종결되기는 했지만, 북한은 미국이 저자세로 굽히고 들어오는 상황을 만드는 데 성공했고 이를 선전에 이용했다.

그 외에도 2012년 한국계 미국인 선교사 캐네스 배(Kenneth Bae) 억류, 2014년 미국인 관광객 매튜 토드 밀러(Matthew Todd Miller) 억류, 2016년 미국인 관광객 오토 웜비어(Otto Frederick Warmbier) 억류 등 북한은 방북한 미국인들을 수시로 간첩 혐의로 엮어 정치적으로 이용했다.

평범한 사업가가 국가를 위해 스파이로 활동하다 피포되어 고초를 겪다가 스파이 교환으로 구출된 경우도 있다. 1962년 영국의 민간인 사업가인 그레빌 윈(Greville Wynne)은 영국 MI6와 미국 CIA를 위해 모스크바를 오가면서 이중스파이였던 소련 정보총국 팬콥스키(Penkovsky) 대령을 접촉하고 첩보수집 등의 임무를 수행하다 발각되어 스파이 혐의로 8년형을 선고받고 감옥에서 2년이나 복역한 후 1964년 스파이 교환으로 풀려났다.

그와 교환된 소련 스파이는 캐나다인 고든 론스데일(Gordon Arnold Lonsdale)이라는 사업가 신분으로 위장하여 영국에서 활동한 육군 장교 코논 트로피모비치 몰로디(Konon Trofimovich Molody)라는 인물이었다. 그는 당시 소련 최고 정보기관이었던 국가보안부(Ministerstvo Gosudarstvennoy Bezopasnosti) 소속 블랙요원으로 활동하면서 영국 해군의 수중 무기 연구기관 근무자를 포섭해 내부 자료 등 기밀정보를 입수했다. 이른바 '포틀랜드 스파이 링'(Portland Spy Ring)으로 불리는 사건의 핵심인물이었다.

'포틀랜드 스파이 링'은 1953년부터 1961년 사이 영국에서 활동한 간첩단으로, 영국 포틀랜드 섬에 있는 해군 수중무기 연구기관인 AUWE(The Admiralty Underwater Weapons Establishment) 내부 기밀정보를 수집한 5인의 스파이들을 말한다. AUWE에 근무하는 영국인 해리 호튼(Harry Houghton)과 에텔 지(Ethel Gee), 그리고 캐나다 사업가로 위장해 이들을 조종하며 자료를 입수한 소련 스파이 몰로디(Konon Molody), 입수 자료를 몰로디로부터 전달받아 모스크바로 보낸 미국인 공산주의자 로나(Lona)와 모리스 코헨(Morris Cohen) 등으로 구성된 스파이 조직이었다. 로나와 코헨은 뉴질랜드인으로 위장했으며, 핼렌

(Helen)과 피터 크로거(Peter Kroger)라는 가명을 사용했는데, 크로거는 고서적 딜러로 신분을 위장하기도 했다. 이들은 1960년 폴란드 정보기관 요원 미카엘 고레니에브스키(Michael Goleniewski)의 제보로 발각되고 말았다.

그레빌 윈과 몰로디 간 스파이 교환은 서베를린과 동독 국경에 위치한 '헤르스트라세 체크포인트'(Heerstraße Checkpoint)에서 이루어졌다. 그리고 '포틀랜드 스파이 링'의 미국인 간첩 로나와 코헨은 1969년 7월 소련에 선전 전단을 밀반입한 혐의로 체포되어 억류 중이었던 영국인 러시아어 강사 제랄드 브룩크(Gerald Brooke)와 스파이 교환으로 풀려났다.

스파이 역사에서 가장 놀라운 간첩사건 중의 하나는 서독 빌리 브란트(Willy Brant) 총리의 비서로 근무했던 동독 고정간첩 권터 기욤(Günter Guillaume)과 그의 부인이자 동독 국가안보부(Stasi) 스파이였던 크리스텔 붐(Christel Boom) 사건을 꼽을 수 있다. 기욤은 망명자로 위장해 부인과 함께 서독에 정착 후 사민당(Social Democratic Party)에 입당하고 나중에는 프랑크푸르트 시의원에 선출되기도 했다. 이들 부부는 1981년 동독과 서독 간의 스파이 교환 프로그램에 의해 동독으로 인계되었는데, 서독 언론인으로 활동하다 동독에서 간첩혐의로 체포되었던 피터 펠턴(Peter Felten)을 포함한 서방 측 정보요원들과 맞교환되었다.

이처럼 냉전 시기에는 동서 진영 간의 스파이 활동이 그 어느 때보다 활발하게 이루어지면서 스파이들이 체포되는 사건이 많았고 이에 따라 스파이 교환 역시 절정기였다고 할 수 있다. 하지만 소련 해체 이후 동서 진영 간 스파이 교환은 거의 사라졌고 러시아에 의한 내부 정적 암살이나 서방으로 망명한 스파이에 대한 보복암살 사건 등이 빈번하게 발생했다. 이로 인해 러시아와 서방 국가 간에 정보요원을 비롯한 외교관을 맞추방하는 사건들이 과거의 스파이 교환을 대신하게 되었다.

되살아난 스파이 교환

21세기 들어 스파이 교환이 거의 자취를 감춘 가운데 2010년 7월 미국과 러시아 사이에 대규모 스파이 교환이 이루어졌다. 2010년 6월 장기간에 걸쳐서 미국에서 스파이 활동을 해 온 러시아 블랙요원 10명이 FBI에 체포되는 사건이 발생했다. 하지만 미국은 간첩사건이 당시 러시아와 오랜만에 형성된 관계개선 분위기에 악영향을 미칠 수 있다는 점을 고려해 정치적인 해결 차원에서 러시아 측에 스파이 교환을 제의했고, 러시아가 이를 받아들이면서 성사되었다.

미국은 스파이 체포 시점도 양국 간 우호적 분위기를 고려해 당시 예정되어 있던 메드베데프(Dmitry Medvedev) 러시아 대통령의 워싱턴 방문 이후로 연기했으며, 그가 미국 방문을 마치고 돌아간 후 체포를 단행했다. 미국은 러시아 스파이 체포 직후 파네타(Leon Edward Panetta) CIA 국장이 러시아 해외정보부(SVR) 미하일 프라드코프(Mikhail Yefimovich Fradkov) 국장에게 전화로 스파이 체포 사실을 전했는데, 러시아는 예상 밖으로 이를 바로 시인했다고 한다. 이에 미국이 양국 간의 관계 발전을 위한 민감한 시기인 점을 감안해 이런 기조를 유지하기 위한 10:4 스파이 교환을 제안했고 러시아가 이를 수용했다.

미국은 체포한 러시아 흑색요원 10명을 돌려보내는 대신 미국 스파이로 활동하다가 붙잡힌 러시아 핵 과학자 이고르 수티야긴(Igor Sutyagin)과 전직 KGB 요원인 겐나디 바실렌코(Gennady Vasilenko), 해외정보부 요원 알렉산더 자포로츠스키(Aleksander Zaporozhsky) 등 3명을 러시아로부터 구해 냈다. 그리고 미국은 나머지 1명을 영국에 양보했는데, 영국은 자국 스파이로 활동하다 잡혀 감옥에 있던 러시아 정보총국 요원

세르게이 스크리팔(Sergei Skripal)을 지명하여 데려왔다. 2010년 7월 오스트리아 수도 빈(Vien)의 공항에서 미국과 소련 간의 역사적인 10:4 스파이 교환이 이루어졌다.

러시아는 당시 사실상 실권자였던 푸틴의 승인 아래 스파이 교환을 실행하면서 4명의 자국민 서방 스파이들이 자신들의 반역죄를 모두 자백하는 조건하에서 석방에 동의하겠다는 입장을 견지했는데, 이는 푸틴이 이들에게 보복을 하기 위한 명분을 확보하려는 것이었다. 실제로 러시아는 스파이 교환이 일어난 지 8년이 경과한 2018년 3월 이때 풀어준 정보총국 요원 스크리팔을 암살하기 위해 현직 정보총국 요원들을 영국에 은밀히 파견해 신경작용제 노비촉(Novichok)을 이용해 암살을 시도한 바 있다. 다행히 스크리팔과 그의 딸이 노비촉에 노출되기는 했지만 생명에는 지장이 없었다.

가장 최근에 알려진 스파이 교환은 2022년 12월에 이루어졌다. 스파이 교환이라기보다는 미국과 러시아 간 범죄 혐의로 수감된 자국민 범죄자 교환이었는데, 미국에서는 교환 대상에 대한 상당한 논란이 일기도 했다. 왜냐하면 미국이 석방한 인물이 불법 무기거래 혐의로 25년형을 선고받고 수감 중이던 러시아 거물 무기상 빅토르 부트(Viktor Anatolyevich Bout)였고, 그와 맞교환된 인물은 마약 반입 혐의로 러시아에 체포된 미국 여자프로농구 선수 브리트니 그리너(Brittney Griner)였기 때문이다.

한때 빅토르 부트의 스파이 교환 상대가 러시아 국방부 관료 출신으로 러시아 원자력기구에서 일하면서 미국에 기밀을 넘긴 혐의로 징역 18년형을 선고받고 러시아에 수감되어 있던 안드레이 흘리체프(Andrei Klychev)가 될 것이라는 언론 보도들이 나오기도 했기 때문에 놀라운 반전이었다.

러시아 무기상 빅토르 부트는 90년대 초 소련이 해체될 때 국가적인 혼란기를 틈타 국유자산을 넘겨받아 큰돈을 번 인물이다. 그는 러시아 정보총국 외국어 군사학교에 다녔으며, 영어, 포르투갈어, 아프리카 원주민 언어 등을 구사할 수 있는 어학적 재능을 가진 정보기관 요원이었다. 그는 젊은 시절 군사고문단으로 아프리카에 파견된 것을 계기로 아프리카에 무기를 판매하여 많은 돈을 벌었다. 당시 아프리카는 여러 지역에서 내전이 발생하는 혼란기였는데, 그는 이런 상황을 이용해 아프리카 전역을 대상으로 정부군은 물론 반군에게도 무기를 판매했다. 그가 항공사를 운영하는 항공기업을 설립할 정도로 거물로 성장하면서 그에 대한 제재 필요성이 거론되기 시작했고 점차 세계적으로 주목을 받게 되었다. 그는 소련이 아프가니스탄을 침공할 당시 탈레반에도 무기를 공급한 바 있으며, 9.11 이후 이슬람을 무장시킨 인물로 평가되었다. 특히, 2003년 미국의 이라크 침공 당시에는 그의 운송회사가 미군 군수품 운송에 참여해 수익을 올리기도 했다.

그에 대한 미국의 추적이 시작되자 그는 푸틴 대통령 비호 아래 러시아에 은신했다. 미국은 그를 러시아 밖으로 유인해 내기 위해 마약단속국(DEA) 요원을 콜롬비아 게릴라 무장세력 FARC(Revolutionary Armed Forces of Colombia) 소속원으로 위장시켜 부트와의 무기거래를 성사시키는 작전을 수립했다. 실제 전직 마약상과 무기상까지 투입해 공작을 추진했는데 결국 태국 방콕으로 부트를 유인해 내는데 성공하면서 그를 체포할 수 있었다.

부트는 이처럼 악명 높은 무기상으로 일명 '죽음의 상인'(Merchant of Death)으로 불렸던 거물로서, 푸틴이 그를 구출하기 위해 많은 노력을 기울였던 것으로 알려졌다. 그런데 이런 악명 높은 스파이를 개인적으로 마약을 반입하다 체포된 여자 농구선수 석방을 위해 풀어준 것이다. 그래서 미국 내에서 다른 스파이 교환 사례들과는 달리 여론이 우호적이지 않았다.

오래전 1989년 9월 서독 언론 '디 벨트'(Die Welt)가 미국·소련·이스라엘· 동독·서독 및 이라크 등 총 10개국이 연계된 사상 최대 규모의 스파이 교환 협상이 소련 요청을 받은 동독 볼프강 포겔 변호사 중재로 은밀히 진행되고 있다고 보도한 바 있는데, 당시 협상 대상에 올라있던 스파이들 중에는 고위인사 다수가 포함돼 있었으며, 일부는 일반에 알려지지 않은 인물들이었다고 덧붙인 바 있다.

이처럼 보통 스파이 교환은 대외적으로 공개되지 않고 비밀리 진행되기 때문에 국가 간 혹은 서방과 공산 진영 간 스파이 교환이 알려진 것보다 훨씬 많이 이루어졌다고 볼 수 있는데, 스파이들의 정보활동에는 불가피하게 노출로 인한 체포와 스파이 교환이 수반될 수밖에 없다. 어떤 경우에는 상대국 스파이를 석방하는 대신 반대급부로 스파이 맞교환이 아닌 국익을 위한 다른 외교적 보상조건을 제시하는 경우도 있다.

■ 새로운 스파이 전성시대로의 회귀

2022년 러시아와 우크라이나 간 전쟁을 계기로 러시아의 정보활동이 강화되면서 유럽 각국의 러시아 관련 스파이 사건이 지속적으로 발생하고 있다. 네덜란드는 전쟁 발발 직후 러시아 정보장교 등 17명을 추방한데 이어, 2023년에는 러시아 무역사무소를 폐쇄시키는 등 러시아의 스파이 활동을 강력히 견제하고 나섰다. 그리고 노르웨이도 2022년 러시아 첩자로 활동한 대학교수를 체포한데 이어 2022년부터 2023년까지 스파이 혐의로 두 차례에 걸쳐 총 18명의 러시아 외교관을 추방했다.

독일도 2022년 육군 예비역 장교를 러시아 정보기관과 정보를 공유한 혐의로 재판에 넘긴데 이어, 연방정보부(BND) 요원 카스텐(Carsten)을 러시아 스파이 혐의로 체포하고 40명에 달하는 러시아인을 스파이 혐의로 추방한 바 있다. 그 외에도 스웨덴은 2022년 형제가 포함된 3명의 자국민을 러시아 스파이 혐의로 체포했으며, 오스트리아에서는 러시아 스파이로 의심되는 그리스인이 적발되기도 했다. 슬로베니아는 아르헨티나 국적으로 위장한 러시아 정보총국 소속 부부 스파이를 체포하고 러시아의 우크라이나 침공 직후 러시아 대사관 소속 러시아인 33명을 추방하기도 했다.

폴란드 또한 2022년 군사정보 수집활동을 한 혐의로 러시아 정보총국 소속 러시아인 1명과 벨라루스 국적 1명을 스파이 혐의로 체포한데 이어 2023년에도 러시아 프로 아이스하키 선수 1명을 스파이 혐의로 체포했다. 이에 앞서 폴란드는 우크라이나로 향하는 철도 노선에 대한 사보타주(Sabotage)를 계획하던 러시아 스파이 9명을 검거하고 이중 6명을 기소하기도 했다.

이처럼 러시아가 우크라이나와 전쟁을 개시한 이후 유럽 등 각 지역에서의 스파이 활동을 활발히 진행하면서 2020년대를 두고 '제2의 스파이 시대', 'Decade of the Spy의 도래'라는 평가가 나오고 있다.

제7장

스파이와의
전쟁

제7장 ──────────── 스파이와의 전쟁

■ 뚫느냐 막느냐, 스파이 대 스파이

방첩(Counterintelligence)이라는 용어는 말 그대로 간첩, 스파이를 막는 것이다. 스파이라는 용어는 아무래도 정보를 빼내오는 데 무게가 더 실려있다고 할 수 있는데, 사실 정보기관에는 방첩활동을 수행하는 즉, 외부로부터의 공격을 막아내는 수비수 역할을 하는 스파이들도 많다. 방첩의 영역에는 국가 기밀정보를 보호하는 것에서부터 테러, 사이버 공격, 마약, 방위산업 기술과 국가 핵심기술의 유출 등으로부터 국가와 국민을 보호하는 모든 활동이 포함된다.

과거에는 방첩이라는 개념이 국가 시설이나 문서, 통신, 인원들에 대한 보안활동 즉, 외부 침입으로부터의 시설 보호, 통신에 의한 비밀누설 차단, 내부 서류와 비밀문건 외부유출 방지를 위한 비밀등급 분류, 비밀을 취급하거나 비밀에 접근할 수 있는 인원들에 대한 보호와 관리 등을 의미했지만 지금은 그 영역이 크게 확대되었다. 그럼에도 내부 비밀유출과 같은 고전적인 영역에 해당하는 방첩 사건들은 여전히 발생하고 있다.

지난 2022년 10월 전 FBI 캔자스시티 지부 분석관이었던 캔드라 킹스베리(Kendra Kingsbury)라는 여성이 자택에 국방 관련 자료를 불법 보관한 혐의로 체포되어 3년 10개월 형을 선고받은 사건이 있었다. 그녀는 2004년부터 2017년까지 12년 넘게 분석관으로 근무하면서 불법 마약밀매, 폭력범죄와 폭력조직, 방첩 등 다양한 분야에서 근무했으며, 국방 관련 기밀정보에 접근할 수 있는 권한과 함께 일급비밀 취급을 허가받은 요원이었다.

그녀는 비밀자료의 개인 보관을 금지하고 승인된 시설과 장소에 보관토록 되어 있음에도 불구하고 FBI에 근무하는 동안 반복적으로 자료를 유출했으며, 국방 관련 기밀문서를 포함한 민감한 정부 자료를 CD나 하드 드라이버와 같은 다양한 저장매체를 이용해 자택에 보관한 사실을 인정했는데 일부 자료들은 파기되기도 했다. 만약 자료들이 적국이나 테러단체 등 외부로 유출되었다면 국가안보와 관련한 정보들의 수집 방법 등 매우 민감하고 중요한 내용들이 노출되어 안보에 큰 위협이 될 수도 있었다.

킹스베리가 불법 보관한 정보에는 대테러, 방첩, 사이버 위협 방어 등과 관련된 많은 비밀문서들이 포함되어 있었는데, FBI의 국가 방첩목표와 우선순위에 대한 세부사항은 물론, 민감한 휴민트 공작, 적대적 외국 정보기관과 테러조직 관련 정보, 방첩 및 대테러 목표에 대한 FBI의 기술적 능력 등과 관련된 내용들도 포함되었다. 또한 그녀가 불법으로 보관 중이던 국방정보에는 다른 정부기관에서 비밀로 분류한 수많은 문서들도 포함되어 있었고, 테러집단에 대한 정보수집을 위한 미국 정부의 정보원 운영과 방법들까지 기록되어 있었다. 특히, 아프리카 대륙의 알카에다 조직원들에 대한 신상정보도 포함되어 있었는데, 그중에는 오사마 빈 라덴의 동료로 의심되는 인물의 정보와 알카에다를 지지하기 위해 새롭게 부상하고 있는 테러분자들의 활동 관련 정보도 있었다.

FBI는 킹스베리가 불법으로 빼낸 기밀문서들을 어떤 용도로 사용하려 했는지에 대해 조사했지만, 더 많은 의문과 우려가 나왔다. 그녀의 전화 기록에서 의심스러운 전화들이 많이 발견되었는데 그녀가 대테러 조사대상과 연관이 있는 전화번호들과 상호 연락을 취한 사실이 확인된 것이었다. 수사관들은 킹스베리가 왜 이 사람들과 연락을 취했는지, 이 사람들이 왜 그녀에게 연락을 취했는지를 밝혀내지는 못했는데, 킹스베리가 정부에 더 이상의 정보를 제공하기 거부했기 때문이었다.

역사적으로 스파이들이 노출되어 체포되고 처형되는 방첩사건이 가장 빈번하게 일어났던 시기는 아무래도 미국과 소련 간 정보 전쟁이 가장 치열했던 냉전 시기였다고 할 수 있다. 특히 냉전이 막바지에 이르렀던 1980년대는 'Decade of the Spy', '스파이의 시대'로 불릴 만큼 스파이 사건이 다른 어느 시기보다도 많이 발생했다. 특히, 1985년은 미국 언론 등이 'Year of the Spy' 즉, '스파이의 해'로 평가했을 정도로 미국의 군과 정보기관 등에서 오랫동안 암약하며 스파이 활동을 해 온 다수의 거물급 스파이들이 체포된 한 해이기도 했다.

돈을 벌기 위해 자발적으로 찾아가 미 해군의 통신암호를 소련에 팔아먹은 존 워커(John Walker)를 비롯, 미 육군과 CIA에서 장기간 암약하며 각종 비밀정보를 중국으로 넘긴 중국계 미국인 래리 우타이 친(Larry Wu-tai Chin), 그리고 미 해군 정보사령부 민간인 분석가로 활동하며 미국이 보유 중인 세계적인 전자 감시망과 관련한 매뉴얼을 비롯해 많은 정보들을 이스라엘 등에 넘긴 유대계 미국인 조나단 폴라드(Jonathan Pollard) 등이 모두 1985년에 스파이 혐의로 체포된 인물들이다. 또한 NSA와 미 해군 등이 소련 잠수함을 추적하고 군사 통신 내용을 수집하기 위해 수행했던 소련 해저 통신 케이블 도청 공작 '아이비 벨스'(Ivy Bells) 작전을 소련에 노출시킨 NSA 출신 소련 스파이 로널드 펠튼(Ronald William Pelton)도 이때 실체가 드러났다.

그러나 이러한 스파이 활동의 절정기를 지나 1991년 소련이 해제되고 세계 질서가 초강대국 미국 중심으로 재편되면서 방첩 분야는 상당 기간 소강기를 보냈다고 할 수 있다. 하지만 이런 상황은 2001년 발생한 9.11 테러로 완전히 달라졌고 많은 국가들에서 방첩활동을 강화하는 기폭제가 되었다. 특히, 당사국인 미국의 국가정보체계는 9.11을 기점으로 구분된다고 할 정도로 정보기관들에 큰 후폭풍을 몰고 왔다. 9.11 테러는 미국의 국가 방첩조직 확대뿐만 아니라 방첩활동의 기조를 바꾸었는데, 비자 발급과 미국 내 체류 외국인에 대한 관리 강화 등 외국인의 입국과 체류에 대한 통제를 대폭 강화하는 방향으로 전환되었다.

이를 위해 미국은 기존 FBI의 방첩활동 빈틈을 보완하기 위해 국토안보부(DHS, Department of Homeland Security)라는 조직을 신설했다. 국토안보부는 해외에서 미국으로 들어오는 모든 물자와 인원에 대한 정보 수집과 불법 체류자 관리, 그리고 교통, 세관, 이민, 해안 등 입국 루트별로 방첩 임무가 용이하도록 산하에 별도의 방첩기관을 두고 있으며, 대통령 경호 임무와 재난 발생 시 후속대응 업무까지 수행하는 체계를 구축함으로써 단순한 방첩기관을 넘어선 국가위기대응 총괄기구로서의 역할을 수행하는 조직이다. 9.11은 미국뿐 아니라 대다수 서방 국가들의 방첩활동에도 많은 영향을 미쳤는데, 대부분 방첩기관의 권한과 역할을 강화하는 방향으로 변화되었다.

20세기 이후 시대가 변하고 국가 간 교류가 확대되면서 방첩활동 기조도 내부 단속 중심에서 벗어나 보다 능동적인 방첩활동으로 바뀌어 왔다. 자국 내 체류하는 외교관은 물론 외국계 언론사, 국제기구, 외국 단체와 기업 소속의 외국인 주재원과 자국민 직원 등 다양한 방첩목표들을 대상으로 한 정보 수집과 분석 활동뿐만 아니라 스파이 활동 여부에 대한 감시와 견제, 필요시 체포와 추방에 이르는 활동으로까지 확대되었다. 또한 정보수집이나 특수임무 수행을 위한 비밀 공작활동과 마찬가지로 방첩 대상들의 스파이 활동을 무력화하고 차단하기 위한 방첩공작도 수행한다.

21세기 들어 방첩활동 영역은 더욱 확대되었는데, 테러의 폭발적 증가와 컴퓨터 기술 발달에 따른 사이버 테러와 사이버 범죄를 비롯한 위폐, 마약, 인신매매 등 국제범죄, 첨단 핵심기술을 유출하는 산업스파이 차단 등 새로운 방첩영역들이 매우 중요한 분야로 부각되었다.

일반적으로 방첩활동의 우선순위는 각 국가들마다 처한 상황에 따라 다르다. 미국을 비롯한 일부 서방국을 제외하면 실질적으로 테러 위험이 높은 국가들은 사실 그렇게 많지 않다. 오히려 다수의 국가들에서는 마약이나 총기, 사이버 범죄 등과 같은 영역들이 더욱 심각한 위협이 되고 있다. 대한민국의 경우는 북한이라고 하는 특수한 대상이 있기는 하지만 산업스파이, 마약, 사이버 범죄 등이 방첩활동의 주요 영역으로 자리잡고 있다.

방첩은 외부로부터의 공격을 막아내는 활동으로 국내 정보기관의 업무 영역이다. 대한민국이나 중국과 같이 국내 및 해외 통합형 정보기관을 운영하는 국가를 제외한 다수의 국가들은 국내 방첩기관을 분리 운영하고 있다. 특히, 방첩 영역들 가운데 특정 분야를 분리해 별도의 전담 방첩기관을 설립해 운영하기도 하는데, 미국의 마약단속국(DEA)과 같은 경우가 이에 해당된다고 볼 수 있다. 그만큼 마약 차단이 미국에서는 국가적으로 비중이 큰 방첩업무라는 의미로 볼 수 있다.

또한 방첩기관의 수사권 보유 여부는 기관의 권한과 성격을 가름하는 기준이 되는데, 미국 FBI, 러시아 FSB, 프랑스 DGSI 등은 방첩 관련 정보활동을 수행함은 물론 수사권을 보유하고 있어 정보기관으로서의 역할뿐 아니라 막강한 법 집행기관으로서의 권한까지 보유하고 있다. 이에 반해 영국 MI5, 독일 BfV, 일본 공안조사청, 대한민국 국가정보원 등은 수사권 없이 방첩 관련 정보활동만 수행하고 있다. 이스라엘 국내 방첩기관인 신베트(Shin Bet)는 미국 등 다른 서방 국가들이 정보기관의 국내 비밀 공작활동을 엄격히 제한하고 있는 것과 달리 이를 허용하고 있는데, 이는 아마도 팔레스타인이나 아랍권 국가와의 분쟁과 테러 위험 등 엄혹한 국가적 방첩 환경에 기인한 것으로 볼 수 있다.

가장 치명적인 안보위협, 사이버 공격

21세기 접어들어 컴퓨터와 정보통신 기술의 발달로 방첩활동의 가장 중요한 영역 중 하나가 국가 전산망 마비 등을 초래하는 사이버 테러, 사이버 침투를 통한 국가 기밀정보 및 산업기밀 탈취 등과 같은 사이버 공격이다. 이런 사이버 위협은 이제 특정 국가만의 문제가 아니라 모든 국가들에게 공통된 국가 안보위협 요인으로 자리 잡았다.

미국이 타이탄 레인(Titan Rain)으로 명명한 중국의 해커 집단이 미항공우주국(NASA)과 방위산업체 록히드 마틴(Lockheed Martin), 핵에너지 연구소(Sandia National Laboratories)와 같은 주요 기관들과 기업을 대상으로 2003년 이래 수년 동안 사이버 공격을 통해 다량의 비밀자료를 절취한 사건이 있었다.

2007년에는 에스토니아가 과거 소련의 2차 세계대전 참전 기념 동상 이전 계획을 발표하자 이에 반발한 러시아가 에스토니아 의회, 내각 등 국가기관들과 금융기관, 언론사 등을 대상으로 사이버 공격을 감행해 에스토니아 국민들의 일상생활을 수일 동안 마비시켰는데, 이는 국가를 대상으로 한 최초의 사이버 공격이었다.

또한 2010년에는 이란 핵 시설을 대상으로 스턱스넷(Stuxnet)이라는 웜바이러스를 침투시켜 우라늄 농축시설 등 핵 개발 시설을 무력화함으로써 이란의 핵 개발을 수년간 중단시키는 사건이 있었는데, 미국과 이스라엘의 합동공작으로 추정되었다. 당시 핵 시설 내 인터넷이 차단된 환경이었기 때문에 과연 어떻게 외부에서 내부 전산망에 접근해 사이버 공격을 성공적으로 수행했는지에 대해서는 아직 공개되지 않고 비밀로 남아있다.

핵 시설에 근무하는 내부 협조자의 도움을 받았을 가능성 등 다양한 추측들이 나오는 가운데 USB 투입설이 유력한 시나리오로 거론되기도 했는데, 미국 등 서방 국가에 포섭된 내부 직원을 활용해 웜바이러스가 심어져 있는 USB를 내부 컴퓨터에 연결하여 순간 감염시켰다는 것이다. 설령 이 방법을 사용했다 하더라도 내부 협조자가 직접 컴퓨터에 연결하면 역추적 시 발각될 수 있기 때문에 아마도 협조자가 의도적으로 USB를 내부에 흘리고 이를 주운 내부 직원이 의도치 않게 USB를 컴퓨터에 연결토록 만들어 감염이 되도록 했을 것이라는 추측도 나오는데 사실 여부는 확인되지 않고 있다.

이러한 사이버 공격으로부터 대한민국도 예외일 수 없었는데 북한의 정찰총국 등에 의한 사이버 공격이 지속적으로 있어 왔다. 2009년 청와대 등 정부기관에 대한 디도스(DDos) 공격을 시작으로, 2011년 악성코드 감염에 의한 농협전산망 마비, 2014년 한국수력원자력 해킹, 2015년 서울지하철 서버 해킹 등 국가기관과 주요 국가시설들에 대한 공격이 계속되어 왔다. 최근에는 가상화폐 거래소 공격과 암호화폐 탈취 등과 같은 형태로 공격을 다양화하고 있다.

이처럼 기밀정보 수집이나 특정 시설, 기관의 무력화 등을 목표로 한 사이버 공격도 있고, 에스토니아 사례와 같이 국가 전체를 대상으로 한 전방위적 공격으로 인해 국가의 주요 기능이 마비되는 경우도 있다. 하지만 최근 러시아와 우크라이나 간 전쟁에서도 확인되었듯이 이제는 전쟁 초기 군사 공격과 동시에 사이버 공격도 함께 진행되기 때문에 사이버 공격은 단순한 방첩 대상의 수준이 아니라 전쟁 시 필수적인 선제 공격 수단의 하나로 진화해 버렸다.

■ 위장 스파이로 역사를 바꾼 방첩공작

방첩활동에서 가장 중요한 스파이 색출은 자체 방첩 수사활동을 통해 이루어지는 경우도 있지만, 스파이 역사에서 중요한 간첩사건을 해결하는데 있어 많은 경우 이중스파이들이 결정적인 역할을 했다. 이중스파이들의 간첩 관련 정보 제공 없이 정보기관 자체의 방첩활동을 통해 내부 간첩을 색출하는 것이 그만큼 어렵다는 것을 말해 준다. 미국 FBI 요원 로버트 핸슨 사례도 그가 15년이 넘게 러시아 스파이로 활동했음에도 발각되지 않다가 결국 러시아 정보기관 이중스파이의 제보로 잡을 수 있었다. 우리 속담에 '열 사람이 도둑 한 명 못 잡는다'라는 말이 있는데 방첩활동의 어려움을 대변해 주는 말로 들린다.

이런 측면에서 과거 2차 세계대전 당시 영국 방첩기관이 이중스파이를 활용해 독일 스파이들을 일망타진하고 이들을 역이용하여 전쟁에서 승리하는데 크게 기여한 것은 역사적으로 최고의 방첩공작 성공 사례 중 하나로 꼽힌다. 영국 MI5는 2차 세계대전 발발 전인 1930년대 중반 웨일즈 출신의 배터리 개발자 겸 사업가였던 아서 오언스(Arthur Graham Owens)라는 인물을 포섭해 그를 나치 독일의 핵심 스파이로 만들어 영국으로 침투하는 다수의 독일 스파이들을 색출하는 공작을 추진했다.

오언스는 배터리 개발자로서 전 재산을 배터리에 투자했음에도 불구하고 영국에서의 사업이 여의치 않고 빚만 지게 되자 이를 타개하기 위한 돌파구 차원에서 독일 시장을 생각하고 벨기에 주재 독일 대사관을 찾아갔다. 이때 독일은 오언스가 군함 등 선박용 배터리를 매개로 영국 해군 등 군부와 연계를 가지고 있는 인물인 데다, 배터리 개발 사업가라는 그의 직업 또한 스파이 활동을 하는 데 있어 위장신분으로 활용하기에 적합하다고 판단하는 등 그가 스파이 후보자로서 여러 장점을 가졌다는 점에 주목했다.

이에 독일 군 정보기관 아브베어(Abwehr)는 그를 최적의 스파이 대상자로 판단하고 그에게 돈과 여자를 붙여주며 영국 내 독일 스파이로 포섭했는데 그의 암호명은 '조니'(Johnny)였다. 당시 독일은 전쟁 준비에 열을 올리면서 영국의 해안 조기경보 레이더망 체계와 같은 군사정보 수집을 위해 작전명 'Chain Home'이라는 비밀공작을 추진하는 등 정보수집에 혈안이 되어 있던 시기였다. 하지만 오언스는 그가 독일 대사관에 찾아갈 때부터 이미 영국 MI5의 스파이였으며 독일에 위장 포섭된 것이었다.

이후 그는 영국에 침투한 독일 스파이 색출을 위한 영국 방첩기관의 핵심 공작원이 되었다. MI5는 오언스가 독일 군 정보기관으로부터 신뢰를 받을 수 있도록 그를 통해 독일에 적절한 정보를 흘려주는 등 그를 독일의 중요한 스파이로 키우기 위해 많은 노력을 기울였다. 결국 그는 독일 군 정보기관의 신뢰를 바탕으로 영국으로 침투하는 다수의 독일 스파이들과 접촉하여 그들의 스파이 활동을 지원하는 조력자 혹은 조정자 역할을 하는 영국 내 독일 고정간첩으로서의 입지를 굳히는 데 성공하였다.

당시 영국은 나치를 피해 흘러들어 온 수천 명의 난민들을 관리하는 문제로 어려움을 겪고 있었다. 난민 문제 자체보다는 난민들 속에 독일 스파이들이 숨어 들어올 가능성에 대해 매우 걱정하고 있었는데, 이중스파이 오언스 덕분에 그런 걱정 또한 크게 줄일 수 있었다. MI5는 다양한 수단으로 영국에 침투하여 오언스와 접촉하는 독일 스파이들을 모두 체포했는데, 이들에게 간첩죄로 처형당할지, 영국의 스파이가 되어 활동할지 선택하도록 했다. 결국 이들 대부분은 독일 관련 정보를 수집하고 독일에 역정보를 보고하는 영국의 이중간첩이 되었다.

영국은 '20'에 해당하는 로마 숫자 'XX'를 뜻하는 소위 'Double Cross system'이라는 이중스파이 활용 체계를 구축하고 이들을 관리, 운영하는 'The Twenty Committee'이라는 별도 조직까지 만들었다. 전쟁이 종료되는 시점에는 이렇게 독일 스파이로 침투했다가 영국으로 전향한 이중스파이 규모가 120명에 달할 정도로 매우 성공적인 방첩공작이 수행되었다. 이러한 이중스파이들의 역정보가 중요한 역할을 한 사례가 2차 세계대전의 연합군 승리에 결정적으로 기여한 노르망디(Normandy) 상륙작전이다. 이중스파이들을 활용해 연합군이 프랑스의 칼레(Pas de Calais) 지역으로 상륙할 것이라는 역정보를 독일에 보고하는 기만공작을 전개하여 성공한 것이다.

오언스는 전쟁 이후 신변의 위협을 피해 신분을 바꾸고 아일랜드로 이주 후 잠적했는데, 그가 캐나다에서 첫째 부인과 결혼해 낳은 딸인 페트리샤 오언스(Patricia Owens)는 미국 할리우드의 유명한 여배우가 되었다.

■ 중국의 스파이 인해전술
미국의 중국 스파이 박멸 작전

9.11 테러와 함께 미국의 방첩활동에 영향을 미친 또 하나의 요인은 초강대국 중국의 부상과 그들의 공격적인 정보활동이라고 할 수 있다. 소련이 해체되고 냉전이 종식된 이후 미국의 정보전쟁 상대 우선순위가 러시아에서 중국으로 바뀐 것이다.

2010년대에 들어 중국의 미국 내 스파이 활동이 휴민트와 사이버 등 다양한 수단을 통해 전방위적으로 이루어졌고, 이로 인해 큰 타격을 입게 된 미국이 중국의 스파이 활동에 대한 본격적인 견제에 나섰다. 실제로 미국 법무부에 따르면 2011~2018년 기간에 적발한 산업스파이 사건의 90%가 중국과 관련되어 있다고 한다. 미국은 중국 정부가 미국 경제와 국가안보에 큰 위협을 가하고 있고, 미국 기업이나 연구소로부터 첨단기술을 훔치기 위해 혈안이 되어 있으며 특히, 중국의 고급인재 유치 프로그램인 '천인 계획'(Thousand Talents)[26]이 지식재산 절도를

---

26) 해외에 진출한 중국 과학기술 인재와 세계적인 외국 과학기술자들을 유치하기 위한 중국의 인재 양성 프로그램으로, 산업스파이 활동과 연계된 것으로 비판

더욱 부채질하는 것으로 판단하고 있다.

미국 내에서 중국의 스파이 활동은 산업기밀과 군사정보 수집을 목표로 매우 다양한 방식을 통해 공격적으로 진행되어 왔는데 드러난 사례들이 많다. 중국 정보기관 국가안전부(MSS) 소속으로 미국의 항공산업 관련 기술을 훔치려다 벨기에에서 체포된 중국 산업스파이 쉬 옌쥔(Xu Yanjun)은 2013년부터 2018년 체포되기까지 쿠 후이(Qu Hui), 장 후이(Zhang Hui) 등의 가명을 사용하면서 유령회사를 만들어 미국 제네럴일렉트릭(GE) 자회사인 GE항공 등 미국의 여러 항공우주 관련 기업들을 접촉하면서 민감한 산업정보를 수집해 왔다. 이 사건은 중국의 스파이가 제3 국에서 체포, 미국으로 인도되어 재판에 넘겨진 첫 사례가 되기도 했는데, 그는 징역 20년형을 선고받았다. 같은 시기 미국 시카고 유학생 출신 중국인 지 차오쿤(Ji Chaoqun)이라는 인물도 중국 국가안전부의 지령을 받고 미국 방위 산업체에서 일하는 중국계 엔지니어와 과학자들을 포섭하려 한 혐의로 2018년 체포되어 8년형을 선고받기도 했다.

하지만 이후에도 중국 산업스파이 사건은 지속적으로 발생했다. 2018년 12월 석유와 천연가스 등을 생산하고 각종 에너지 제품을 개발, 판매하는 미국 에너지 회사 '필립스 66'(Philips 66)이 중국 출신 연구원의 내부기밀 유출을 FBI에 신고했다. 2017년 6월부터 이 회사의 선임 연구원으로 근무한 미국 영주권자 홍진 탄(Hongjin Tan)이라는 인물이 었는데, 그는 회사가 개발 중인 리튬이온 전지 등 차세대 배터리 관련 정보를 중국에 비밀리 제공하고 있었다. 그는 중국 난징대를 졸업하고 미국 캘리포니아공대(Caltech)에서 석·박사 학위를 받은 유망한 과학자였는데, 연구개발 자료들을 중국으로 빼내 리튬이온 전지를 개발 중인 중국 회사에 취업하려고 계획했다가 2019년 12월 체포되고 말았다. 미국 정부는 홍진 탄이 유출한 기술이 미화 10억 달러가 넘는 가치라고 평가하였다.

중국은 미국의 방첩활동을 회피하기 위해 정보 전달책(Courier)을 활용하기도 했다. 미국 샌프란시스코에서 소규모 여행 가이드 업체를 운영해 온 중국계 미국인 쉐화 펑(Xuehua Peng)은 임시비자로 미국에 들어온 후 미국 여성과 결혼해 영주권을 받고 2012년 미국으로 귀화한 인물이었다. FBI는 그가 중국 스파이라는 정보를 입수하고 수년간 감시했으나 어떠한 특이점도 발견하지 못했다. 그는 여행 가이드라는 신분과 중국에 가족이 있다는 점을 스파이 활동에 잘 활용했는데, 가족을 만나거나 사업을 위해 중국을 자주 오가면서 미국 내 중국 스파이들이 수집한 정보를 전달하는 운반책 역할을 수행했던 것이다.

그는 직접 정보수집 활동을 하는 에이전트는 아니었는데, 2015년 10월부터 다른 중국 스파이가 입수한 미국의 기밀정보가 담긴 SD 카드 등을 비밀 접선 장소에서 받아서 중국으로 가져가 정보기관에 전달했다. 또한 그는 여행사 가이드라는 신분을 스파이 활동에 잘 이용했는데, 예약한 호텔 방에 들어가 중국 스파이들이 숨겨놓은 USB 등을 수거해 가는 방법을 활용하기도 했다. 그는 고전적인 스파이 기술과 첨단기술을 접목해 활동했지만 결국 2019년 9월 체포되었다.

또한 중국은 군사정보 수집을 위한 미국인 스파이 포섭에도 많은 노력을 기울였다. 미 캘리포니아주 샌디에이고 해군 기지에 복무하던 중국계 미국 시민권자 진차오 웨이(Jinchao Wei) 병장은 2022년 2월부터 미해군 함정 관련 사진과 해군 함정 시스템 관련 문서 등을 중국 정보기관에 제공하고 그 대가로 돈을 받는 등 간첩활동을 하다 2023년 8월 체포되었다. 이뿐만 아니라 캘리포니아의 또 다른 해군기지에 근무하던 중국계 미국인 웬헝 자오(Wenheng Zhao) 하사도 일본 오키나와 레이더 시스템 도면, 미군의 태평양 훈련 작전계획 등을 해양경제 연구원으로 위장한 중국 정보요원에 전달하고 미화 1만 5천 달러를 받는 등 기밀정보에 접근할 수 있는 권한을 활용해 스파이로 활동하다 발각되고 말았다.

중국이 미국에 대한 스파이 활동에 있어 휴민트 수단과 함께 사용하는 또 다른 핵심 축은 사이버 수단에 의한 정보활동이다. 중국은 2015년 미국 인사 담당부서 OPM(Office of Personnel Management)을 해킹해 2천만 명이 넘는 미국인의 신원정보를 탈취해 큰 파장을 일으킨 이후에도 지속적으로 사이버 침투를 통한 정보수집 활동을 전개해 왔다. 2021년 또 한 번 중국에 의해 미국의 사이버 망이 뚫리는 사건이 있었는데 마이크로소프트(MIicrosoft)사 익스체인지 이메일 서버가 중국 해커에 의해 뚫린 것이다. 워싱턴 DC에 있는 각종 싱크탱크와 주요 단체, 국방부 납품 군수업체, 다수의 중소기업 등이 사용해 오던 이메일 서버였는데, 피해 기업과 기관이 총 3만여 곳에 달했고 이들 기업과 기관에서 오간 이메일들이 해커에게 넘어갔다.

이렇게 중국은 한편에서는 다양한 신분으로 위장한 중국인 스파이들이, 또 한편에서는 해커부대를 동원해 세계 곳곳에서 정치·군사 정보와 산업기술 정보를 모으고 있다.

특히 중국은 200여 개국에서 회원 5억 6,200만여 명을 두고 있으며, 미국인 회원 규모가 1억 5,000만 명에 달하는 구인, 구직 등 비즈니스 전문 소셜 네트워크 '링크드인'(LinkdIn) 사이트를 스파이 활동에 적극 활용하고 있다. 전직 고위관료, 학자, 과학자, 엔지니어 등 링크드인 회원 수천 명을 접촉하면서 이들을 스파이로 포섭하기 위한 활동을 전개하고 있다. 중국 스파이로 활동을 하다 체포된 전직 CIA 요원 케빈 멜로리(Kevin Mallory)는 인터넷 사이트 링크드인에서 싱크탱크 직원으로 위장한 중국 정보기관 요원 마이클 양(Michael Yang)이라는 인물에게 물색되어 스파이로 포섭되었는데, 링크드인과 연계된 대표적인 사례이다.

실제 미국 정보당국이 링크드인 사이트를 직접 거론하며 스파이 접근 가능성을 경고할 정도였는데, 중국의 정보기관 활동이 그만큼 공세적이고 활발하다는 것을 의미한다고 볼 수 있다.

2019년에는 미국 정부가 비밀리에 중국 외교관 2명을 스파이 혐의로 추방하기도 했는데, 미국 정부가 중국 외교관을 추방한 것은 레이건 대통령 시절인 1987년 외교관 2명을 추방한 이후 32년 만이었다. 이들은 9월말 네이비실 등 특수 작전부대가 주둔한 버지니아주 노퍽 소재 미군 해군 기지에 침입하려 한 혐의를 받고 있다. 이들 중국 외교관들은 각자 부인을 차량에 태운 채 기지에 접근했는데, 기지 검문소에서 되돌아가라는 경고를 듣고도 계속 진입하다 출동한 소방차의 제지를 받고서야 멈춰 섰다. 이들은 "영어를 이해하지 못했다. 단순히 길을 잃었을 뿐"이라고 해명했지만 미국 정부는 이들이 기지의 보안 상태를 시험하려고 의도적으로 경비병의 지시를 따르지 않은 것으로 판단했다. 추방된 2명 가운데 1명은 외교관 신분으로 위장한 정보기관 요원이었던 것으로 확인되었다.

미국 정부는 이 사건을 대외 공개하지 않다가 한 달 후에 국무부 명의로 '미국에 있는 중국 외교관과 공무원이 미국 관리를 만나거나 연구기관을 방문할 경우에는 사전 통지를 해야 한다'는 내용의 지침을 발표했다. 그러자 중국도 이에 맞서 외교부 명의로 '미국 외교관들이 중국 지방 정부와 접촉할 경우 닷새 전에 미리 통보해야 한다'는 지침을 내리며 맞대응했다.

미국 정부의 중국 외교관 추방 사례처럼 중국이 미국에 대해 무차별적으로 스파이 활동을 벌이고 있는데, 첨단기술뿐만 아니라 안보 기밀과 심지어 새로 개발한 씨앗까지 빼내 갈 정도로 정보수집에 혈안이 되어 있다. 최근에는 면책특권을 활용해 외교관 여권을 소지한 중국 대사관 직원들이 미국의 주요 연구시설을 예고 없이 방문하는 등 스파이 활동이 점점 대범해지고 있다. 이에 FBI 등 미국 방첩기관들은 갈수록 활동이 증가하는 중국 스파이들을 색출하고자 총력전을 펼치고 있다. 미국 정부는 2022년 12월 '국가안보전략' 보고서에서 '중국 정보요원들이 그동안 미국의 주요 대학, 싱크탱크, 영화제작사, 언론사 등에 은밀히 침투하여 스파이 활동을 자행했다'면서 이에 대한 대책을 마련해야 한다고 강조하기도 했다.

2018년 말 시작된 미국의 '중국 이니셔티브'(The China Initiative)는 미국 기업의 영업기밀 유출 사례를 파악, 추적하고 불법적으로 중국에 기술을 이전할 가능성이 있는 방위산업체, 대학 등의 연구원에 대한 관리 전략과 잠재적 위협에 대비한 교육 관련 내용이 포함된 프로그램으로, 중국의 경제 절도행위를 막기 위한 조치의 일환이었다. 크리스토퍼 레이(Christopher Asher Wray) FBI 국장이 "하루에 평균 두 번은 중국과 연관된 새로운 방첩 사건을 다루고 있다"라고 밝혔을 정도로 중국의 미국 내 스파이 활동은 활발하게 이루어지고 있다.

2022년에는 중국의 통신장비업체 화웨이 수사 정보를 빼돌리기 위해 미화 61,000달러의 뇌물로 화웨이 관계자 기소를 저지하려고 한 중국인 2명과 중국 반체제 인사 등의 본국 송환 계획인 '여우사냥'에 가담한 중국인 7명, 그리고 스파이 모집 혐의를 받은 4명을 포함한 중국인 총 13명을 기소한 사실을 레이 국장이 직접 공개하면서 중국을 압박하기도 했다.

미국 싱크탱크의 하나인 'CATO Institute'가 1990년부터 2019년까지 30년간 미국 내에서 체포된 스파이 1,485명을 분석한 결과, 그중 60% 수준인 890명이 외국인이었으며, 체포된 외국인 스파이 중 중국인이 184명으로 전체의 12.4%를 차지했는데 외국인 중에서는 가장 높은 비중이었다. 중국이 미국에 견주는 강대국으로 부상한 시점이 그리 오래되지 않았다는 점을 고려하면 2010년대 이후 체포된 외국인 스파이들 중 중국인이 차지하는 비중은 이보다 훨씬 높을 것으로 예상된다.

'CATO Institute'는 미국과 중국, 러시아 3국의 스파이 활동에 있어 각국 나름의 특색이 있다면서 재미있는 비유를 하기도 했다. 만약 어떤 해변이 첩보수집 대상이라고 한다면, 러시아는 잠수함과 잠수 요원을 보내 밤에 몰래 해변의 모래를 수집하는데 반해서 미국은 위성자료를 분석해 모래 성분을 분석하며, 중국은 1,000명의 관광객을 해변으로 보내 이들이 갖고 온 모래를 모아 분석한다는 것이다. 각 국가별로 정보활동 방식에서 특징이 있다는 것을 재미있게 비유한 것인데 상당히 공감이 가는 측면도 있다.

미국은 중국과의 무역전쟁이 본격화된 이후 스파이 활동을 우려하면서 중국 학자들의 비자 발급을 제한하는 방식으로 방문을 차단해 왔으며, 특히 미국 방첩기관들은 중국 산업스파이 침투를 막는데 수사력을 집중하고 있다. 크리스토퍼 레이 FBI 국장은 "중국은 미국이 직면한 가장 광범위하고 도전적이며 중요한 위협"이라며 "FBI는 미국 전역에서 지식 재산을 절도하려는 시도와 관련해 1,000여 건을 수사 중이며, 이들 사건이 대부분 중국과 연결된다"라고 밝히기도 했다. 중국의 스파이 활동을 막기 위한 미국의 방첩활동은 냉전 이후 최대 규모라고 할 수 있다.

미국뿐만 아니라 영국, 독일, 호주 등 다른 여러 국가들에서도 중국에 대한 방첩활동을 강화하고 있다. 2020년 영국은 기자 신분으로 입국해 활동하던 중국 국가안전부 요원 3명을 추방한 바 있고, 영국 의회의 한 연구원이 중국 스파이로 활동한 혐의를 받고 체포되었다가 풀려난 일도 있었다. 2022년에는 중국과 영국에 사무실을 두고 중국 공산당 통일전선공작부와 연계해 영국 여야 의원 등과 친분을 구축하며 정치적 영향력을 행사하려 한 중국계 변호사 크리스틴 칭 키 리(Christine Ching Kui Lee)에 대한 경계령이 발동되는 일도 있었다.

2022년 7월 미국 FBI 국장 크리스토퍼 레이(Christopher Wray)와 영국 MI5 국장 켄 맥컬럼(Ken McCallum)이 합동 기자회견을 통해서 중국의 스파이 활동에 대해 강력히 경고하기도 했는데, 영국 내 중국의 스파이 활동과 관련한 조사가 2018년 대비 7배 증가했으며, 미국 또한 12시간마다 중국이 연계된 새로운 방첩사건 수사에 착수하고 있다고 언급했다.

독일도 2021년 5월 유명 정치 싱크탱크 '한스 자이델 재단'(Hanns Seidel Foundation)의 고위인사로 활동한 적이 있는 정치학자 클라우스 랑게(Klaus L)를 중국 스파이 혐의로 기소했는데, 독일 정보기관(BND)을 위해서 오랜 기간 일했던 그가 독일 정부와 관련된 정보를 중국에 넘긴 혐의로 부인 클라라(Klara K)와 함께 체포되었다.

2020년 벨기에에서는 전직 영국 MI6 요원이며 사업가이자 싱크탱크 'EU-Asia Centre'를 운영하던 프레이저 카메론(Fraser Cameron)이라는 인물이 브뤼셀에 기자 신분으로 나와 있던 중국 정보기관 요원 2명에게 유럽연합(EU) 관련 기밀을 팔아넘기려다 간첩혐의로 조사를 받는 사건도 있었다.

그리고 호주는 정보기관 보안정보국(ASIO)이 2022년 중국 공산당의 지원을 받은 사업가가 호주 정계에 영향력을 행사할 수 있도록 해주는 대가로 총선을 앞둔 정치인에게 선거자금 지원을 제안한 사실을 적발하였다. 호주는 중국의 스파이 활동 기법과 관련해서 "그들은 비밀리에 접근하여 포섭(Covert and Coopt)하고, 돈을 줘서 부패(Corrupting)하게 만든 후 이를 약점으로 협박(Coercive)한다"면서 이른바 '3C'라고 불리는 3단계 경로를 거친다고 경고한 바 있다. 실제 호주의 이란계 국회의원 샘 데스티에리(Sam Dastyari)는 중국 출신 사업가로부터 후원을 받고 남중국해 영유권 분쟁과 관련 중국 입장을 옹호하다가 비판에 직면하여 의원직에서 물러나기도 했다.

중국 스파이들의 온상, 대학

미국 정부는 2018년 로봇, 항공, 첨단 제조업 등의 분야에서 연구하는 중국인 유학생 비자 유효기간을 1년으로 제한한데 이어, 2020년 5월 도널드 트럼프(Donald Trump) 대통령이 중국인 유학생 입국을 제한하는 내용의 행정명령을 발표했다. 이러한 일련의 조치들은 미국 내 중국인 유학생과 연구원 등의 정보수집 활동을 막기 위한 것으로, 중국이 급속한 경제성장과 함께 미국과 어깨를 견주는 G2로 성장하면서 그에 걸맞은 국가 차원의 정보활동을 대폭 강화함에 따라 더 이상 이를 방치할 수 없다는 미국의 판단에 따른 것이라 볼 수 있다.

그동안 중국인 유학생이 해군 항공기지의 위성 안테나 등 정보시설을 휴대전화와 디지털카메라로 촬영하다가 체포되는가 하면, 미국 기업이 개발한 옥수수 씨앗을 훔쳐 중국으로 밀반출하려다 체포되기도 하는 등 유학생들의 스파이 활동이 노골적으로 실행되어 왔다. 미국이 중국인 유학생 수천 명을 돌려보내고, 공산당원 입국을 제한하는 등 중국에 대한 입국 통제를 강화하는 것은 이러한 중국의 인해전술식 스파이 활동에 대한 견제를 넘어 보다 적극적으로 차단해 나가겠다는 의미다.

2020년 FBI가 미국 캘리포니아 지역 대학의 연구소 등에서 객원연구원, 초빙교수 등으로 활동 중인 UCLA 연구원 관 레이(Guan Lei), 스탠퍼드대 초빙교수 첸쑹(Chen Song) 등 중국인 4명을 체포했는데, 이들에게는 미국 비자 신청 당시 중국 공산당과의 관계를 거짓으로 진술한 혐의가 적용되었다. 그중 한 명인 후안 탕(Juan Tang)이라는 여성은 캘리포니아 주립대(UC, Davis)에서 암 연구원으로 연구활동 중이었는데, 조사과정에서 중국 인민해방군 군복을 입고 찍은 사진과 공산당원임을 말해주는 문건이 발견되면서 그녀가 비자 신청 당시 중국 공산당과는 관계가 없다고 한 진술 내용이 허위사실인 것으로 드러나 비자 사기 혐의를 받았다.

하지만 미국의 이러한 조치에 대해 그녀는 중국에서 군 의과대학을 다녔기 때문에 제복을 입은 것이라고 주장하는 등 혐의를 부인하였다. 결국 검사 측의 기소 철회로 풀려났지만 이 사건 이후에 미국은 휴스턴 소재 중국 영사관을 폐쇄 조치하고 대규모로 중국인 비자를 철회하는 등 중국에 대한 강경 조치를 단행했다. 이에 중국도 청도 주재 미국 영사관 폐쇄로 대응하는 등 스파이 활동과 관련하여 양국 간의 대치가 첨예화되었다.

FBI 레이 국장도 미국 대학을 대상으로 한 중국의 스파이 행위가 가장 큰 문제라고 지적한 바 있는데, 과거 냉전 시대와 달리 중국은 기업가나 과학자, 대학원생 등 비전통적인 스파이를 이용한다는 것이다. 레이 국장은 "중국이 미국 대학에 파이프 라인을 꽂고 중국 핵심 지식재산의 연료로 삼고 있다"라고 지적했고, 빌 프리스탭(Bill Priestap) 전 FBI 방첩본부 본부장은 "중국의 인터넷 해킹 등 스파이 행위가 미국의 가장 중요한 방첩과제가 되고 있다"라고 밝혔다. 미국 정부는 중국의 해킹 등을 막고자 사이버 분야의 예산과 인원을 대폭 늘리고 민간 사이버 보안업체들과도 협력을 확대하고 있다.

방첩활동에 막힌 미인계 공작

미국에 유학생 신분으로 입국하여 스파이 활동을 한 혐의로 의심받던 중국인 여성이 미국 FBI의 조사가 본격화되자 중국으로 도피해 버린 일이 있었는데 그녀의 정보활동 타깃은 미국 정치인들이었다.

2011년 크리스틴 팡(Christine Fang)이라는 중국인 여자 유학생은 캘리포니아의 한 대학(California State University, East Bay)에 입학

한 이후 중국 학생회(Chinese Student Association)와 아시아 태평양 지역 사회문제 관련 단체(The Asian Pacific Islander American Public Affairs) 등의 회장직을 수행하면서 이런 직책들을 매개로 미국 정치인들과 접촉하며 스파이 활동을 벌인 것으로 의심을 받았다.

그녀가 접촉한 인물은 미국 민주당 의원인 에릭 스왈웰(Eric Swalwell)을 비롯하여 캘리포니아 지역 주요 정치인들과 시장 등 최소 8명에 이르렀다. 후원금 모금 행사나 선거 자원봉사, 미국과 중국 도시 간 자매결연 주선, 통역 활동 등 다양한 형태로 도움을 주고받으며 친분을 구축했는데 일부 인사들과는 성관계를 가지기도 했다.

그녀는 2015년 방첩기관 FBI의 조사 움직임이 포착되자 모든 활동을 중단하고 중국으로 돌아갔는데, 팡의 스파이 활동이 의심을 받게 된 계기는 그녀가 미국에 있는 외교관 신분의 중국 정보기관 소속 요원과 은밀히 접촉하는 정황이 지속적으로 포착되었기 때문이었다. FBI는 샌프란시스코 주재 중국 영사관에 파견된 중국 국가안전부 요원에 대해 일상적인 방첩활동 차원의 감시를 해오던 중 그가 미상의 여성과 빈번하게 접촉하는 것을 확인하고 그녀를 조사한 결과, 크리스틴 팡이라는 중국인 유학생이었다.

이후 FBI는 그녀를 대상으로 미행과 감시, 도청 등 본격적인 방첩활동을 전개했는데, 그녀가 미국의 정치인들을 목표로 스파이 활동을 전개하고 있음을 확인했다. 하지만 이를 눈치챈 '팡'이 중국으로 숨어버림으로써 스파이 활동과 관련한 실체를 파악하지 못한 채 누구도 처벌받지 않고 사건은 종결되었다.

중국인 스파이 '팡'의 사례에서 알 수 있듯이 모든 국가의 방첩기관은 자국에 파견된 외교관들 특히 정보기관 요원들에 대해서는 철저한 감시활동을 전개한다. 따라서 해외에서 현지 대사관에 파견된 자국의 정보기관 요원을 접촉한다는 것은 그 나라 방첩기관에 자신을 노출시키는 최악의 활동이라고 할 수 있다. '팡'이 중국 정보기관의 지시를 받는 에이전트이거나 유학생으로 위장한 정보기관 직원임이 분명한데, 미국 현지에서 중국 정보기관 요원을 접촉하는 것은 자살행위나 다름없다. 중국 정보기관이 왜 '팡'과 그러한 대면접촉을 했는지 알 수는 없지만 스파이 활동의 기본 원칙에 어긋나는 것임에는 틀림없다.

해외에서 신분을 위장해 활동하는 정보기관 블랙요원이 자국 대사관에 파견되어 있는 백색요원들과 절대 접촉하지 않는 것도 같은 이유이다. 외교관 신분으로 대사관에 파견된 정보기관 요원들은 공개된 스파이들이나 마찬가지이기 때문에 파견국 방첩기관에서 항상 미행하고 감시하고 있어 신분을 감춰야 하는 스파이들은 그들을 절대 접촉해서는 안 되는 것이다.

미국에 침투한 중국 최고의 이중스파이

중국계 미국인 래리 우타이 친(Larry Wu-tai Chin)이라는 인물은 미국에 잠복한 중국 최고의 스파이였으며, 두더지였다. 그는 1944년부터 37년간 미 육군과 정보기관 CIA에 잠복한 중국 스파이였는데, 1985년 스파이 신분이 노출되어 결국 처형되었다. 그는 냉전 시기인 1970년대 미국과 중국 간 수교가 진행되는 과정에서 닉슨 대통령 등 미국 정부의 대중국 외교정책과 관련한 정보와 자료들을 미리 입수해 중국에 제공함으로써, 수교 과정에서 중국이 미국의 의도를 알고 대응하여 미국으로부터 보다 많은 양보를 얻어낼 수 있도록 하는데 크게 기여하였다.

1944년 중국 공산당 산하 정보조직에 최초 포섭된 후 미국 정부기관에 침투하라는 임무를 부여받은 그는 탁월한 영어 실력을 살려 미 육군과 영사관에서 번역 업무를 수행하면서 많은 기밀문서들을 중국 공산당 정보국에 전달했다. 그는 한국전쟁 당시 미 육군에서 중국어 통역사로 일하며 중국과 북한 전쟁포로들에 대한 신문을 지원하는 업무도 했는데, 그는 의도적으로 잘못된 통역으로 미군의 정보수집을 방해하고 포로와 관련한 정보를 중국에 제공하기도 했다.

이후 우타이 친은 CIA에 들어가 중국어 번역 업무와 공산당 언론 분석 업무를 수행하는 등 미국 정보기관에 성공적으로 침투했다. 그는 중국과 동아시아 관련 정보를 비롯해 CIA 직원 특히, 비밀요원들과 관련한 정보를 입수해 중국에 보고했다. 그가 제공한 정보는 중국 내 미국 비밀요원들의 실태를 파악하는데 크게 도움이 되었으며, 그의 정보가 바탕이 되어 일부 요원들이 체포되고 처형되기도 했다. 그는 CIA에 장기간 잠복한 스파이로 활동하는 동안 도박 문제로 잠시 주목을 받은 적은 있으나 개인 비리나 스파이 의혹 혐의 등으로 의심을 받거나 조사를 받은 적이 한 번도 없었으며, 1980년에는 CIA로부터 훈장까지 받는 등 완벽에 가깝게 신분을 숨기고 활동했다.

하지만 그의 정체는 중국인에 의해서 발각되고 말았는데, 1985년 위 치앙셩(Yu Qiangsheng)이라는 중국 정보기관의 고위급 요원이 미국으로 망명해 당시 은퇴한 상태였던 그의 정체를 폭로한 것이다. 우타이 친은 1986년 감옥에서 자살했으며, 그를 제보했던 망명자 위 치앙셩도 1990년대 중남미 지역에서 암살된 것으로 알려지기도 했는데 공식적으로 확인되지는 않았다.

우타이 친이 이렇게 장기간에 걸쳐서 스파이로서 성공적으로 성과를 거둘 수 있었던 요인은 스파이로서 신분보안과 기본적인 활동 원칙을 철저히 준수한 것에 있었다고 할 수 있다. 이에 더해 시기적으로 2차 세계대전 종전에 즈음한 과도기였던 데다 1947년 출범한 CIA 또한 조직 초창기여서 직원 선발이나 신원 검증 등 내부적으로 시스템이 정착되지 않고 다소 허술했던 시기였다는 점도 스파이 침투와 활동에 유리하게 작용했다고 볼 수 있다.

■ FBI, 스파이 경고 영화를 만들다

2020년 9월 미국 연방수사국(FBI)과 국가방첩안보센터(NCS)는 전직 정보기관 요원이 중국 스파이로 포섭되는 과정의 위험성을 경고하는 영상물을 자체 제작하여 FBI 홈페이지와 유튜브 등에 공개한 적이 있다. 이 영상물은 〈더 네버나이트 커넥션〉(The Nevernight Connection, 중국 제목 '永不夜')이라는 제목으로, 실제 배우들이 연기하는 영화 형식으로 제작되었는데, 약 26분 분량으로 실화에 기반을 둔 픽션이었다. 영화 내용은 중국 정보기관 요원이 위장신분을 이용해 퇴직한 미국 CIA 직원에게 접근한 뒤 그를 이용해 미국의 해군 관련 기밀정보를 빼내려다 실패하고 결국은 전직 CIA 직원이 스파이 혐의로 체포되는 내용을 담고 있다.

이 영상물의 마지막 부분에는 "중국 정보기관은 소셜미디어 플랫폼을 통해 미국과 서방의 수천 명의 사람들에게 접근한다. 전직 또는 현직 정부 관리, 사업가, 학자, 연구원 등 중국이 원하는 정보를 가진 사람이라면 누구든지 포섭 대상"이라는 자막과 함께 "이런 위협은 실제로 벌어진다. 링크에 접속하기 전에 한번 더 생각하라"는 경고성 문구가 나온다. 실제 중국 스파이들은 전문적인 네트워킹 사이트와 소셜미디어 플랫폼 등에서 헤드헌터, 인재 물색에 관심 있는 사업가 또는 매력적인 경력을 보유한 사람 등으로 행세하면서 기밀정보 등에 접근할 수 있는 사람들을 포섭하려고 시도하고 있다.

이 영화의 바탕이 된 실제 사례는 바로 중국 정보기관에 포섭된 전직 CIA 공작관 케빈 멜로리(Kevin Mallory)이다. 그는 2017년 싱크탱크 연구소 직원으로 위장해 유명 인터넷 비즈니스 플랫폼 링크드인을 통해 접근한 중국 정보기관 요원에게 포섭되어 돈을 받고 국방 관련 정보를 넘겼다가 20년형을 선고받았다.

미국 국가방첩안보센터(National Counterintelligence Security Center)는 이와 관련해 "외국 정보기관이 소셜미디어 등에서 가짜 신분을 이용해 미국 정부·기업·학계 관계자를 모집, 채용한다는 속임수를 쓴다"면서 "모르는 사람과 온라인으로 연결하기 전에 그것이 자신과 가족, 조직 그리고 심지어 국가안보에 미칠 수 있는 위험에 대해 생각하라"라고 당부하기도 했는데, 이 영상물에 대해서 중국 당국은 "미국 정부의 모략"이라며 강력히 반발했다. 한편, FBI 영상물 도입부에 미상의 한국 여가수가 부르는 K-POP이 주제가처럼 나와 주목을 끌었는데 어떤 의미에서 한국 노래가 사용되었는지는 알려지지 않았다.

■ 스파이들의 무덤, 러시아

러시아의 방첩활동은 세계 어느 나라보다도 강력하기로 유명한데 이를 담당하는 기관이 FSB, 연방보안부이다. FSB는 구 소련 시절 정보기관 KGB의 국내 방첩업무를 별도로 분리하고 여기에다 국경수비대와 연방정부통신첩보국(FAPSI)까지 흡수한 막강한 국내정보 담당 방첩기관이다.

러시아에 파견된 외국 정보기관 요원들뿐 아니라 일반 외교관과 외국 단체, 외국 기업인 등 모든 외국인이 FSB의 감시 대상이며, 이들의 감시활동은 상상을 초월할 정도다. 일반적으로 정보기관들은 자국에 파견된 외교관 신분의 외국 정보기관 요원 즉, 백색요원들에 대해서는 이들이 외교관 신분으로 위장하고 있지만 실제로는 정보기관 소속임을 대부분 파악하고 있으며, 일부 요원들과는 정보기관 간 정보협력을 위해 직접 만나기도 한다. 모든 국가가 거의 비슷하지만 러시아는 자국 내 주요국 정보기관 요원들에 대해서는 거의 24시간 밀착 감시하는 수준의 방첩활동을 전개 중이며, 은밀하게 미행하고 감시를 하면서 그들이 만나는 자국민을 포함한 모든 인물들에 대해 파악하고 조사를 한다.

특히, 러시아는 외국 정보기관 요원들의 자국 내 정보활동이 과도하다고 판단될 때는 아예 노골적으로 자신들의 감시 활동을 노출시키면서 '우리가 당신을 감시하고 있으니 정보활동을 할 생각을 하지 말고 얌전하게 있으라'는 무언의 메시지를 전달하기도 하고, 어떤 경우는 정보기관 차원에서 기관 대 기관으로 직접 경고를 하기도 한다. 다른 국가들에 비해 러시아는 자국에 파견된 외국 정보기관 요원들에 대한 압박을 유독 강하게 하는 것으로 매우 악명 높다.

1998년 대한민국과 러시아 간에 벌어진 정보기관 요원 상호 맞추방 사태가 당시 큰 이슈가 된 적이 있다. 러시아가 대한민국 대사관 참사관 신분으로 모스크바에 파견되어 활동하던 국가정보원 요원에 대해 스파이 활동을 했다는 이유로 체포 후 추방한 것이다. 이에 대한민국도 러시아의 이런 조치에 맞서 서울에 나와 있던 러시아 해외정보부(SVR) 소속 요원 올레그 아브람킨(Oleg Abramkin)을 맞추방하면서 양국 간 외교 문제로 비화되고 말았다. 당시 추방된 올레그 아브람킨은 아시아 지역에서 활동하는 러시아 스파이들의 총책 역할을 할 정도의 핵심인물이었는데, 아브람킨을 타깃으로 그의 스파이 활동을 채증하여 추방함으로써 당시 국가정보원의 정보력이 높이 평가되기도 했다.

이 사건 이후에도 러시아는 우리 정보기관 요원들을 외교적 기피인물(PNG)로 지정하여 여러 차례 추방시키면서 우리의 정보활동을 지속적으로 위축시켜 왔으며, 그러한 기조는 지금도 여전히 유지되고 있다.

러시아는 비단 외교관뿐만 아니라 러시아 내 외국계 기업이나 단체, 개인 등을 대상으로 위장 스파이를 찾아내기 위해 철저하게 감시하며,

도청이나 이메일 해킹 등은 기본으로 실시하고 있다. 러시아의 이러한 강력한 방첩 활동은 미국 등 서방 국가를 비롯한 잠재적 적국들에 모두 적용되고 있어 러시아에서 스파이 활동을 하는 것은 난이도 높은 문제를 푸는 것과 같이 스파이들에게는 어렵다. 그래서 러시아가 스파이들에게는 무덤이라는 말이 나오는 이유이기도 하다.

■ 3중 스파이의 출현

독일 해외정보기관인 연방정보부(BND) 소속 요원인 마르쿠스 라이헬 (Markus Reichel)이라는 인물은 미국, 러시아 정보기관과 연계하여 스파이 활동을 한 3중 스파이로 밝혀져 세상을 놀라게 했다. 라이헬은 2007년 연방정보부에 임용되어 우편물실에서 근무했는데, 기밀문서를 열람하고 일급기밀을 취급할 수 있는 권한을 보유하고 있었다.

그는 2008년부터 2014년 체포되기까지 미국 CIA에 독일 해외정보부의 방첩전략 등을 비롯해 해외에서 활동하는 요원들의 이름과 주소 등 200여 건이 넘는 문서를 넘기고 그 대가로 오스트리아 등지에서 CIA 요원을 만나 최소 8만 유로의 돈을 받았다. 그는 민감한 비밀자료를 복사 후 집으로 몰래 가져와 이를 스캔하여 미국에 제공했으며, 미국은 그에게 비밀전송 프로그램이 깔려 있는 노트북을 제공하기도 했다. 그는 미국뿐만 아니라 러시아에도 정보를 제공했는데, CIA에 정보를 넘기던 와중에 단지 무엇인가 새로운 것을 해보고 싶다는 생각이 들면서 뮌헨 주재 러시아 영사관에도 정보를 제공한 것이다.

하지만 결국 그는 러시아에 기밀문서들이 첨부된 이메일을 보내다가 독일 방첩기관에 감청되어 탄로 나고 말았다. 그는 재판 과정에서 스파이로 활동하게 된 이유를 밝혔는데, 자신이 속한 독일 연방정보부는 자신을 인정해주지 않았지만 CIA는 자신을 인정해 주었다면서 스파이 활동 과정에서 느끼는 전율과 흥분, 모험이 매우 새롭고 좋았다고 진술했다.

현실에서 3중 스파이라는 것이 과연 가능할까라는 의문이 들 수 있지만 대한민국 국가환경에서도 얼마든지 3중 스파이가 생길 수 있는 조건을 갖추고 있다고 할 수 있다. 왜냐하면 남북한을 동시에 드나들며 사업을 하는 외국인들은 잠재적으로 3중 스파이로서의 가능성이 열려있기 때문이다. 일반적으로 사업 관계든 아니면 다른 어떤 이유로든 북한을 드나드는 인물은 대한민국 정보기관의 방첩 대상이 되기도 하지만 대북 정보 수집을 위한 잠재적 출처가 될 수 있기 때문에 정보기관에서 관심을 가질 수밖에 없다. 이는 역으로 북한 정보기관 입장에서도 대한민국을 출입하는 외국인은 요주의 인물이기도 하지만 정보원으로서의 관심 대상이기도 한 것이다. 이런 측면에서 사업상 또는 다른 여러 이유로 남북한을 함께 자주 출입하는 외국인은 자국 정보기관은 물론 남북한 정보기관 등 3개 국가의 정보기관들과 얼마든지 연계될 수 있는 것이다.

실례로, 중국인 특히, 조선족들 중에는 사업 등의 이유로 남북한을 함께 출입하는 인물들이 많은데 이들의 3중 스파이 가능성은 항상 열려있다고 볼 수 있다. 남북한을 동시 출입하는 중국인의 경우 중국 정보기관 국가안전부에서도 관심의 대상일 수밖에 없고, 자국 정보기관에 당연히 협조하고 있다고 보는 것이 맞을지도 모른다. 따라서 이런 인물들은 남북한 정보기관에서도 얼마든지 상대방에 대한 정보수집 등을 위한 휴민트 자원으로 활용하려고 할 수 있기 때문에 3개국 정보기관과 연계될 가능성은 충분하다고 할 수 있다.

■ 대한민국의 방첩활동은 안녕한가

위기의 대북방첩

미국 FBI나 영국 MI5와 같은 세계적인 방첩기관들의 방첩활동 능력이 높게 평가되고 있지만, 대한민국 방첩기관도 한국전쟁 이후 지속되어 온 북한의 간첩 침투와 테러, 사이버 공격 등으로 인해 방첩 분야에서 그 어느 국가에 뒤지지 않는 축적된 노하우와 전문성을 구축하고 있다고 평가할 수 있다.

그중 신분세탁 남파간첩 깐수 사건은 그가 10년 넘게 국내에서 암약하며 여러 차례 해외에서 밀입북하고 국내에서 수집한 정보를 북한에 보고하는 등 장기간 간첩활동을 해 왔다는 점에서 방첩의 허점을 드러냈다고 볼 수도 있으나, 완벽에 가까운 그의 신분위장 등을 감안하면 한편으로는 방첩 수사에서 거둔 성공 사례로 평가할 수 있다.

무하마드 깐수(Muhammad Kansu)는 중국 연변조선족 자치주 용정시 출신의 조선족 2세로 본명은 정수일이었다. 그는 중국 최고의 대학인 북경대학 아랍어과를 졸업하고 중국 국비 장학생으로 이집트에 유학까지 다녀온 엘리트였다. 하지만 그는 민족주의에 대해 깊이 인식하게 되면서 조국통일에 기여하겠다는 생각으로 중국의 만류에도 불구하고 북한으로의 귀화를 결정하였다. 많은 사람들이 그가 소수민족에 대한 중국의 차별정책으로 인한 한계를 깨닫고 귀화를 결정한 것으로 알고 있으나 그것이 귀화 원인은 아니었다고 한다.

그는 북한으로 귀화 후 대학교에서 아랍어 교원으로 활동하다 노동당 산하 대남공작기관인 대외정보조사부의 눈에 들어 1974년 공작원으로 선발되었다. 그의 탁월한 언어 능력과 아랍인을 닮은 외모 등이 발탁 요인이 되었다. 그는 장기간 공작원 교육을 받고 1979년 아랍인으로의 신분세탁을 위해 레바논에 입국하여 실존 인물이었던 '무하마드 깐수'라는 이름의 레바논 국적자 신분을 획득하는 데 성공했다. 하지만 그 후 그는 레바논 국적으로는 남한에 직접 침투하는 것이 어렵다고 판단하고 말레이시아, 인도네시아, 튀니지 등 여러 국가를 거치면서 국적세탁을 모색하다 1984년 필리핀에서 필리핀인 아버지와 레바논인 어머니 사이에서 출생한 '무하마드 깐수'로 국적을 위장하는 데 성공했다.

그는 이를 기반으로 1984년 4월 한국으로 입국한 후 단국대학교 사학과에서 박사 학위를 취득하는 등 아랍권 전문가 겸 학자로서 입지를 굳히며 간첩으로서의 활동 기반을 구축했다. 그는 한국에서 알게 된 국내인 여성과 1988년 결혼까지 하는 등 그야말로 완벽한 간첩이 되었는데, 그의 부인조차 그가 체포될 때까지 북한 간첩인지 전혀 몰랐다고 한다.

깐수는 한국 입국 이후 해외에 나가 몰래 북한으로 입국하거나, 단파라디오를 통해 암호지령을 수신하고 특수잉크를 사용한 비밀서법으로 보고하는 등 전형적인 북한 간첩들의 활동 행태를 보였다. 하지만 실제 그가 북한으로 보고한 정보들은 각종 공개정보들을 종합하고 분석한 수준에 불과했기 때문에 나중에 재판에서는 이런 사실이 참작되어 감형되기도 했다.

그가 노출되게 된 주요 계기는 북한으로 보고하는 방식을 팩스로 바꾼 것이 결정적이었다. 당시 국가안전기획부(현 국가정보원)는 서울 시내 호텔에서 중국 북경의 북한 대사관으로 팩스가 전송된다는 사실을 포착하고 시내 호텔에 대한 감시에 착수했다. 그 결과 호텔 내 비즈니스센터에서 특정 시간대에 북경으로 팩스를 전송하고 있다는 사실을 알아냈고, 결국 1996년 7월 호텔에서 팩스를 발송하려던 깐수를 체포하였다.

이렇게 방첩활동을 통해서 북한 간첩을 색출한 경우도 있지만 해외로 침투한 북한 공작원을 막지 못하고 테러 피해를 당한 사례도 있다. 1983년 10월 북한 공작원 3명이 당시 버마 수도 랑군에 잠입해 대통령을 비롯한 우리 정부 요인들을 대상으로 벌인 테러는 전형적인 정보실패이자, 방첩실패 사례이기도 하다. 당시 북한 공작원들은 대한민국 대통령 등 순방단의 참배 행사가 예정되어 있던 아웅산 묘소에 미리 잠입해 폭탄을 설치하고 행사 시간에 맞춰 이를 터트려 행사장에 대기 중이던 다수의 정부 각료와 언론인, 경호원 등 총 17명을 사망하게 했다.

당초 그들이 암살하려 했던 전두환 당시 대통령은 버마 외무부 장관이 차량 고장으로 숙소인 영빈관에 늦게 도착하는 바람에 행사장으로의 출발이 예정보다 늦어지면서 테러를 피했다. 대통령의 지연 출발로 행사 시작이 늦어지자 행사장 군악대가 연습을 위해 진혼곡을 연주했는데 그때 폭탄이 터진 것이다. 인근에 대기 중이던 북한 공작원들이 진혼곡이 연주되자 행사가 시작된 것으로 착각하고 폭탄을 터트렸다. 이런 테러를 사전에 예방하지 못한 것은 양국 정보기관의 정보활동 실패이자 방첩활동 실패라고 볼 수 있다.

유사한 사례로 북한 공작원 김현희에 의한 KAL 858기 폭발 테러도 마찬가지다. 일본인 아버지와 딸로 위장한 북한 노동당 35호실 소속의 공작원들인 김승일과 김현희가 이라크 바그다드에서 김포행 대한항공 여객기에 탑승해 기내에 트랜지스터 라디오와 술병으로 위장한 시한폭탄과 액체 폭발물을 두고 중간 기착지 아부다비에서 내린 후 비행기가 경유지인 방콕으로 가던 중 미얀마 상공에서 폭발하여 승객 115명 등 전원이 사망한 사건이다.

북한 공작원들은 아부다비에서 내려 바레인으로 이동했다가 이탈리아 로마로 출국하려다 바레인 공항에서 위조여권 소지 혐의로 체포되었는데, 김승일은 체포 과정에서 독약 앰플을 깨물고 자살했고, 김현희는 우리 국가안전기획부가 그녀의 신분이 북한 공작원임을 말해주는 증거들을 제시하면서 바레인 당국을 설득하는 데 성공해 신병확보 후 국내로 압송해 왔다.

당시 안기부가 탑승객 중 아부다비에서 내린 이들의 행적을 수상하게 여겨 신원을 추적한 결과, 이들이 사용했던 일본 여권이 위조여권임을 일본 대사관을 통해 확인한 것이다. 이에 이들의 행적을 추적해 그들이 바레인으로 이동 후 한 호텔에 투숙하고 있음을 파악했고 그들이 출국하는 공항에서 바레인 당국이 체포한 것이다. 사건 발생 초기에 정보기관의 정보력을 바탕으로 한 신속한 대응과 일본, 바레인 등 외국과의 원활한 정보협력 등이 북한에 의한 테러를 입증할 수 있는 요인이 되었다.

이처럼 대한민국 정보기관은 남북 분단이라는 특수한 환경으로 인해 다른 국가에는 존재하지 않는 방첩영역이라고 할 수 있는 대북방첩 임무를 오랜 기간 수행해 왔으며, 그 과정에서 경험한 다양한 사건들은 대북방첩에서의 노하우를 구축하는 계기로 작용했을 뿐만 아니라 실제 많은 간첩들을 검거하는 성과로 이어졌다.

하지만 정보기관의 국가보안법 위반 범죄에 대한 정보활동과 간첩 수사는 그동안 인권 탄압과 간첩 조작과 같은 많은 문제를 야기하면서 비판을 받기도 했다. 이로 인해 대공수사의 공과 과에 대한 논란 속에서 정보기관의 대북 방첩활동이 정치적 사안으로 인식되어 2020년 국가정보원의 수사권 폐지에 관한 법률이 국회에서 통과되어 수사권이 경찰로 이관되면서 2024년부터 국정원은 간첩 수사와 관련한 정보 수집과 조사 활동만 할 수 있게 되었다.

간첩 사건은 그 수사의 단초가 스파이들의 정보활동 과정에서 얻어지는 경우가 상당히 많다. 여기에서 말하는 스파이들은 내국인 에이전트가 될 수도 있고 외국인 에이전트일 수도 있으며, 적국의 스파이 즉, 이중스파이일 수도 있다. 정보기관에서 스파이를 확보하여 정보를 얻는 과정은 매우 많은 시간과 노력이 소요되기 때문에 일반 범죄사건 수사와는 차원이 다르다. 간첩 수사는 단순히 확인된 간첩만을 잡는 것이 아니라 그와 연계된 간첩망을 찾아내기 위해 인내심을 가지고 장기적으로 수사를 진행하며, 경우에 따라서는 에이전트가 직접 목숨을 걸고 수사공작 활동에 참여해야 하는 고난도 작업이다.

대공수사권의 경찰 이관에 따른 순기능도 분명히 있을 것이나, 방첩활동이 갖고 있는 특성을 고려할 때 이관 이후에도 반드시 해결되어야 하는 중대한 과제들이 있다. 경찰의 간첩수사 능력은 논외로 하더라도 경찰의 간첩 수사와 재판 과정에서 불가피하게 정보기관의 스파이 망이 외부에 노출되는 위험한 상황을 배제할 수 없다는 점이다.

과연 장기간에 걸쳐 구축한 정보기관의 스파이 망을 경찰 수사 혹은 재판 과정에서 필요에 따라 노출을 무릅쓰고 공유할 수 있느냐, 그리고 공유했을 경우 극도의 보안유지가 필요한데 과연 가능할 것인가 하는 것이다. 정보기관 요원이 간첩 관련 첩보를 수집하더라도 수사 과정이나 재판 과정에서 출처인 스파이가 노출될 것을 우려해 첩보 자체를 사장시키는 사태가 발생하지 말라는 법도 없다. 결국 이러한 문제로 인해 간첩 사건에 대한 수사 역량의 약화로 이어질 수 있다는 점에서 큰 우려가 있는 것이 현실이다.

정보기관이 수사권을 보유하고 있을 때는 관련 첩보 등 비밀들이 정보기관 내부 관련부서 간에 공유되더라도 보안이 유지될 수 있기 때문에 전혀 문제가 없었지만, 외부기관과 공유하는 것은 극도의 비밀이 포함된 사안이라는 점에서 차원이 다르다. 국정원 요원 중 어느 누구도 자신의 스파이 망이 비록 경찰이라 하더라도 외부인에 알려지기 바라는 직원은 없을 것이다. 이것은 국가의 공적 업무이기 이전에 연관된 에이전트 개인의 생명이 걸린 문제이기도 하기 때문에 국가기관 간 업무협조라는 명분으로 극복하기에는 해결이 쉽지 않은 과제라고 볼 수 있다.

그래서 간첩 수사는 단순히 수사 기술만 필요로 하는 것이 아니라 정보기관의 정보수집을 포함한 비밀공작과 방첩기술 등이 함께 요구되는 고차원적인 활동이다. 따라서 대공수사권이 경찰로 이관된 이후 양기관 간의 정보와 수사 협력체계가 원활히 가동되어야겠지만, 장기적으로는 미국 FBI와 같은 별도의 국가방첩기관을 설립하는 방안도 심도 있게 검토해 볼 필요가 있다.

강력한 수비수가 필요한 시대

대한민국은 테러 위험국가로 분류되지 않으며 상대적으로 테러 조직에 의한 테러 위협이 높지 않다는 점에서 방첩활동의 중심은 사이버, 마약, 산업스파이 3개 분야에 집중되고 있다.

사이버 테러는 단기간에 국가 셧다운을 초래할 수 있기 때문에 현실적으로 가장 강력한 안보위협이 될 수 있다. 지금 우리는 일상생활의 상당 부분이 사이버상에서 이루어지는 시대에 살고 있기 때문에 사이버 시스템 봉쇄는 일상생활의 마비로 이어질 수 있으며, 과거 러시아가 에스토니아를 대상으로 벌인 사이버 공격 사례는 이를 잘 말해주고 있다. 또한 단순한 SNS 메시지 전송이 일시 중단되는 사태로 인해 사회적으로 혼란이 발생하기도 했는데 그 위력은 우리가 생각하는 이상이다. 특히, 사이버 공격에 의한 정보 탈취는 탈취 사실조차 인식하지 못할 수 있기 때문에 외부에 드러나지 않는 경우도 매우 많다. 우리나라의 경우에도 금융기관, 방송국, 공기업, 안보 관련 종사자 등 국가 주요 기간시설과 개인들을 대상으로 한 북한의 해킹 시도가 있었고 큰 위협이 되고 있다.

또 다른 위협요인 중 하나인 마약은 해외 유학생과 해외 여행객 등 외국에서 입국하는 사람들이 대폭 늘어나면서 국내에서 엄청난 속도로 확산되고 있는 심각한 분야이다. 특히 미국 등 일부 국가에서 그동안 금지되어 오던 일부 마약류를 합법화하면서 마약에 대한 경계심이 더욱 약화되고 있는 상황이다. 우리나라의 경우에는 정보기관이 휴민트 정보망 등을 활용해 국내외 마약 관련 정보를 수집하고 대응하고 있지만, 수사권을 보유하고 있지 않은 한계로 인해 활동을 극대화하는 데는 어려움이 있는 것이 사실이다. 현재 국내 대형 마약사범 사건의 경우 상당수는 정보기관의 방첩활동에 포착되어 수사로 이어지고 있는 것이 현실인데, 검찰이나 경찰의 수사력이 미치지 못하는 한계가 있기 때문에 정보기관의 역할이 보이지 않게 매우 큰 분야다.

산업스파이는 우리 국가와 기업들이 첨단기술 등 세계적으로 경쟁력 있는 기술력을 보유하게 되면서 급속히 증가하고 있다. 미국과 마찬가지로 대한민국도 중국으로의 기술유출 사례가 가장 많으며 통계적으로 거의 70%에 육박한다. 산업스파이는 외국 정보기관 요원이나 국내 입국 외국인 유학생, 연수생 등과 같은 외국인들에 의한 정보유출 시도보다 기술을 보유한 기업이나 기관의 전현직 직원과 같은 내부자들에 의한 기술유출 사례가 압도적으로 많다. 이는 지속적인 산업보안 교육 등을 통해 기술보호에 대한 인식이 높아지면서 외국인을 비롯한 외부인의 핵심기술에 대한 접근은 상당히 제약받게 된 반면, 내부자가 사적 이익이나 금전적 목적을 위해서 기술을 유출하는 사례가 상대적으로 많아졌기 때문이다.

대한민국의 첨단기술 유출 사건들 가운데 대표적인 사례가 위그선(WIG: Wing In Ground) 상용화 기술 유출 적발 사건이다. 위그선은 국내 업체가 세계 최초로 상용화에 성공한 국내 핵심기술이 적용된 '바다 위를 날아다니는 배'로, 선박과 항공기의 결합체인 초고속 해상 운송 수단이다. 회사를 퇴직한 연구소장과 해외영업팀장이 오랜 기간 공들여 개발한 핵심기술을 빼돌리고 가족 명의로 동종업체를 설립, 운영하면서 말레이시아 업체와 공동 생산을 추진한 것이다. 다행히 정보기관 첩보망에 포착되어 차단되었지만 이들은 위그선 개발 실험 데이터와 설계도면, 제조 공장 라인 배치도 등 영업기밀을 무단 반출한 것으로 확인됐다.

그 외에도 중국으로부터 연구비 등 자금과 각종 편의를 지원받고 자율주행차 기술을 빼돌린 국내 교수, 유기발광다이오드(OLED) 두께 측정 기술을 중국 업체에 빼돌린 퇴직 직원, 대기오염방지 설비자료 기술과 영업 자료를 중국에 팔려고 한 내부 직원 등 대다수의 산업기술 유출 사건이 내부자들에 의해 벌어지고 있다.

국가정보원은 산업스파이와 관련해 '기술 개발 10년, 기술 유출 1초'라는 엄중한 인식을 갖고 국내외 방첩 역량을 총동원해 핵심기술을 보호하는데 주력하고 있다. 과거에는 전기, 전자와 조선 분야 등이 주력 타깃이었지만 이제는 반도체, 디스플레이, 2차전지 등 새로운 첨단산업으로 타깃이 변하고 있다.

그리고 대한민국의 경우 산업스파이 차단을 위한 방첩활동도 중요하지만 산업스파이 처벌과 관련한 강도와 속도는 반드시 개선되어야 한다. 우리나라는 산업스파이 실형 선고율이 채 10%가 되지 않으며, 기소 후 신속한 처벌이 이루어지지 않고 재판이 장기간 늘어지는 문제점 등으로 인해 피해 기업들의 불만이 많다. 산업스파이는 국부를 유출하는 경제간첩으로 향후 보다 엄중하게 다뤄야 한다.

제8장

스파이와
테러조직의 대결

제8장 ──────────────────────── **스파이와
테러조직의 대결**

■ 최악의 정보실패 9.11 테러

　스파이가 수집한 귀중한 첩보 하나가 국가를 구하기도 하지만 스파이
가 놓친 작은 첩보 하나, 무심히 다룬 첩보 하나가 얼마나 큰 후과를 가
져다 주는지 가장 잘 보여주는 사례가 '9.11 테러'다. 2001년 9월 11일
은 미국의 정보기관 역사에 있어서 가장 치욕적인 날로 기록되고 있다.
정보기관의 정보실패이자 참사라고 할 수 있는 9.11 테러는 미국 국가
정보 운영 시스템에 엄청난 후폭풍을 몰고 왔다. 9.11 테러는 작은 첩보
하나하나를 얼마나 소중히 생각하고 다뤄야 하는지, 첩보수집 실패가 어
떤 결과를 초래할 수 있는지 생생하게 보여주는 사례로, 모든 스파이들
에게 큰 교훈을 주는 사건이었다.

9.11 테러 당시 세계무역센터 (출처: bbc.com)

　2001년 9월 11일 이슬람 과격 단체 알카에다 조직원들이 미국 동부
에서 서부지역 도시로 향하는 국내선 비행기 4대를 납치, 뉴욕 세계무역

센터 2개 타워와 미 국방성 펜타곤 등을 대상으로 항공기 자살테러를 감행하여 총 2,977명의 민간인이 사망하고 최대 25,000명의 부상자가 발생했다.

제일 먼저 납치된 항공기는 보스턴에서 LA로 가는 아메리칸 에어라인 항공기 AA11편으로, 테러범 5명에 의해 납치되어 세계무역센터 북쪽 타워에 충돌하면서 승객 76명과 승무원 11명 등 총 92명 전원이 사망했다. 두 번째로 납치된 항공기는 보스턴에서 LA로 가는 유나이티드 항공 소속 항공기 UA175편으로, 테러범 5명에 의해 납치되어 세계무역센터 남쪽 타워에 충돌해 승객 51명, 승무원 9명 등 65명 전원이 사망했다.

세 번째 납치 항공기는 워싱턴 DC에서 LA로 가는 아메리칸 에어라인 항공기 AA77편으로, 테러범 5명에 의해 납치되어 미 펜타곤 서쪽면 1-2층 사이에 충돌하여 승객 53명, 승무원 6명 등 총 64명 전원이 사망했다. 마지막으로 납치된 항공기는 뉴욕에서 샌프란시스코로 가던 유나이티드 항공 소속 항공기 UA93편으로, 테러범 4명에 의해 항공기가 점거되었다. 점거 이후 가족 등으로부터 전화와 문자 등을 통해 다른 납치 항공기 소식을 전해 들은 승객들이 테러를 저지하기 위해 테러범들에 맞서 싸웠다. 하지만 결국 항공기는 펜실베니아 생스빌(Shanksville) 들판에 추락하고 말았고 승객 33명과 승무원 7명 등 총 44명 전원이 사망했는데, 승객들의 고귀한 희생으로 테러범들이 목표로 했을 것으로 추정되고 있는 워싱턴 백악관 또는 의회 의사당에 대한 테러를 막을 수 있었다.

테러의 배후는 테러단체 알카에다 수장인 오사마 빈 라덴(Osama Bin Laden)과 후임 지도자 아이만 알 자와히리(Ayman al-Zawahiri)였으며 테러를 실행한 인원은 총 19명이었다. 이들 중 비행 기술을 습득한 4명이 납치한 항공기마다 각 1명씩 배치되어 점거한 비행기의 조종을 담당했으며, 나머지 인원은 승객과 승무원들을 제압하는 행동조 역할을 수행했다. 테러범 19명 중 15명이 사우디아라비아 출신이었고, 대학 법대생과 기업인 자녀 등 부유한 집안의 자녀들도 포함되어 있었다.

이들이 납치했던 항공기들은 모두 미국 동부에서 서부로 가는 장거리 국내 노선이었는데, 이는 비행기 내 연료량이 많은 장거리 노선을 택함으로써 폭발 시 위력을 배가하기 위한 것이었다. 그리고 상대적으로 탑승객들이 가장 적은 평일 화요일 이른 아침 시간대의 항공 편들을 선택함으로써 비행기를 장악하는데 보다 수월하도록 실행 계획을 수립했다. 특히, 이들은 비행기 조종석 영상까지 구입해 연구하는 등 최소 3년간 테러를 계획한 것으로 파악되었다.

그러면 이들 테러범들이 공항 보안검색에 걸리지 않고 어떻게 통과해 비행기에 탑승할 수 있었을까? 당시에 미국 공항은 모든 승객 개개인을 프로파일링하고 분석하는 'CAPPS 1'[27])이라는 '컴퓨터 보조 승객 판별 시스템'을 구축하고 있었다. 1990년 후반에 도입된 이 시스템은 공항에서 위험 승객을 분류하는 컴퓨터 보조시스템 프로파일링 방법 중 하나로, 여객기 테러 방지가 주목적이었다. 테러범 19명 중 6명이 'CAPPS 1' 시스템에 걸렸고, 4명은 가방 속 휴대품 문제로 2차 검색을 받는 등 총 10명에게서 경고등이 들어왔음에도 이들은 소지했던 소형 칼 등을 회수당하지 않은 상태로 전원 탑승에 성공했다. 당시에는 소형 나이프 수준의 무기류는 기내 반입이 허용되어 문제 되지 않았으며, 'CAPPS 1' 도 효과적으로 작동하지 않았던 것이다. 특히, 테러범들은 사전 예행 연습을 통해 'CAPPS 1' 통과에 문제가 없는지, 나이프 등의 반입이 허용되는지 등을 미리 점검했던 것으로 파악되었다.

또한 미국의 항공보안 취약점을 개선하기 위해 조직된 '항공보안조사

---

27) Computer Assisted Passenger Prescreening System의 약자

위원회'에서는 이미 9.11 이전부터 항공국이 위험인물들에 대한 정보에 접근할 수 있도록 권한을 줘야 한다고 CIA와 FBI 등 정보당국에 권고했으나 정보기관들은 이를 무시해 왔다. 그러나 9.11 테러는 테러범들에 대한 공항 검색 시스템 부실 수준의 문제가 아니라 이들이 테러를 준비하는 과정에서 여러 징후들이 포착되었음에도 CIA나 FBI 등 정보당국에서 제대로 대응하지 못했다는 점에서 완전한 정보실패 사례로 평가될 수 밖에 없는 사건이었다.

세계적으로 1980년-1990년대 시기에는 정치 테러가 별로 없었고 단순히 개인에 의한 테러 행위들만 간혹 발생했기 때문에 미국 정부에서는 테러를 국가적으로 심각한 문제로 인식하지 않았다. 더욱이 비행기 납치는 미국 밖 해외에서나 발생하는 사건인 데다 피해도 크지 않은 사안이어서 9.11 테러 이전까지는 총기나 마약 문제 등에 비해 우선순위에서 밀려나 있었다.

그러다 1993년 2월에 발생한 세계무역센터 폭발 테러[28]를 비롯해 1998년 케냐 미국 대사관 테러[29], 2000년 USS 콜함 테러[30] 등 90년대 미국을 대상으로 연이은 테러 사건이 발생하면서 점차 테러에 관심을 돌리기 시작했다. 하지만 이후에도 미국은 이런 테러를 주도한 배후 인물 오사마 빈 라덴을 제거하려다 여러 사정으로 중단했는가 하면, 1996년 빈 라덴이 아프리카 수단에서 아프가니스탄으로 추방되었을 당시에도 그를 인계받아 처리할 수 있었으나 국제법 위반 등의 이유로 방치하는 등 이때까지도 테러 문제에 대해 크게 심각성을 느끼지 않는 행보를 보

---

28) 1993.2.26 알카에다 조직원 람지 유세프 등이 세계무역센터 지하 주차장에서 차량 폭탄 테러를 자행, 6명이 사망하고 건물 지하 등이 파괴
29) 1998.8.7 알카에다가 아프리카 케냐 주재 미국 대사관을 폭탄 차량으로 테러, 220명이 넘는 사망자 발생
30) 2000.10.12 알카에다가 자폭용 보트를 이용해 예멘 아덴항에 정박중이던 미 해군 구축함 'USS 콜'을 기습적으로 폭탄 공격한 사건

였다.

만약 이때 조기에 싹을 제거했다면 9.11 테러를 막을 수도 있었다고 보는 일부에서는 그 당시 빌 클린턴 정부도 책임에서 자유로울 수 없다는 주장을 하기도 한다. 하지만 당시 빈 라덴이 구금되거나 제거되었다고 해서 과연 9.11 테러가 발생하지 않았겠느냐고 물을 때 그 누구도 테러가 없었을 것이라고 장담할 수 없으며, 이런 의견은 어떻게 보면 결과론에 불과하다고 할 수 있다.

9.11 테러가 최악의 정보실패로 평가받을 수밖에 없는 근본적인 이유는 사전에 테러 관련 첩보와 여러 징후들이 확인되었음에도 이에 대한 실질적 조치나 대응이 전혀 이행되지 않았을 뿐만 아니라 미국 정보기관들 간 정보공유가 전혀 이루어지지 않는 등 국가 정보시스템이 제대로 작동하지 않았다는 데 있다.

2000년 1월 말레이시아 쿠알라룸푸르에서 9.11 테러범 알 미드하르 (Khalid al-Mihdhar)와 알 하즈미(Nawaf Muhammed Salim al-Hazmi) 등이 참석한 회의가 있었는데, 여기서 항공학교 입학을 통한 미국 비자 취득 결정 등 9.11 테러와 관련한 주요 계획들이 논의되었다. 이들은 아프가니스탄 훈련 캠프에서 이미 테러 작전 요원으로의 투입이 결정되었는데, 이전에 미국을 방문한 경험도 없었고 영어도 전혀 못하는 인물들이었다.

이들은 말레이시아를 경유해 미국에 제일 먼저 입국했는데 CIA는 이들이 미국 비자를 갖고 있다는 사실을 이미 파악한 상황이었다. 하지만 이들의 미국 입국에 대해 CIA는 관련 보고서에서 FBI와 정보를 공유하고 협의해야 한다고 적시했으면서도 실제 정보를 공유하지 않는 실책을 범했었다. 특히, CIA가 테러 발생 몇 개월 전부터 알카에다의 미국 내 테러 첩보 등에 대해 여러 차례 사전보고를 했지만 부시 대통령 등 정보

사용자들로부터 별다른 대응조치에 대한 지시가 없었고, 불과 테러 한 달 전인 2001년 8월에는 FBI가 테러범들이 비행기로 건물에 테러를 할 것이라는 첩보를 입수해 보고했지만 이 또한 후속조치는 전혀 없었다. 말 그대로 보고를 위한 보고로만 끝나고 말았다.

FBI는 2001년 1월 테러범 알 미드하르와 알 하즈미가 미국 LA로 입국해 샌디에이고로 정착하는 과정에서 예멘 출신 안와르 알 아울라키(Anwar al-Awlaki)라는 인물에게서 도움을 받는 동향 등을 파악했으나 당시에는 전혀 의심하지 않았고, 특이 징후가 없는 것으로 판단하면서 이들에 대한 검증과 추적을 지속적으로 하지 않았다. 이들 테러범들이 접촉한 알 아울라키는 9.11 이후에 알카에다 지도부에 오르는 핵심 인물이었다.

또한 테러 발생 거의 1개월 전인 2001년 8월 4일 테러 계획 참가자인 알 카흐타니(Mohammed Ahmad Al-Qahtani)라는 인물이 플로리다 올랜도 공항에서 세관 당국에 적발되어 추방되었는가 하면, 8월 중순에는 미국에 입국한 또 다른 비행훈련생인 테러 관련인물 자카리아스 무사위(Zacarias Moussaoui)가 비자 기간 위반으로 미네소타 이민 귀화국에 체포되기도 했다. 당시 FBI는 항공학교로부터 무사위라는 인물이 위험인물로 보인다는 제보를 지속적으로 받았음에도 9.11 이전까지 그에 대한 압수수색 등 적극적인 조사를 하지 않았다.

그는 미네소타 외곽에 위치한 '팬암 국제항공아카데미'(Pan Am International Flight Academy)를 다녔는데 프랑스 국적자임에도 프랑스어를 제대로 구사하지 못했다. 특히, 그는 비행교육을 받는 과정에서 이착륙 기술보다는 공중에서의 운항기술에만 관심을 가지는가 하면, 소형 비행기 조종기술조차 부족함에도 점보기 같은 대형 비행기 조종에 더 큰 관심을 보였다. 또한 점보 여객기 모의 조종장치를 훔치려고까지

하는 등 항공 아카데미로부터 테러 위험인물로 의심받았지만 심도 있는 조사는 이루어지지 않았다.

CIA와 FBI 뿐만 아니라 위성 등에 의한 통신 감청 정보수집과 암호 해독 등을 담당하는 미국 국가안보국(NSA)도 테러범들이 항로 점검과 관련해 나누는 통신 내용을 감청했음에도 불구, 비행기 테러와 관련된 것이라는 사안의 중대성을 인지하지 못하고 유관 부서에 전파하지 않았다는 비판이 제기되기도 했는데, 사실 여부는 공식 확인되지 않았다. 이 렇게 미국 정보기관들이 9.11 테러 당시 정상적으로 기능하지 못했던 것이다.

미국은 9.11 직후인 2001년 10월 테러리스트로 예상되는 외국인을 공개적인 법정 재판 없이도 무기한 구금 가능하고 도감청 권한이 확대된 애국법(Patriot Act)을 통과시켰다. 또한 2012년 11월 행정부 각 부처에 분산된 대테러 기능을 통합한 테러 대응 조직인 국토안보부(DHS, Department of Homeland Security)를 신설하는가 하면, 1947년 CIA 출범 이후부터 이어져온 중앙정보부 중심의 중앙정보장(DCI) 지휘 체계를 2005년부터 신설 국가정보장(DNI)이 전체 정보기구를 총괄, 조율하는 체제로 전환하는 등 미국의 정보공동체에도 큰 변화를 가져왔다. 물론 애국법 같은 경우는 일부 독소조항 등이 개정되어 2015년에 자유법(Freedom Act)으로 대체되기는 했지만 9.11은 미국의 많은 분야에서 변화를 불러왔다.

이처럼 9.11 테러는 사전에 막을 수 있는 기회가 여러 차례 있었음에도 불구하고 이를 살리지 못했다는 점에서 스파이들에게 첩보 하나, 한 줄의 정보가 얼마나 중요한지 그리고 정보실패가 어떤 결과를 초래하는지를 확인시켜 준 대참사였다.

9.11 테러와 오사마 빈 라덴을 소재로 한 많은 영화와 다큐멘터리들

이 제작되기도 했는데, 2013년 소개된 〈제로다크 서티〉(Zero Dark Thirty)31)는 CIA 여성 분석관의 빈 라덴 은신처 추적 과정과 넵튠 스피어(Operation Neptune Spear)로 명명된 빈 라덴 제거 작전을 그린 영화다. 이 영화는 정보기관 분석관들에게 정보목표에 대한 열정과 집요함이 얼마나 필요한 자질인지, 정보분석이 왜 중요한지를 새삼 일깨워 주는 스파이 영화이다.

9.11 테러 20주년을 맞아 2021년 넷플릭스에서 제작, 방영한 〈터닝 포인트: 9.11 그리고 테러와의 전쟁〉은 9.11 테러와 관련한 다큐멘터리 5부작 드라마로, 9.11 테러 발생 당시 상황, 테러 관련 각종 징후와 근본 원인, 테러 이후 아프가니스탄 침공과 이라크 침공이 남긴 결과, 빈 라덴 제거 작전 등과 관련한 객관적 사실을 바탕으로 관련자들 인터뷰 등을 통해 9.11 테러를 종합적으로 조명하고 있다. 특히, 1979년 12월 소련의 아프가니스탄 침공에서부터 2021년 4월 바이든 행정부의 아프가니스탄 철군 발표 시점까지 40년에 걸친 격동의 아프가니스탄 상황을 다루면서 반미감정을 키운 이슬람 근본주의 무장세력의 태두 배경과 9.11 테러 과정, 미국의 대응과 문제점, 향후 과제 등을 심도 있게 다룬 다큐멘터리이다.

또한 2006년 영화 〈플라이트 93〉(Flight 93)은 9.11 당시 납치된 유나이티드 에어라인 소속 UA 93편 항공기의 테러범과 승객의 충돌, 추락 과정을 그린 영화로, 당초 테러범들이 계획했던 목표물에 충돌하지 못했던 유일한 항공기인 UA 93편 기내에서 벌어진 승객과 테러범들 간의 사투를 그리면서 승객들의 영웅적 행동에 경의를 표하게 만드는 작품이다. 그 외에도 빈 라덴 사살 작전을 소재로 한 2012년 개봉 영화 〈코드네임

---

31) 하루 중 가장 어두운 시간인 밤 12시 30분을 의미

제로니모〉(Codename Zeronimo)[32] 등 9.11 테러와 주모자 빈 라덴
은 많은 영화의 소재가 되었다.

9.11 테러가 바꾼 정보시스템

9.11 테러는 세계 최강국 미국의 테러에 대한 인식 전환을 가져왔을
뿐만 아니라 많은 문제점을 노출한 국가 정보시스템을 재정비하는 계기
가 되기도 했다. 미국 본토가 처음으로 테러 집단에 의해 전쟁에 준하는
공격을 받았을 뿐만 아니라, 그 과정에서 주요 정보기관들이 전혀 제 기
능을 하지 못했다는 점에서 미국 정보기관들에게는 최대의 위기였다.

미국은 로널드 레이건 대통령 시기인 1981년 12월 서명된 대통령 명령
-12333호(Executive Order 12333)에 의거해 출범한 정보공동체
(Intelligence Community)라는 큰 틀 속에서 정보기관들을 조정하고
통합하는 방식으로 운영되어 왔다. 양대 정보기관인 FBI와 CIA 설립 이
후에도 국방부, 법무부, 재무부 등 주요 행정부처 산하에 부처별 특성에
맞는 부문정보기관들을 지속 설치해 왔는데, NSA(1952년, 국방부),
DIA(1961년, 국방부), DEA(1973년, 법무부), NGA(2003년, 국방부),
OIA(2004년, 재무부) 등이 그런 정보기관들이다.

9.11 이전까지는 14개 부문정보기관들과 이를 총괄하는 중앙정보장
(DCI, Director of Central Intelligence)이라는 정보공동체 직위를
두고 CIA 국장이 중앙정보장을 겸임하는 형태로 운영되어 왔다. 하지만
중앙정보장이 실질적으로 정보의 통합, 조정 등 정보기관들의 컨트롤 타
워 기능을 하지 못했고 법적인 권한도 없어 형식적으로 운영되었다.

9.11 테러가 발생하고 정보기관 간의 정보공유 등 여러 문제점들이

---

32) '제로니모'는 미국의 유명한 원주민 추장 이름으로, 오사마 빈 라덴을 지칭하는 암호명

노출되면서 2004년 정보개혁 및 테러방지법(Intelligence Reform and Terrorism Prevention Act of 2004)이 제정되고 정보공동체에 대한 운영체계를 대대적으로 개편하였다. 이때 변화된 것이 지금의 국가정보장(DNI, Director of National Intelligence) 직위 체제이며, 국가정보장이 정보공동체에 속해 있는 모든 정보기관들을 총괄, 조정하는 역할을 수행토록 하였다.

현재 미국 정보공동체에 속한 정보기관은 CIA, FBI 등 총 18개 기관이다. 그러나 이러한 법적 뒷받침을 통한 체제 개편에도 불구하고 국가정보장(DNI)이 실질적으로 정보공동체를 통솔하면서 제대로 기능을 하고 있는지에 대해서는 여전히 의문스럽다. 정보공동체에서 가장 핵심적 역할을 하는 대통령 직속기관인 CIA 정보들이 얼마나 국가정보장에게도 보고가 되고 있는지에 대한 우려도 있다. 대통령이 과연 국가정보장에게 얼마나 힘을 실어주고 있는지, CIA의 중요 정보들이 대통령에게 직보 되는 체계에서 국가정보장의 역할 모호 등 여전히 문제점들이 잠복해 있는 것으로 보이는데, 자칫 국가정보장이 힘없는 허수아비로 전락할 수 있다는 점에서 9.11 이전과 크게 달라진 것이 없다는 우려도 나온다.

■ 비행기 내 액체류 반입을 제한하게 만든 테러 음모

전 세계적으로 언제부터인가 여행을 하거나 출장을 가기 위해 비행기를 탈 때 일정 부피 이상의 액체류에 대한 항공기 기내 반입이 금지되고 있다. 이러한 조치는 9.11테러 만큼 끔찍했을 수도 있었던 대형 테러 음모가 발각된 이후 나온 후속 조치의 일환이었다.

2006년 8월 9일 영국 런던 일대에서 체포된 테러범 일당들이 시중에서 판매되는 소프트 음료로 위장한 액체 폭탄을 제조하여 다수의 민간 여객기들을 대상으로 동시에 테러를 실행하려 했던 것인데, 이 테러 모의는 영국 정보기관 MI5 등이 미국 CIA 등과 협력해 차단한 대형 테러 미수 사건이었다.

영국 MI5는 테러 단체 알카에다의 핵심 인물들과 전화 등으로 연계하는 등 테러 위험인물로 의심되어 추적 중이던 압둘라 아흐메드 알리(Abdulla Ahmed Ali)라는 인물이 2006년 6월 파키스탄을 방문하고 런던 히드로(Heathrow) 공항으로 귀국한다는 첩보를 입수했다. 알리는 파키스탄계 영국인으로, 영국 사회에 잘 융화되면서 학교 성적도 우수했고 리더십까지 있는 것으로 평가받는 매우 모범적인 이민자 가정 출신의 인물이었다.

MI5는 그가 파키스탄에서 알카에다 주요 간부인 라시드 라우프(Rashid Rauf)라는 인물을 만나고 왔다는 첩보를 입수하고 그의 귀국에 맞춰 공항에서 그의 수하물을 은밀히 검사했는데, 그의 가방에서 AA 건전지와 설탕이 든 분말 주스가루 등 특이한 물품들이 있음을 확인하였다. 그가 파키스탄에서 만난 라시드 라우프는 파키스탄과 영국 이중국적자로, 2002년 파키스탄으로 건너가 알카에다 간부로 성장한 인물이었다.

영국은 알리를 잠재적인 테러리스트로 지목하고 '라이언 로어'(Lion Roar)라는 암호명을 부여했는데 그는 테러 모의범들의 리더였다. 당시 영국은 1년 전 2005년 7월에 발생한 런던 폭탄 테러로 인해 52명의 사망자와 700명이 넘는 부상자가 발생하는 참사를 겪었기 때문에 그 어느 때보다도 테러에 매우 민감한 시점이었다.

영국 방첩기관은 수십 명의 요원들을 동원해 알리를 24시간 밀착 감시하면서 그의 생활 방식 등 일거수일투족을 추적했다. 그가 접촉하는 인물들은 모두 조사 대상이 되었는데, 그중에 탄비르 후세인(Tanvir Hussain)이라는 인물과 정기적으로 접촉 중임을 확인하였다. 후세인은 알리와 달리 술과 마약 등에 손을 대는 등 한때 방탕한 생활을 했다가 변신한 인물인데 일반적인 이슬람 신도 수준을 넘은 과격한 이슬람 맹신자로 평가되었다.

이들에 대한 밀착 감시를 진행하던 중 알리와 후세인이 훈련받은 테러리스트들임을 증명해 주는 장면이 포착되기도 했다. 그들이 공원에서 미상의 인물과 서로 엎드려 얼굴을 마주 보고 대화하는 것이 목격되었는데, 이렇게 엎드려 마주 보고 대화하는 것은 원거리 마이크에 의한 도청을 막으려는 테러리스트들의 대화 수법 중 하나로, 스파이들이나 테러리스트들이 방첩 당국의 감시를 회피하기 위해 사용하는 기술이었던 것이다. 그들이 만난 미상인은 런던에 거주하는 아사드 사르와르(Assad Sarwar)라는 이슬람 신도였는데 다소 사회 적응력이 떨어지는 평범한 인물이었다.

이들 3인방에 대한 감시에 집중하던 중 특이한 동향이 포착되기 시작했는데, 후세인이 약국에서 주사기를 구입하고 사르와르는 약국에서 구연산을 구입하는 정황이 확인된 것이다. 또한 이들의 리더 격인 알리가 슈퍼마켓에서 음료수 플라스틱 병을 유심히 점검하는 장면이 포착되는가 하면, 농축 시 폭발물 재료가 될 수 있는 과산화수소를 약국에서 대량 구입하고 있음도 확인되었다. 영국 정보기관은 공항에서 확인된 건전지와 분말 주스가루 등을 포함한 이들의 움직임을 종합적으로 판단하여 폭발물 제조를 준비하는 동향으로는 추정했지만 어떤 형태의 폭탄인지는 확정하지 못했다.

그런 가운데 MI5와 런던 광역경찰청은 대규모 감시 작전을 통해 런던 북동부 지역 월섬스토흐(Walthamstow)에 있는 이들의 활동 본거지 겸 안가(Safehouse)라고 할 수 있는 아파트를 찾아내는 데 성공했으며, MI5는 이들이 외출한 사이 아파트에 몰래 잠입해 카메라와 도청장치를 설치하였다.

이들은 AA 건전지 부속품이 담긴 쓰레기봉투를 버리는가 하면 멀리까지 가서 과산화수소를 구입하기도 했으며, 인터넷 검색을 통해 필요한 물자 구입처를 검색하는 정황 등이 포착되었다. 무엇보다 아파트에 설치한 감시 영상을 통해 후세인과 알리가 음료수병에 구멍을 내고 주사기로 음료수를 빼낸 후 다른 액체를 주입하는 장면이 확인되면서 이들이 액체 폭발물을 제조 중임이 드러났다. 건전지 속에 폭발 물질을 넣고 건전지는 카메라에 숨겼으며, 촉매제 역할을 하는 주스 분말까지 모든 물품을 분리해 비행기에 반입한 후 조립하는 방법을 획책하고 있었다.

영국은 이들이 새로운 유형의 액체 폭탄을 제조 중이며, 영국발 미국행 항공기를 대상으로 9.11 테러와 유사한 테러를 모의 중인 것으로 결론짓고 미국과 정보공유를 통한 대응 방안을 모색하였다. 하지만 당시 양국 간에 입장 차이가 있었는데, 영국은 이미 상황을 장악하고 있으니 확실한 증거를 확보하기 위해 시간을 갖고 차단하자는 입장이었던 반면, 미국은 우선 음모를 저지하고 거기서 확인되는 정보로 추가 상황을 처리하자는 입장이었다.

결국 영국 의견대로 용의자 24명에 대한 감시 작전을 시작했는데, 총 800여 명에 이르는 요원들이 투입되는 영국 역사상 최대 규모의 대테러 작전이었다. 가장 시급히 파악해야 할 것은 공격 목표가 무엇이고, 테러를 실행하게 될 인물이 누구인지 찾아내는 것이었는데, 이들의 대화 내용 감청을 통해서 테러 음모 관여자가 19명에 달하는 것으로 확인되었다.

용의자들이 계획대로 테러 실행을 위한 준비를 이어가는 가운데 조직의 리더인 알리가 인터넷으로 미국행 비행기 스케줄을 확인하는 정황이 포착되었고, 파키스탄에 있는 배후인물 라시드 라우프가 테러 실행에 따른 감시 대응법 등 보안조치 사항을 하달한 사실도 확인했다. 라우프는 철저하게 암호를 사용하고 미행을 확인할 것과 쓰레기는 반드시 먼 곳에 가서 버릴 것, 그리고 파키스탄 입국 사실이 드러나지 않도록 여권을 새 것으로 교체할 것 등을 지시하였다.

이뿐만 아니라 이들은 의심을 받지 않기 위해 가족들을 동원해 함께 비행기를 타는 방법을 모의 중이었는데, 실제 테러범 중 한 명이 자신의 아내와 함께 하기로 했다는 내용도 도청을 통해 확인했다. 또한 이들은 자살폭탄 테러범들이 테러를 실행하기 전에 촬영하는 '순교 영상' (Martyrdom Video)을 개인별로 제작하여 자살폭탄 테러에 대한 자신들의 의지를 다지기도 했다.

이들의 음모는 상당 부분 파악되었지만 단지 언제 실행할지 모르는 상황에서 이들이 런던 히드로 공항을 출발하여 미국과 캐나다 주요 도시들로 향하는 비행기 일정을 검색하는 등 테러 실행이 임박했음을 말해주는 징후들이 나타나기 시작하면서 미국 CIA가 먼저 움직였다.

당시 이들에 대한 체포 시기와 방법 등에 있어서 영국과 미국 간 의견 불일치가 있었는데, 영국은 이들이 아직 비행기 티켓을 구입하지 않은 단계이고 여권 문제도 해결되지 않은 상태인 점 등을 이유로 테러가 임박한 상황은 아닌 것으로 판단하면서 확실한 증거를 수집하기 위해 체포를 늦추자는 입장이었다. 그러나 미국 CIA가 먼저 체포를 실행에 옮기는 바람에 영국도 불가피하게 체포 작전을 실행에 옮길 수밖에 없었다. 미국이 파키스탄 정보기관 ISI(Inter-Services Intelligence)의 협조 아래 파키스탄에 있는 배후 인물 라시드 라우프를 먼저 체포했으며, 이에 맞춰 영국에서도 바로 다음 날 검거 작전을 전개하여 테러 모의자 전원을 체포하였다.

알리로부터 압수한 메모리 카드에는 런던에서 미국 마이애미, 시카고, 시애틀, 캐나다 토론토 등으로 가는 7편의 항공기들에 대한 자세한 정보가 담겨있었다. 이들이 테러 대상으로 삼은 비행기가 모두 9대였다는 주장까지 있었지만 재판 과정에서 이들은 비행기 테러모의 혐의에 대해 전면 부인했다. 그들은 단지 서방의 외교정책에 대한 반감으로 공항에서 전 세계 사람들의 주의를 환기시키고 경고를 하기 위한 작은 소동을 일으킬 준비를 한 것뿐이라고 진술하면서 그들의 정확한 테러 계획은 밝혀지지 못하고 묻히고 말았다. 체포된 테러 모의범들 중 7명만이 유죄로 기소되어 종신형에 처해졌다. 2007년 12월 파키스탄에서 체포된 후 경찰 유치장에서 탈출하기도 했던 배후 인물 라시드 라우프는 테러 관여와 관련해서는 증거 부족으로 처벌을 받지 않고 풀려났지만, 그는 2008년 파키스탄에서 미국의 드론 공격을 받고 사살되었다.

■ 자살폭탄 테러로 영웅이 된 불륜녀

자살폭탄 테러는 기본적으로 자살이 금기시된 이슬람 전통에 기반한 것이 아닌 순교를 명분으로 한 새로운 유형의 현대적 테러 도구라 할 수 있는데, 30년 넘게 이슬람 테러 조직들의 주요 공격 방식으로 자리를 잡고 있다. 1980년대 이전까지만 해도 자살폭탄 테러는 거의 없었으나, 1983년 레바논 이슬람 무장단체 헤즈볼라(Hezbollah)가 베이루트에 있는 미국 해병대 기지를 대상으로 폭탄 차량을 이용해 자폭한 이후 자살폭탄 테러가 급격하게 확산되었다.

2004년 1월 팔레스타인 가자지구의 에레즈(Erez) 국경 이스라엘 측 검문소에서 전례가 없었던 자살폭탄 테러가 발생했다. 테러를 실행한 인물은 팔레스타인 테러 조직인 하마스(Hamas)의 여성 조직원 림 리야시(Reem Saleh Riyashi)라는 여성이었는데, 그녀는 하마스 최초의 여성 자살 특공대원이었다. 그녀는 두 아이의 엄마였으며 남편 또한 하마스 요원이었다. 그녀의 자살폭탄 테러로 이스라엘 군인 등 모두 5명이 사망하고 10명이 부상당했는데, 그녀는 자살폭탄 테러로 팔레스타인에서 영웅이 되었다.

하지만 하마스가 그녀를 자살폭탄 테러에 투입하게 된 데는 숨겨진 내막이 있었는데, 이스라엘 국내 정보기관 신베트(Shin Bet)가 정보활동을 통해서 그것을 확인한 결과는 놀라운 것이었다. 리야시는 남편도 하마스 요원인 유부녀였음에도 하마스 다른 간부 요원과 불륜관계에 있었다. 그녀가 간부와의 불륜사실이 들통나면서 주변으로부터 비난을 받게 되자 하마스 조직에서 그녀에게 명예 회복을 위한 자살폭탄 테러를 제안한 것이었다.

이슬람 문화권에서 불륜을 저지른 여자는 처벌로 죽임을 당하게 되어 있는데 남편을 비롯한 남자들이 모여서 회의를 통해 누가 불륜녀를 죽일 것인지, 어떻게 죽일 것인지 등을 정한다고 하며, 이에 반해 상대방 남자는 별다른 처벌을 받지 않는다고 한다. 리야시는 수치스럽게 죽을 것인지 명예롭게 죽을 것인지를 고민하다 결국 자살폭탄 테러를 선택하게 된 것인데, 그녀의 자살폭탄 테러는 하마스의 최고지도자 셰이크 아흐메드 야신(Sheikh Ahmed Yassin)의 승인을 받고 최종 결정되었다.

아이러니하게도 불륜녀가 최초의 여성 자살폭탄 테러범이 되었고 그로 인해 국민적인 영웅이 된 것이다. 그녀가 죽은 이후 남겨진 자녀들은 팔레스타인 TV 등에 출연하며 하마스의 지하드 선전 등에 이용되었고, 그녀의 자살폭탄 테러 사건은 단편영화로 제작되어 선전 소재로 활용되기도 했다. 리야시의 자살테러 이후 팔레스타인은 남성에 비해 여성이 테러에 대한 상대방의 경계심을 약화시키는 장점이 있음을 활용하여 한때 여성들을 자살테러에 적극 투입하기도 했다.

한편 하마스의 여성을 활용한 자살테러에 대해 이스라엘은 '표적살해'라고 하는 새로운 전략으로 대응했는데, 테러의 배후 인물이나 관련자들을 직접 제거할 수 있도록 규정한 것이었다. 당시 샤론 총리가 엄격한 조건이 포함된 표적살해 규정을 승인하면서 하마스가 주도하는 모든 테러의 배후자로 지목된 최고지도자 야신이 표적살해 대상이 되었다. 여성 자살폭탄 테러가 일어난 지 2개월이 지난 2004년 3월 이스라엘은 집 근처 모스크에서 새벽 기도를 마치고 나오는 야신을 향해 아파치 헬기에서 3발의 미사일을 발사하여 그를 비롯한 경호원과 행인 등 총 9명을 사살했다.

그가 사망한 이후 후임자로 압델 아지즈 알 란티시(Abdel Aziz al-Rantissi)라는 인물이 하마스 후임 수반이 되었는데, '팔레스타인의 사자'라는 별명을 가진 그는 이스라엘에 대한 보복을 선언했다. 그러나 야신이 사망한 지 1개월이 지난 시점에 란티시 역시 표적살해 대상이 되면서 그도 결국 경호원인 아들과 함께 이스라엘의 아파치 헬기 공격을 받아 사망하고 말았다. 이를 계기로 팔레스타인의 뒤이은 보복 자살폭탄 공격이 일시적으로 발생하기도 했으나, 표적살해 이후 자살폭탄 테러의 빈도는 줄어들었는데 테러에 대한 이스라엘의 공세적, 선제적 대응이 효과를 본 것으로 평가되었다.

이스라엘은 여기서 그치지 않고 최초의 여성 자살폭탄 테러범 리야시와 불륜 관계를 맺은 하마스 간부가 일련의 자살테러에 깊이 관여하고 있음을 확인하고 그를 제거하기 위한 암살공작을 추진했다.

정보기관 신베트 소속 여성요원이 아랍계 이스라엘 여성으로 위장해 그에게 전화로 접근하여 친분을 구축하였다. 그녀는 1년 넘게 그 간부와 연계를 가지면서 그를 유혹하는 데 성공했는데, 한 번도 직접 만난 적 없이 전화통화로만 사귄 사이임에도 그로부터 '결혼할까'라는 말이 나올 정도의 깊은 관계로 발전했다. 이에 신베트 요원은 그와 사귄 지 1주년이 되는 시점에 이를 기념한다는 명목으로 그에게 고가의 골든 돔 사원 모형물을 선물로 보냈는데 그 모형물 속에는 여성 속옷과 향수도 함께 들어 있었다. 이스라엘은 그가 선물을 받고 그녀와 통화하면서 모형물 속에 든 여성 속옷과 향수를 확인하는 시점에 맞춰 원격조종 폭탄을 터트려 그를 성공적으로 암살하였다.

이스라엘은 서방의 어느 나라들보다도 테러 조직의 핵심 지도자들을 많이 제거한 국가이며, 대테러 정책의 일환으로 테러범 제거와 선제적 표적살해를 공식적으로 실행한 최초 국가이기도 하다. 이스라엘의 표적 살해에 대해 "아무리 테러분자라고 하더라도 어떻게 정상 국가에서 그들에게 법정에서 무죄 여부를 입증하고 자신들을 방어할 기회조차 주지 않고 특정 형태의 사형을 집행할 수 있느냐"라는 비판이 나왔다. 이에 대해 이스라엘은 "표적살해는 특정한 처벌이 아니라 특정 형태의 전쟁"이라는 입장이다. 즉, 테러에 대한 보복은 비정규전이며, 시한폭탄에 비유할 수 있는 특수 상황하에서는 합법적이라는 것이다. 테러를 주도하는 하마스 지도자와 간부들은 이스라엘 사람들을 죽이도록 지시하고 자금을 지원하며 대원을 모집하는 시한폭탄과 같다고 보는 관점이다. 이러한 표적살해 전략에 대해서 이스라엘 정보기관 신베트 국장 아비 딕터(Avi Dichter)는 "바닷물을 숟가락 하나로 퍼내는 것과도 같지만 중요한 것은 결국 우리가 이긴다는 사실이다"라며 정당성을 언급하기도 했다. 이와 관련해 미국은 오랫동안 이스라엘의 표적살해 전략을 비난해 왔지만, 결국은 자신들도 그 전략을 채택하면서 오늘날 가장 빈번하게 실행하는 국가가 되었다.

대테러 작전에서 가장 중요한 것은 정보이며, 그 정보를 분석해 대응 방법을 찾아내고 테러분자들의 공격을 사전에 차단할 수 있는 능력을 보유하는 것이 정보기관의 의무이고 본분이라고 할 수 있다.

■ 테러 음모가 사전 발각되는 다양한 이유들

테러 음모를 사전에 포착하고 이를 차단하기 위한 관련첩보 입수는 다양한 방식으로 이루어진다. 공작원과 같은 휴민트 수단을 통해 테러 첩보를 수집하는 경우도 있고, 테러 단체 관련 인물들에 대한 통신 도감청 같은 테킨트 수단을 통해 첩보가 입수되기도 한다. 혹은 정보협력에 의해 동맹국이나 주변국으로부터 관련 첩보를 제공받는 경우도 있다.

2009년 9월 뉴욕 지하철을 대상으로 자살폭탄 테러를 기도하다 사전 발각되어 미수에 그친 사건은 테킨트에 의해 수집된 첩보를 토대로 방첩기관이 테러범을 추적해 차단한 사례이다. 이 사건은 테러조직 알카에다와 연계한 미국 국적 자생적 테러리스트 3명이 붐비는 아침 출근 시간대에 지하철 여러 장소에서 자체 제작 폭탄(TATP, Triacetone Triperoxide)을 이용해 자살폭탄 테러를 시도하려 한 사건이다.

이 테러 음모는 미국의 신호정보(SIGINT) 전문 정보기관 국가안보국(NSA)에서 미국 내 미상인이 알카에다 연계 인물의 이메일 계정으로 보낸 메일 내용을 감청하여 테러 음모 관련첩보를 입수한 것이 단초가 되어 본격적으로 추적이 시작되었다. 이메일을 보낸 인물을 확인한 결과, 그는 아프가니스탄계 미국인으로 나지불라 자지(Najibullah Zazi)라는 이름의 테러 모의 주모자였다. 그는 알카에다 해외 정보원에게 '밀가루', '기름', '조리법'과 같은 음어를 사용하면서 폭탄 제조법을 묻는 내용의 메일을 주고받았다. 테러 공범은 자지와 그의 친구들인 자레인 아흐메드 자이(Zarein Ahmedzay)와 아디스 메둔자닌(Adis Medunjanin)이라는 인물들로 파키스탄을 방문해 알카에다 캠프에서 훈련받은 경력을 보유하고 있었다.

수사 과정에서 뉴욕 경찰이 자지가 다니는 회교사원 이맘에게 그에 관한 동향을 탐문한 사실이 이맘을 통해 그의 가족과 본인의 귀에 들어가면서 폭탄 재료들을 폐기하는 등 증거들이 인멸되기도 했으나, 결국은 그의 컴퓨터에 보관되어 있던 폭발물 제조 관련자료 등 다양한 증거들을 토대로 자백을 받아낼 수 있었다.

정보기관의 휴민트를 통해 테러 첩보가 입수되어 테러를 차단한 사례도 있는데 바로 이란에 의한 미국 주재 사우디아라비아 대사 암살 미수 사건이다. 2011년 미국 마약단속국(DEA) 요원이 멕시코의 마약 카르텔 조직원으로 있는 협조자로부터 테러 관련 첩보를 입수하였다. 그 내용은 마약단속국 협조자가 지인을 통해 소개받은 미국인으로부터 미국 주재 사우디아라비아 대사 아델 알 주베이르(Adel Al-Jubeir) 암살 요청을 받았다는 것이었다.

이에 암살을 요청한 미국인을 추적한 결과, 이란과 미국 이중 국적자로서 중고자동차 판매업에 종사 중인 만수르 알밥시아르(Manssor Arbabsiar)라는 인물이었다. 마약단속국이 관련 첩보를 FBI에 즉시 통보하면서 본격적으로 수사에 착수했는데, 암살을 요청받은 마약 카르텔 협조자를 투입해 알밥시아르의 배후 인물이 누구인지 추적했다.

실제 암살 착수금으로 돈까지 오고 가면서 이란 정권의 배후 가능성이 확인되기 시작했다. 알밥시아르에게 암살을 실행할 인물을 물색해 달라고 요청했던 사람은 바로 이란 혁명수비대 산하 조직으로 2007년 미국에 의해 테러 지원 단체로 지정된 바 있는 쿠드스(Quds) 부대의 고위 장교들이었는데, 알밥시아르의 사촌 압둘 레자 샬라이(Abdul Reza Shalai)와 쿠드스 부대 사령관 고람 사쿠리(Gholam Shakuri)라는 인물이었다. 이들로부터 지시를 받은 알밥시아르가 자신의 여자 친구 지인으로부터 소개받은 멕시코 마약 카르텔 조직원에게 암살 청부를 하게 된 것이었다.

협조자는 FBI와 협의하에 사우디아라비아 대사가 자주 출입하는 단골 식당에 폭발물을 설치해 암살하는 위장 계획을 보고했고, 사쿠리 사령관의 승인하에 최종 추진이 결정되었다. 이들의 계획은 사우디 대사 암살에만 그치는 것이 아니라 2개의 추가 공격 목표가 더 있었는데 워싱턴 DC에 있는 사우디아라비아 대사관과 이스라엘 대사관이었다.

사안의 심각성에 따라 FBI는 당시 어머니를 만나러 이란에 체류하고 있던 알밥시아르를 미국으로 다시 들어오도록 유인작전을 전개하여 그를 체포함으로써 그들의 암살 전모를 확인할 수 있었다.

휴민트 혹은 테킨트에 의한 정보수집이 아닌 민간기업의 제보에 의해 테러 음모가 차단된 사례도 있다. 2011년 2월 미국 '캐롤라이나 바이오로지컬'(Carolina Biological Supply Company)이라는 화학제품 판매회사가 텍사스에 있는 미상인이 폭발물 제조에 사용될 수 있는 페놀을 대량으로 구입하는 특이 동향을 FBI에 신고했는데, 이것이 테러 음모를 차단하는 단초가 되었다. 9.11 테러 이후 미국은 테러 방지를 위해 독성 화학물질 구매를 감시하기 위한 다양한 계획을 수립했는데 그중 하나인 '지뢰선 프로그램'(Tripwire Program)에는 폭발성 화학물질 판매상들에게 특이한 구매 사례가 있는 경우 사법당국에 신고할 것을 권고하는 내용이 포함되어 있었다.

FBI가 제보 내용에 따라 구매자를 추적한 결과, 사우디아라비아 출신으로 화학공학을 전공한 유학생 칼리드 알다흐사리(Khalid Aldawsari)라는 인물이었다. 그는 새로운 세정제를 개발하기 위한 연구 목적으로 구매하는 것으로 속였으며, 직접 제조한 대량파괴 사제 폭탄(IED, Improvised Explosive Device)을 이용해 미국 내 원자력발전소, 수력발전 댐 등 미국 전역을 대상으로 한 테러를 계획하고 있었다.

그는 유학 초기에는 정상적인 생활을 했으나 갈수록 점차 반사회적 외톨이형 인간이 되면서 이슬람 극단주의자로 변했다. 그는 알카에다 혹은 ISIS 등의 테러 단체가 인터넷에 올린 의식화를 위한 각종 선전 영상물을 보면서 테러 의지를 다졌으며, 테러 단체들이 인터넷에 올린 관련 영상을 통해 폭탄제조 기술을 학습하였다. 결국 그는 배후에 테러 단체나 관련 인물이 없는 자생적, 독립적 테러범으로 확인되었으며, 그의 테러 음모는 민간기업의 결정적 제보로 차단되고 말았다.

국가 간의 정보협력에 의해 테러가 차단된 경우도 많다. 2009년 12월 크리스마스에 맞춰 나이지리아 국적의 우마르 압둘무탈라브(Umar Abdulmutallab)가 속옷 폭탄을 입고 네덜란드 암스테르담에서 미국 디트로이트로 가는 여객기에 탑승해 자살폭탄 테러를 기도했다가 오작동으로 폭탄이 터지지 않아 미수에 그친 사건이 있었다. 당시 이 사건 배후에는 알카에다 아라비아반도 지부인 'AQAP'(Al-Qaeda in the Arabian Peninsula)라는 조직이 있었다.

2010년 10월 'AQAP'는 2대의 화물 항공기 폭파 테러를 시도했다가 국가 간 정보협력에 의해 차단되고 말았다. 미국 국토안보부가 관련 테러 첩보를 입수했는데 그 첩보의 출처는 사우디아라비아 정보기관이었다. 'AQAP'는 예멘에서 출발해 영국을 경유해 미국으로 가는 UPS 화물기와 Fedex 화물기에 각각 화물로 위장한 폭탄을 숨겼는데, 프린터기 잉크 카트리지에 장착된 폭탄으로 초기에 화물 X-Ray나 탐지견 검사 등에서 전혀 발견되지 않을 정도로 정밀했다. 전문가들이 프린터기의 모든 부품들을 분해해서 확인하고서야 폭탄을 발견할 수 있었는데, 초강력 플라스틱 폭발물 PETN(Pentaerythritol Tetranitrate)이라는 것으로 2009년 속옷 폭탄에 들어 있었던 것과 동일한 형태의 폭발물이었다.

FBI 전문가들은 이 폭탄을 제조한 인물로 사우디아라비아 국적의 'AQAP' 최고의 폭탄기술 전문가인 이브라힘 알 아시리(Ibrahim al-Asiri)를 지목했다. 그는 2009년 자신이 고안한 속옷 폭탄을 친동생에게 장착시켜 사우디아라비아 왕자 암살을 시도했던 인물이기도 했다. 아시리와 함께 주목받은 또 다른 인물은 파키스탄계 미국인 사미르 칸(Samir Khan)이었는데, 그는 지하드(Jihad) 잡지 '인스파이어'(Inspire) 편집인 겸 발행인이었다.

이들은 소포로 위장한 폭탄을 보내기에 앞서 옷과 책 등을 먼저 소포로 보내 경유지를 비롯한 경로 등을 사전에 테스트까지 한 것으로 추정되었다. 또한 이 소포가 보내진 주소들은 각각 유니테리언 교회와 10년 전 문 닫은 유대교 회당이었고 사용된 이름도 모두 가명이었다. 사건 발생 한 달 후 'AQAP'는 자신들이 기획한 것이라고 밝히면서 비록 폭탄을 터트리는 데에는 실패했지만 서방 국가들이 화물 검색을 강화하기 위해 많은 자금을 소요하게 만들었다는 점에서 성공적이었다고 자평하였다.

FBI는 속옷 폭탄 테러와 화물기 테러 등 'AQAP'가 자행했던 테러의 최종 배후 인물이 안와르 알 아울라키(Anwar al-Awlaki)라고 판단했고, 2011년 CIA는 그를 예멘에서 드론 공격으로 암살했다. 'AQAP'는 지도부가 타격을 받았음에도 불구하고 자살폭탄 테러범 몸속에 폭탄을 장착해 공항 검색대를 회피하는 방안을 모색하기 위해 외과 의사 영입을 추진하는 등 폭탄을 은닉하기 위한 다양한 방법을 지속적으로 연구하고 있음도 확인했다.

2007년에는 독일 내 지하디스트(Jihadist) 조직의 테러 음모가 정보기관 간의 정보협력을 통해 차단되기도 했다. 2006년 미국 국가안보국(NSA)은 통신 감청을 통해 독일 지하디스트와 이슬람 지하드 연합 'IJU'(Islamic Jihad Union)라는 테러조직 간 연계 첩보를 입수, 독일 정보기관 헌법수호청(BfV)에 제공해 테러 준비 과정에서 이를 막았다.

독일은 이런 테러 음모를 전혀 인지하지 못하고 있다가 미국이 제공해 온 첩보를 바탕으로 수사에 착수했는데, 사우어랜드 테러 셀(Sauerland terror cell)이라는 테러조직으로 독일 국적의 프리츠 겔로비츠(Fritz

Gelowicz)를 비롯해 튀르키예 출신의 아뎀 일마즈(Adem Yilmaz)와 다니엘 슈나이더(Daniel Schneider), 아틸라 젤렉(Atilla Selek)등 총 4명의 조직원으로 구성되어 있었다.

이들의 테러 목표는 독일 람슈타인 미군 공군 기지와 2곳의 나이트 클럽이었으며, 폭탄 차량을 이용하여 테러를 실행하는 계획을 수립했다. 이들은 합법적으로 구입한 과산화수소와 이슬람 지하드연합이 제공한 여러 개의 기폭장치를 활용해 폭탄을 제조하고 테러에 사용할 중고 차량은 프랑스에서 들여왔다. 결국 독일 정보당국이 그들의 폭탄제조 현장을 급습해 테러를 원천 봉쇄했고, 테러범들은 2010년 각각 징역 12년부터 5년까지 선고받았다.

■ **정보기관과 테러조직의 또 다른 전쟁터, 소셜미디어**

이슬람국가(IS)와 같은 테러조직들은 자신들의 메시지를 확산시키고 세계 젊은이들을 대상으로 조직원을 모집하는 도구로 소셜미디어를 적극 활용하고 있다. 가장 활발했던 시기인 지난 2014년부터 2017년 사이에 약 4만 명의 외국인들이 중동, 유럽, 아프리카, 호주 등에서 극단주의 이슬람 무장단체 IS에 합류한 것으로 추정되기도 했다. 2015년에는 대한민국 국적 청년이 ISIS에 합류하겠다는 의미의 글을 남기고 실종되어 큰 이슈가 되기도 했다.

호주에서 발생한 어린 청년들의 테러 음모는 SNS가 테러에 얼마나 위험한 도구로 악용되고 있는지 보여주는 대표적인 사례가 되었다. 호주의 전도유망한 모델이었던 25세 청년 샤키 자마(Sharky Jama)라는 인물은 ISIS에 합류해 신규 대원 모집에 이용되었는데, 그는 호주 청년들의 조직 가입과 호주 현지에서의 테러를 선동하는 역할을 수행했다.

호주 정보기관 ASIO(Australian Security Intelligence Organisation)

는 모집책 등을 통해 ISIS에 포섭된 것으로 보이는 인물들 중 압둘 뉴맨 하이더(Abdul Numan Haider)라는 18세 청년을 주목하고 있었는데, 그가 2014년 9월 해외여행을 위해 여권 신청을 했을 때 이를 기각시켰다. 당시에 관련 내용 파악을 위해 면담 차 하이더를 소환했는데 그가 칼로 경찰관을 찌르는 사건이 발생했고 그 과정에서 그는 현장에서 사살되었다.

그 후 하이더의 주변 인물 중 알바니아계 마케도니아 출신 이민자인 18세 청년 세브넷 베심(Sevdet Besim)이라는 인물이 또다시 정보기관의 주목을 받았다. 그가 주목받은 이유는 알 퍼칸(Al Furquan)이라는 극단주의적 설교자가 운영하는 '알 퍼칸 센터'라는 곳에서 23세의 닐 프라카시(Neil Prakash)라는 인물과 연계를 가지고 있었기 때문인데, 프라카시는 ISIS의 수석 모집책으로 ISIS의 핵심인물 중 한 명이었다. 베심은 하이더 죽음에 더 급진화되었고 해외에서 활동하는 지하디스트 전사들과 연락할 수 있는 유명 온라인 커뮤니티인 '바키야 가족'(Baqiya family)에 가입해 친구의 죽음에 대한 글을 남기기도 했다.

한편 당시 영국에서 활동하는 급진주의자 'S'라는 인물도 SNS에서 서방에 대한 분노를 표출하는 글을 남기고 있었는데, ISIS 수석 모집책 프라카시가 베심과 'S'를 서로 연결해 주었다. 베심은 일리아스(Ilias)라는 가명으로 텔레그램을 통해 'S'와 연락하면서 자신이 지하드를 수행하고 싶다는 의사를 표명했으며, 이에 'S'는 베심의 테러 계획을 본격적으로 돕기 시작했다. 2015년 3월 'S'는 베심의 이슬람 지식을 테스트하는 등 그를 검증한 후 경찰관을 죽이는 테러를 모의했다. 총을 구하려 했지만 여의치 않자 벌목용 칼을 이용해 국가기념일인 '앤잭 데이'(Anzac Day)33)에 맞춰 테러를 실행하려 했으며, 경찰을 죽인 후에 총으로 순교하려는 계획을

---

33) 제1차 세계대전 시 오스트레일리아 뉴질랜드 군단(ANZAC, Australia New Zealand Army Corps)의 군인들과 당시 나라를 위해 힘쓴 사람들을 위한 추모일로, 매년 4.25에 행사 개최

갖고 있었다.

호주는 미국, 영국 등과의 정보공동체인 'Five Eyes'의 정보 제공을 통해 테러 계획을 입수했지만 그전까지 이를 전혀 알지 못했다. 조사에 착수한 시점에 영국에서 14세 학생이 교사를 협박하고 참수자 명단을 작성하는 등 수상한 움직임을 보인 사건이 발생했는데 그의 휴대전화를 포렌식 한 결과, 그가 바로 베심과 테러를 모의한 영국의 'S'였다. 14세 영국 학생과 18세 호주 학생의 테러 음모는 결국 이렇게 차단되었다.

한 연구에 따르면 일반인이 테러 조직에 참여하도록 만드는 동기는 신분 추구, 정체성 추구, 복수, 구원, 스릴, 이념, 정의, 죽음 등 다양했다고 한다. 미국 콜롬비아 대학의 한 연구팀이 2만 6,000여 개에 달하는 IS 대원 모집 메시지가 20만 명 이상의 트위터 팔로워들의 태도에 미친 영향을 분석한 바 있는데, 팔로워들을 급진화의 길로 이끄는 IS의 영상과 오디오 메시지의 특성을 확인하는데 초점을 두었다고 한다.

조사 결과는 매우 놀라웠는데, 참수와 같은 잔혹한 행위를 담은 비디오들의 경우 일부 광적인 지지자들을 제외한 대다수의 사람들에게는 인기가 없었으며, 대신 IS에 가입함으로써 누릴 수 있을 것으로 예상되는 개인적인 혜택들 즉, 무료로 집을 얻고, 배우자를 찾고, 동료 전사들과 동지애를 느끼는 것과 같은 이익들을 강조하는 선전물에 더 많은 영감을 받았던 것으로 나타났다는 것이다. 즉, 폭력에 대한 어떤 갈망보다 사람들의 기본적인 욕구가 강력한 유인 요인이라는 것이다.

이제 온라인 플랫폼 기업들이 온라인상에서 테러조직들의 폭력적인 내용을 신속하게 확인하고 제거하는데 더 능숙해졌다. 하지만 문제는 전혀 폭력적이지 않고 일상적인 내용들에 속하는 집, 배우자 등 기본적 욕구를 자극하는 테러조직의 선전물을 제때 감지하는 데에는 어려움을 겪고 있다고 한다. 또한 테러조직의 표면적인 웹 활동이 인터넷 기업과 정부 기관, 해커들에 의해 조사와 규제를 받게 되면서 이를 피하기 위해 테러조직들은 안전하고 새로운 온라인 피난처로서 내부적으로 생성된 자체 플랫폼이나 다크 웹 등을 적극적으로 활용하고 있다. SNS가 정보기관과 테러조직의 뜨거운 전쟁터가 된 지 이미 오래다.

테러조직 핵심인물 추적 비밀공작

테러 조직의 핵심 인물이 신붓감을 찾는 동향이 포착됨에 따라 정보기관이 이를 활용해 비밀공작을 추진한 사례가 있었다. 덴마크 출신의 오토바이 갱단원이었던 모르텐 스토름(Morten Storm)은 감옥에 수감되어 있는 동안 이슬람으로 개종한 인물로, 20대에 영국으로 이주해 9.11 테러 연루 인물 자카리아스 무사위(Zacarias Moussaoui), 신발에 폭탄을 숨겨 비행기를 폭파하려 했던 리처드 리드(Richard Reid) 등과 같은 테러 조직원들과 함께 공부하는 등 테러 조직과 깊은 연계를 맺고 있었다.

그는 예멘을 여러 번 여행하면서 알카에다 고위급 조직원 여러 명을 만나 친분을 구축했는데, 그중 한 명이 알카에다의 조직원 모집 총책을 맡고 있는 안와르 알 아울라키(Anwar al-Awlaki)였다. 알 아울라키는 미국 시민권자이자 많은 사람들에게 유튜브 선전 영상 등을 통해 이슬람 지하드를 설파하여 극단주의자로 돌아서게 만든 유능한 인물로, 미국이 현상금을 걸고 그를 추적하고 있었다.

그런데 알카에다의 핵심 인물이라 할 수 있는 알 아울라키가 스토름에게 자신의 신붓감 물색을 맡긴 사실이 CIA에 포착되었다. 이에 CIA는 덴마크 정보기관 DSIS, 영국 MI5와 협력하에 스토름에게 접근해 미화 25만 불을 제공하는 조건으로 알 아울라키의 신부를 찾아서 예멘으로 데려갈 때 추적 장치를 달아달라는 거래를 제안했다. 이에 스토름은

CIA 제안을 받아들였고 그는 '페이스북'에서 확실한 신붓감을 찾는 데 성공했다. 그가 물색한 신붓감은 알 아울라키에게 존경심을 갖고 그를 찬양하고 있던 동유럽 출신 여성 아미나흐(Aminah)였다. 그녀는 20대 중반의 젊은 나이에 매력적인 금발 여성으로, 알 아울라키를 진심으로 추앙하는 인물이었다.

스토름은 아미나흐에게 메시지를 보내 접촉을 제안했는데 그녀는 믿기 힘들다면서도 만남에 동의했고, 이에 스토름은 그녀를 안심시키기 위해 부인까지 대동하고 그녀를 만났다. 스토름이 그녀를 만나 알 아울라키가 그녀에게 전하는 인사를 담은 영상을 보여주자 아미나흐는 곧바로 자신의 답변을 담은 영상을 현장에서 촬영했다. 그녀는 히잡을 벗은 자신의 모습을 알 아울라키에게 보여주면서 자신을 마음에 들어 했으면 좋겠다는 말로써 알 아울라키와 결혼하기를 원한다는 의사를 전달했다.

두 사람 간의 호감을 바탕으로 예멘에서의 만남이 추진되면서 CIA는 스토름의 도움을 받아 그녀 몰래 은밀히 그녀의 여행 가방에 특수 추적 장치를 심었는데, 이 디지털 추적장치는 가방의 정확한 위치를 전송하는 것이었다. 그녀는 특수 장치가 장착된 여행 가방을 들고 예멘으로 날아가 마중 나온 알 아울라키의 부하 조직원들과 먼저 만났다. 하지만 그들이 그녀에게 휴대해 온 가방과 전자기기를 모두 버리도록 한 뒤 투명 비밀봉지에 옷만 담아서 가도록 사전 보안조치를 시행함으로써 가방에 은닉한 추적장치가 무용지물이 되고 말았다.

CIA의 이 비밀공작이 이것으로 끝나고 말았는지, 아니면 다른 대비책이 있었는지 여부는 알려지지 않았지만 1년 여가 경과한 시점에 미국은 드론으로 알 아울라키가 타고 있던 트럭을 공격하여 그를 즉사시켰다. 이에 대해 스토름은 그의 사망은 자신이 중매인 역할을 하여 CIA에게 정보를 준 덕분이라고 했지만 CIA는 이 주장을 받아들이지 않았다. 알

아울라키가 사망한 후 아미나흐는 남편 뒤를 이어 예멘에 남아 전 세계에 테러를 확산시키기 위한 활동을 전개하고 있는데, 그녀는 영문으로 된 테러 잡지 '인스파이어'(Inspire)지 편집장이 되었다. 특히, 이 잡지는 '어머니의 주방에서 폭탄 만들기'(Make a bomb in the kitchen of your Mom, AQ Chef)라는 기사로 유명해졌는데, 기사에 실린 '압력솥 폭탄 제조법'이 2013년 보스턴 마라톤 대회에서 발생했던 테러에 그대로 활용되었던 것이다.

참고 영상 및 문헌

영화 및 드라마

- Argo (2012.10 Benjamin Affleck/ GK Films)
- Assassins (2020.12 Ryan White/ Tripod Media)
- Breach (2007.2 Billy Ray/ Sidney Kimmel Entertainment)
- Bridge of Spies (2015.10 Steven Spielburg/ DreamWorks Pictures)
- Charlie Wilson's War (2007.12 Mike Nichols/ Relativity Media)
- Damian Lewis: Spy Wars (2019.10 U.K. indie Alaska TV and Lewis' Rookery Productions)
- Elizabeth (1998.8 Shekhar Kapur/ PolyGram Filmed Entertainment)
- Elizabeth: The Golden Age (2007.10 Shekhar Kapur/ Studio Canal, Working Title Films)
- Green Zone (2010.3 Paul Greengrass/ Working Title Films)
- Munich (2005.12 Steven Spielberg/ Universal Pictures 등)
- O2 (Dawn of War, 2020.10 Margus Paju/ Nafta Films, Taska Film)
- Operation Finale (2018.8 Chris Weitz/ Automatik Entertainment, Metro-Goldwyn-Mayer)
- Red Sea Diving Resort (2019.7 Gideon Raff/ Bron Studios 등)
- Red Sparrow (2018.3 Francis Lawrence/ TSG Entertainment 등)
- Spycraft (2020.1 Maria Berry, Jan Spindler, Marek Bures/ Netflix)
- Spy Ops (2023.9 Marek Bures/ Netflix)
- The Courier (2021.3 Dominic Cooke/ FilmNation Entertainment 등)

- The Good Shepherd (2006.12 Robert De Niro/ Morgan Creek Productions 등)
- The Imitation game (2014.11 Morten Tyldum/ Black Bear Pictures 등)
- The Recruit (2003.1 Roger Donaldson/ Touchstone Pictures 등)
- The Shield and the Sword (1968 Vladimir Basov/ Mosfilm)
- The Spy (2019.9 Gideon Raff/ Legende Films)
- The Turning Point: 9/11 and the War on Terror (2021.9 Brian Knappenberger/ Luminant Media)
- Tinker Taylor Soldier Spy (2011.9 Tomas Alfredson/ Studio Canal 등)
- Zero Dark Thirty (2012.12 Kathryn Bigelow/ Columbia Pictures 등)
- 공작 (2018.8 윤종빈/ 사나이 픽쳐스, 영화사 월광)

국내 문헌

- 강대국의 정보기구 (박영일, 1994, 현대문예사)
- 경찰학 사전 (신현기 외, 2012, 법문사)
- 국가정보학 (한국국가정보학회, 2015, 박영사)
- 기드온의 스파이 1,2(고든 토마스 지음, 이병구 서동구 옮김, 2010, 예스위캔)
- 도해 손자병법 (노병천, 1999, 연경문화사)
- 비밀정보기관의 역사 (볼프강 크리거 저, 이미옥 번역, 2021, 에코리브르)
- 세계의 정보기관들 (최명호, 1988, 대왕사)

- 세기의 스파이 (박상민, 2017, 좋은땅)
- 정보기관의 방첩정책과 방첩실패에 관한 연구-미국 FBI의 방첩활동을 중심으로 (송경석, 2018, 건국대 박사 논문)
- 조선시대에는 어떻게 정보활동을 했나? (송봉선, 2014, 시대정신)
- 첩보에서 정보까지 (이갑헌, 2010, 형설출판사)
- 최신 국가정보학 (홍윤근, 2022, 도서출판 선)
- 9.11테러와 미국의 정보실패-정보문화 모델을 중심으로 (서동구, 2012, 경남대 박사학위 논문)

해외 문헌

- National Security Intelligence (Lock K.Johnson, 2012)
- The Secret World: A History of Intelligence (Christoper Andrew, 2019)
- The Spy and The traitor (Ben Macintyre, 2018)
- The Spy Who Changed the World (Mike Rossiter, 2017)
- The Watchers: A Secret History of the Reign of Elizabeth I (Stephen Alford, 2012)
- The Way of the Knife: The CIA, a Secret Army, and a War at the Ends of the Earth (Mark Mazzetti, 2014)
- Victory: The Reagan Administration's Secret Strategy That Hastened the Collapse of the Soviet Union (Peter Schweizer, 1996)

인터넷 자료 등

- Bulgarian Umbrella
  https://reefrecovery.org/pt/bulgarian-umbrella-portugu%C3%
  AAs/
- CATO 홈페이지
  https://www.cato.org/publications/policy-analysis/espionage-
  espionage-related-crimes-immigration-risk-analysis-1990-2019
- CIA 홈페이지
  https://www.cia.gov/stories/story/the-history-of-cias-seal/
  https://www.cia.gov/legacy/headquarters/cia-memorial-wall/
  https://www.cia.gov/stories/story/berlin-tunnel-americas-ear
  -behind-the-iron-curtain/
- CIA의 러시아 에이전트 공개모집
  https://www.hackread.com/cia-russians-share-secret-info-cia
  -darknet-site/
- CIA 예산 규모
  https://www.dni.gov/index.php/what-we-do/ic-budget
- CIA 요원 모집
  https://news.yahoo.com/cias-recruitment-website-aims-diver
  sify-164230427.html
- Dead Drop 위장 벽돌
  https://www.reddit.com/r/coldwar/comments/i1e5xn/ciadesi
  gned_dead_drop_disguised_as_a_construction/
- FBI 홈페이지
  https://www.fbi.gov/history/famous-cases/robert-hanssen

- FBI 방첩영화 제작

  https://www.fbi.gov/video-repository/nevernight-connection
  -093020.mp4/view
- FSB 홈페이지

  https://www.fsb.ru/
- GCHQ 홈페이지

  https://www.gchq.gov.uk/information/welcome-to-gchq
- ISIS 한국인 가입

  https://news.tf.co.kr/read/life/1603251.htm
- MI5 홈페이지

  https://www.mi5.gov.uk
- MI5 문장

  https://www.mi5.gov.uk/faq
- MI6의 'C'

  https://www.forces.net/heritage/naval-history/why-does-head
  -mi6-only-write-green-ink
- MI6 채용 공고

  https://edition.cnn.com/2015/10/30/europe/mumsnet-mi6-
  spy-careers/index.html

  https://www.bbc.com/news/uk-44240158

  http://news.bbc.co.uk/2/hi/uk_news/4950326.stm
- Mossad 홈페이지

  https://www.mossad.gov.il/eng/
- Mossad 요원 모집

  https://www.theguardian.com/world/2014/sep/29/israel-moss
  ad-spy-agency-recruitment

- NGA의 빈 라덴 추적

  https://spacenews.com/nga-chief-touts-role-bin-laden-killing/
- NSA 홈페이지

  https://www.nsa.gov/About/Locations/
- NIS 홈페이지

  https://www.nis.go.kr/
- OPCW 해킹

  https://www.bbc.com/news/world-europe-45747472
- SVR 홈페이지

  https://www.svr.gov.ru/svr_today/simv.htm
- 건맨 프로젝트(Gunman Project)

  https://www.cryptomuseum.com/covert/bugs/selectric/
- 고스트 스토리 공작(Operation Ghost Stories)

  https://www.fbi.gov/news/stories/operation-ghost-stories-inside-the-russian-spy-case
- 골드 공작(Operation Gold)

  https://warfarehistorynetwork.com/article/operation-gold-the-cias-berlin-tunnel/
- 골리친(Anatoliy Golitsyn)

  https://www.theguardian.com/world/2021/may/23/spy-who-got-the-cold-shoulder-how-the-west-abandoned-its-star-defector
- 공작원 흑금성

  https://shindonga.donga.com/culture/article/all/13/1427929/1
- 관 레이(Guan Lei)

  https://www.justice.gov/usao-cdca/pr/chinese-national-charged-destroying-hard-drive-during-fbi-investigation-possible

- 구두 밑창 도청장치

  https://putthison.com/via-the-new-york-times-a-handmade-pair-of/
- 글로마 익스플로러(Glomar Explorer)호

  https://en.wikipedia.org/wiki/Glomar_Explorer
- 글리니케 다리(The Glienicke Bridge)

  https://en.wikipedia.org/wiki/Glienicke_Bridge
- 김정남 암살

  https://www.businessinsider.com/video-kim-jong-nam-assassination-2017-2
- 카슈끄지(Jamāl Khāshuqjī) 암살

  https://www.newdaily.co.kr/site/data/html/2018/10/23/2018102300077.html
- 네이버 지식백과

  https://terms.naver.com
- 노예를 활용한 비밀연락

  https://www.tattoolife.com/tattooing-as-a-vehicle-for-secret-messages-in-ancient-greece/
- 뉴욕 지하철 테러 음모

  https://edition.cnn.com/2019/05/01/us/najibullah-zazi-new-york-subway-bomb-plot-sentencing/index.html
- 도청장치 은닉 미국 국장

  https://www.thevintagenews.com/2018/02/01/the-thing/
- 독일 지하디스트 사우어랜드 테러 셀(Sauerland terror cell)

  https://www.dw.com/en/prosecutors-prepare-closing-arguments-in-major-geman-terror-trial/a-5205013

- 래리 우타이 친(Larry Wu-tai Chin)
  https://www.nytimes.com/1986/02/04/us/in-30-years-spy-suspect-passed-his-only-lie-test.html
- 로버트 핸슨(Robert Hanssen)
  https://www.fbi.gov/history/famous-cases/robert-hanssen
- 리조트 'Arous' 홍보 팸플릿
  https://www.bbc.com/news/stories-43702764
- 리하르트 조르게(Richard Sorge)
  https://www.britannica.com/biography/Richard-Sorge
  https://warfarehistorynetwork.com/soviet-military-intelligence-richard-sorge/
- 마르쿠스 라이헬(Markus Reichel)
  https://www.theguardian.com/world/2015/nov/16/german-triple-agent-admits-spying-cia
- 만년필형 Tropel Spy Camera
  https://www.spymuseum.org/exhibition-experiences/about-the-collection/collection-highlights/tropel-fountain-pen-camera/
- 멜리타 노우드(Melita Stedman Norwood)
  https://www.history.com/news/soviet-spy-melita-norwood-red-joan
- 모노폴리 공작(Operation Monopoly)
  https://military-history.fandom.com/wiki/Operation_Monopoly
- 미국대사관 도청
  https://www.atlasobscura.com/articles/how-a-gift-from-schoolchildren-let-the-soviets-spy-on-the-us-for-7-years

- 미국 법무부 홈페이지

  https://www.justice.gov
- 미국의 이라크 침공

  https://www.latimes.com/world/middleeast/la-na-curveball
  20nov20-story.html
- 방패와 칼(The Shield And The Sword)

  https://en.wikipedia.org/wiki/The_Shield_and_the_Sword_(film)
- 사우디 대사 테러 음모

  https://www.bbc.com/news/world-us-canada-15325686
- 사이버 드보크(Cyber Dvoke)

  https://www.chosun.com/politics/diplomacy-defense/2023/
  01/10/23IUFNEZUNCUJK62BZ77D6DSZY/
- 선글라스 맨

  https://www.chosun.com/site/data/html_dir/2007/09/01/200
  7090100619.html
- 스첼바코프(Alexandr Shcherbakov)

  https://www.newsweek.com/who-dimed-out-american-traitor
  -super-spy-robert-hanssen-1196080
- 스키테일(Skytale)

  https://upload.wikimedia.org/wikipedia/commons/5/51/Sky
  tale.png
- 스틱스넷(Stuxnet)

  https://www.bbc.com/news/world-middle-east-20842113
- 스파이 고래(Spy Beluga)

  https://www.todayinscience.com/article/635453573-former-
  russian-spy-whale-faces-his-greatest-danger

- 스파이 교육

  https://spyscape.com/article/spy-school-confidential-cia-offic
  ers-spill-secrets-about-what-really-happens-at-the-farm
- 스파이 교환(Spy Swap)

  https://spyscape.com/article/the-big-spy-swap-10-key-prison
  er-exchanges-in-history
- 스파이 신분보안

  https://www.youtube.com/watch?v=g9-tbyKfCJI
- 스파이 조직의 여성 수장

  https://v.daum.net/v/20180405030332830

  https://spyscape.com/article/stella-rimington-the-steely-mi5
  -spymaster-who-inspired-007s-m
- 스파이 코인

  https://kr.pinterest.com/pin/296252481717831782/
- 신의 분노 작전(Operation Wrath of God)

  https://allthatsinteresting.com/operation-wrath-of-god
- 아나 몬테스(Ana Belén Montes)

  https://www.theguardian.com/us-news/2023/jan/08/us-releases
  -top-cuba-spy-ana-belen-montes-after-20-years-in-prison
- 아돌프 아이히만(Adolf Eichmann)

  https://en.wikipedia.org/wiki/Adolf_Eichmann
- 아르고(Argo) 영화

  https://www.cia.gov/stories/story/argo-the-ingenious-exfiltra
  tion-of-the-canadian-six/

- 아미나흐(Aminah)
  https://www.dailymail.co.uk/news/article-2255280/Revealed-Face-terrorist-widow-Western-bride-Al-Qaeda-mastermind-Anwar-al-Awlaki-seen-time-courtship-video.html
- 아서 오언스(Arthur Graham Owens) 방첩 공작
  https://www.walesonline.co.uk/news/wales-news/revealed-double-life-welsh-master-1826486
- 아이비 벨스 공작(Operation Ivy Bells)
  https://www.historicmysteries.com/history/operation-ivy-bells/35996/
- 알 자와히리(Ayman al-Zawahiri) 암살
  https://www.reuters.com/world/asia-pacific/how-cia-identified-killed-al-qaeda-leader-zawahiri-2022-08-02/
- 여성 자살 테러
  https://www.theguardian.com/world/2004/jan/27/israel
- 액체 폭탄 테러 음모
  https://www.theguardian.com/uk/2009/sep/08/abdulla-ahmed-ali-airline-plot
- 앤소니 워커(John Anthony Walker)
  https://www.fbi.gov/history/artifacts/john-anthony-walker-jr-spy-case
- 앤잭 데이(Anzac Day) 테러 음모
  https://www.cdpp.gov.au/news/sevdet-besim-sentenced-anzac-day-terror-plot
- 앨런 튜링(Alan Turing)과 사과
  https://edition.cnn.com/2011/10/06/opinion/apple-logo/index.html

- 에스토니아 사이버 공격
  https://www.bbc.com/news/39655415
- 에임스(Aldrich Ames)
  https://www.fbi.gov/history/famous-cases/aldrich-ames
- 엘리자베스 1세(Elizabeth I)
  https://www.historic-uk.com/HistoryUK/HistoryofEngland/Sir
  -Francis-Walsingham-Spymaster-General/
- 엘리 코헨(Eli Cohen)
  https://en.wikipedia.org/wiki/Eli_Cohen
  https://www.bbc.com/news/world-middle-east-44736802
- 올레그 팬콥스키(Oleg Penkovsky)
  https://allthatsinteresting.com/oleg-penkovsky
- 욤 키푸르(Yom Kipur) 전쟁
  https://www.history.com/topics/middle-east/yom-kippur-war
- 위그(WIG)선
  https://www.newsis.com/view/?id=NISX20210605_0001466192
- 이란 콘트라 사건(Iran Contra affair)
  https://www.history.com/topics/1980s/iran-contra-affair
- 인도네시아 특사단
  https://www.hani.co.kr/arti/society/society_general/582621.
  html
- 인스파이어(Inspire)지
  https://www.theguardian.com/world/shortcuts/2013/may/24/
  inspire-magazine-self-help-manual-al-qaida-terrorists
- 위키피디아
  https://en.wikipedia.org/

- 잭 던랩(Jack Dunlap)

  https://observer.com/2016/08/the-real-russian-mole-inside-nsa/
- 조지 코발(George Abramovich Koval)

  https://military-history.fandom.com/wiki/George_Koval
- 존 디(John Dee)

  https://www.burynewroad.org/manchester/john-dee-the-ori

  ginal-prospero-the-original-james-bond/

  https://www.cam.ac.uk/news/the-original-007
- 존 배설(John Vassall)

  https://www.nytimes.com/1996/12/06/world/john-vassall-71

  -spy-at-heart-of-scandal-that-shook-britain.html
- 중국, 마이크로소프트(MIicrosoft)사 익스체인지 이메일 서버 해킹

  https://www.bbc.com/news/world-asia-china-57889981
- 중국 스파이 풍선(Spy Balloon)

  https://www.segye.com/newsView/20230223516055
- 청산가스 총

  https://huri.harvard.edu/news/man-poison-gun-qa-serhii-plokhii
- 치머만 전보(Zimmermann Telegram) 사건

  https://www.history.com/news/what-was-the-zimmermann-

  telegram
- 캐나디언 케이퍼(Operation Canadian Caper)

  https://www.thecanadianencyclopedia.ca/en/article/the-can

  adian-caper-feature
- 캔드라 킹스베리(Kendra Kingsbury) 보안 유출

  https://www.nytimes.com/2023/06/21/us/politics/fbi-analyst

  -prison-classified-documents.html

- 캠브리지 스파이 링(Cambridge Spy Ring)
  https://www.encyclopedia.com/politics/encyclopedias-almanacs
  -transcripts-and-maps/cambridge-university-spy-ring
- 콜롬비아 대학의 테러 연구
  https://magazine.columbia.edu/article/how-isis-really-recruits-
  its-members
- 크리스틴 팡(Christine Fang)
  https://nypost.com/2020/12/08/suspected-chinese-spy-slept
  -with-courted-us-politicians-report/
- 클라우스 푹스(Klaus Fuchs)
  https://ahf.nuclearmuseum.org/ahf/profile/klaus-fuchs/
- 타이탄 레인(Titan Rain)
  https://www.theguardian.com/technology/2007/sep/04/news.internet
- 테러조직 참여 동기
  https://www.theatlantic.com/international/archive/2015/12/
  why-people-join-isis/419685/
- 포테예프(Alexandre Poteyev) 암살 시도
  https://nypost.com/2023/06/19/russia-botched-miami-hit-on
  -double-agent-in-2020-report/
- 피그만(Bay of Pigs) 침공
  https://www.cia.gov/stories/story/the-bay-of-pigs-invasion/
- 한국-러시아 외교관 맞추방
  https://www.joongang.co.kr/article/3669208#home
- 해럴드 니콜슨(Harold James Nicholson)
  https://www.justice.gov/opa/pr/imprisoned-spy-sentenced-8-more
  -years-conspiracy-act-agent-russian-government-and-money

- 화물기 테러 음모

  https://foreignpolicy.com/2010/10/29/the-ups-terror-plot/
- 화학회사 테러 차단

  https://www.fbi.gov/news/stories/stopping-a-would-be-terrorist
- 후안 탕(Juan Tang)

  https://www.ustice.gov/opa/pr/researchers-charged-visa-fra
  ud-after-lying-about-their-work-china-s-people-s-liberation
  -army
- 9.11 테러 목표 세계무역센터

  https://www.bbc.com/news/world-us-canada-57698668.amp

국내 언론기사

뉴데일리, '사우디 기자 자말 카슈끄지 살해사건의 전말' (2018.10.23)

뉴시스, [국정원 60년③] '세계 최초 위그선 기술 유출 덜미…산업기밀
　　철통 감시' (2021.6.6)

THEFACT, 'IS 합류 한국인 김 군, 생사 확인 불투명' (2015.11.16)

서울경제, '기술 유출 적발해도 20건 중 3건만 실형…양형기준 대폭
　　높여야' (2021.8.2)

세계일보, '中 정찰풍선에 안테나·태양 전지판 선명' (2023.2.24)

신동아, '영화 〈공작〉이 다루지 않은 흑금성·리호남 행각' (2018.8.19)

아시아경제, '국정원, 간첩단 수사 확대…국보법 위반 더 있다'
　　(2023.1.19)

이데일리, '주한미군 사령관, 북 열병식 ICBM은 모형일 수도…성능도
　　의심' (2020.11.21)

자유아시아방송 '북 열병식 ICBM, 모형 가능성…실재한다면 큰 위협' (2020.10.12)

조선일보, '사진 속에 암호화 된 지령이…제주 간첩단, 9·11 때 빈라덴 수법으로 교신' (2023.1.11)

조선일보, '의문의 선글라스맨, 국정원장과 함께 등장…국정원 직원 확실한 듯' (2007.9.1)

조선일보, '중국 학생, 美 군사기지 무단침입 촬영…징역 1년 최고형 선고' (2019.2.7)

조선일보, 'KAIST 교수 중국에 자율주행기술 유출 의혹…검찰 수사' (2020.9.10)

중앙일보, '檢, 세계 최초 OLED 기술 유출한 삼성디스플레이 연구원 구속 기소' (2020.8.7)

중앙일보, '러시아 외교관 맞추방 배경과 파장' (1998.7.9)

중앙선데이, '〈세계를 흔든 스파이〉 모사드의 엘리 코헨' (2021.3.20.)

중앙선데이, '〈세계를 흔든 스파이〉 24억달러 들인 미 핵폭탄 기밀, 소·영에 넘긴 이중간첩' (2021.6.12)

중앙일보, '러, 한국 외교관 추방 결정…조성우 참사관 간첩 혐의' (1998.7.6)

중앙일보, 'FBI·MI5 국장, 중국이 서방 기술 훔쳐…유학생 스파이 50명 추방' (2022.7.8)

한겨레, '우리가 CCTV를 공개하면 국정원도 롯데호텔도 다 죽어' (2013.4.12)

한국일보, '냉전 핵 경쟁에 기름을 부은 스파이' (2022.3.7)

항상 비밀
- 영국 MI6 -

우리는 음지에서 일하고 양지를 지향한다
- 대한민국 국가정보원 -

너희는 진리를 알지니, 진리가 너희를 자유롭게 할 것이다
- 미국 CIA -

지략이 없으면 백성이 쓰러지고, 조언자가 많으면 안전하다
- 이스라엘 Mossad -

요원은 반드시 차가운 두뇌와 뜨거운 가슴, 깨끗한 손을 가져야 한다
- 러시아 SVR -

정보기관의
스파이들
전직 국정원 요원이 들려주는 스파이들 이야기

발 행 일 _ 2024년 8월 초판 2쇄발행
지 은 이 _ 정일천(e-mail: nisjung@naver.com)
발 행 인 _ 세이프하우스
제작감독 _ 차진수(010-5488-0113)
편   집 _ 이난영, 홍윤기
디 자 인 _ 이난영, 홍윤기
인   쇄 _ 신종균

발 행 처 _ 도서출판 세이프하우스
주   소 _ 서울시 성북구 성북로 4길 52
이 메 일 _ safehouse2024@naver.com

ISBN 979-11-988238-1-6 03340